人口老龄化与经济社会转型研究

Research on the Aging of Population and Economic and Social Transformation

中国城镇职工基本养老保险筹资改革：经济影响与制度设计

李晨光 著

Financing Reform of Urban Employees' Pension in China: Economic Effects and System Designing

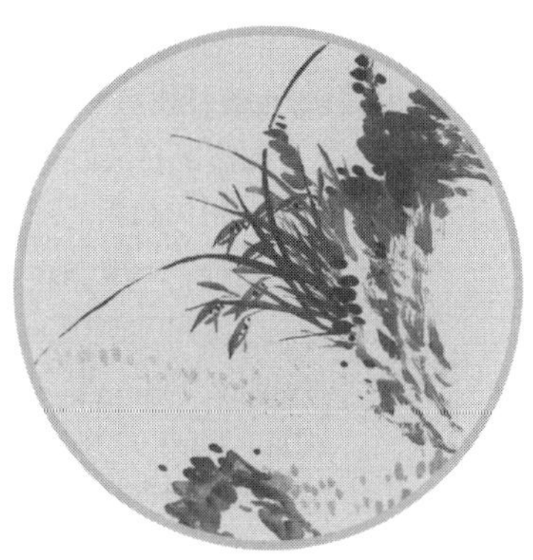

中国财经出版传媒集团

·北京·

图书在版编目（CIP）数据

中国城镇职工基本养老保险筹资改革：经济影响与制度设计/李晨光著．--北京：经济科学出版社，2023.6

（人口老龄化与经济社会转型研究）

ISBN 978-7-5218-4898-4

Ⅰ.①中…　Ⅱ.①李…　Ⅲ.①城镇-职工-养老保险制度-研究-中国　Ⅳ.①F842.612

中国国家版本馆 CIP 数据核字（2023）第 120922 号

责任编辑：王　娟　徐汇宽
责任校对：刘　昕
责任印制：张佳裕

中国城镇职工基本养老保险筹资改革：经济影响与制度设计
李晨光　著
经济科学出版社出版、发行　新华书店经销
社址：北京市海淀区阜成路甲 28 号　邮编：100142
总编部电话：010-88191217　发行部电话：010-88191522
网址：www.esp.com.cn
电子邮箱：esp@esp.com.cn
天猫网店：经济科学出版社旗舰店
网址：http://jjkxcbs.tmall.com
北京季蜂印刷有限公司印装
710×1000　16 开　13.5 印张　260000 字
2023 年 6 月第 1 版　2023 年 6 月第 1 次印刷
ISBN 978-7-5218-4898-4　定价：58.00 元
（图书出现印装问题，本社负责调换。电话：010-88191545）

前　言

当前中国基本养老保险制度由城镇职工基本养老保险和城乡居民基本养老保险两大板块构成。城乡居民基本养老保险的制度框架与城镇职工基本养老保险基本相同，而且，从参保人数、资金收支规模和待遇水平以及改革历程等方面来看，城镇职工基本养老保险制度一直是中国养老保险制度改革的核心和重点。

中国城镇职工基本养老保险制度改革源自20世纪80年代中后期。20世纪80年代，改革焦点集中在积极推行社会统筹机制，使养老保险由“企业保险”成为真正意义的“社会保险”；20世纪90年代，中国的养老保险改革在社会统筹的基础上引入了个人账户；2000年以后，开始进行做实个人账户的试点。经过三十年改革探索，中国城镇职工基本养老保险改革在筹资模式上部分实现了制度创新，形成了“社会统筹与个人账户相结合”的制度框架。但实践中，做实个人账户面临如何弥补转制成本和确保养老金当期发放的双重压力，导致“名义账户”制成为绝大多数地方无奈却现实的选择。即便在最早进行试点且是唯一一个真正做实个人账户的辽宁省，2010年以后，由于国家财政暂时中止对当期社会统筹基金发放缺口的补贴，辽宁省只能动用业已做实的个人账户基金弥补，个人账户重新回归“空账”。

综上所述，当前中国城镇职工基本养老保险筹资环节改革的焦点集中在社会统筹与个人账户相结合的混合模式中个人账户“空账”是否还要继续做实以及如何做实这一难题上，这也是中国养老保险未来发展无法回避且必须加以解决的问题。

相较于个人账户“空账”的做实问题，中国职工基本养老保险高缴费率与征缴收入小于基金支出的问题更加直接和明显。2019年降费改革以前，各地区用人单位名义缴费率一般维持在20%左右，严重影响企业参保积极性并制约其发展。此外，受2020年疫情影响，城镇职工基本养老保险基金收入44375.7亿元，而基金支出51301.4亿元，基金收入小于基金支出，差额为6925.7亿元。[①] 这表

① 人力资源社会保障部：《2020年度人力资源和社会保障事业发展统计公报》，人力资源社会保障部网站，2021年6月3日。

明即使实现全国统筹，即使不做实个人账户，职工养老保险全部收入（含征缴收入和财政补贴等）也不足以满足当年基金支出的需求。因此，拓展养老保险资金来源并保证经济的运行效率（表现为降低企业缴费率）成为中国城镇职工养老保险迫切需要解决的问题。但当前城镇职工养老保险的筹资，除了用人单位和职工个人缴费以及财政投入外，缺少切实可行且行之有效的其他渠道，在人口老龄化和养老保险基金当期出现支付压力的情况下，降低用人单位缴费率在现实中不太可能实现。

我们能否转换改革思路？既然无法降低费率，是否可以改变缴费基数？长期以来，中国用人单位参加养老保险一直是以工资总额或职工个人缴费基数之和作为缴费基数，这也是社会保险制度产生之后大多数国家采用的方式，在国际上已形成惯例。已有文献均没有对此提出疑问，也没有关于改变用人单位以工资总额作为养老保险缴费基数的论述。但企业以工资作为缴费基数的做法并非不可改变，中国的现实情况也提出了改变企业缴费基数的内在要求，因此应摆脱传统观念与惯例的束缚，根据现实情况探索企业缴费基数的改革。本书选择以“收入”（现实中对应企业的收入额或增值额）作为企业参保缴费基数并与以“工资”为基数对比来进行研究。

企业缴费基数改变与否和个人账户做实与否形成如下四种组合：个人账户空账以工资作为企业缴费基数、个人账户实账以工资作为企业缴费基数、个人账户空账以收入作为企业缴费基数以及个人账户实账以收入为企业缴费基数。这四种组合就构成了本书的分析框架，对应本书的四个核心模型。本书设置参数后通过模型模拟对不同模型稳定均衡状态下的模拟值进行比较分析，从而探求中国城镇职工养老保险筹资改革的目标模式。

本书的结构安排如下：第一章提出研究问题并进行文献回顾；第二章对中国职工养老保险改革历程以及发展情况进行分析；第三章至第六章是本书的四个核心模型；第七章设置参数并进行模型模拟；第八章进行敏感性分析；第九章是结论、思考与筹资改革设计初探。

目　录

第一章 绪论

第一节 问题的提出

中国的养老保险制度改革源自20世纪80年代中后期，长期以来，改革主要围绕城镇职工基本养老保险制度进行，其制度框架、待遇水平等重要方面历经数次调整。2009年在总结老农保制度教训的基础上开展新型农村养老保险的试点工作[①]，2011年在部分地区已有实践的基础上启动城镇居民养老保险的试点[②]，2014年推进城乡居民基本养老保险制度统一整合[③]，2015年在全国范围内开始进行机关事业单位工作人员养老保险制度改革[④]。由此可见，当前中国基本养老保险制度由城镇职工基本养老保险[⑤]和城乡居民基本养老保险两大板块构成。而城镇职工基本养老保险又包含城镇企业职工基本养老保险和机关事业单位工作人员养老保险两项。从参保人数、资金收支规模和待遇水平等方面来看，城镇职工养老保险制度是中国养老保险制度的核心和主体。

回顾中国城镇职工基本养老保险制度的改革历程可以发现，筹资环节一直是改革的核心与重点。20世纪80年代，改革焦点集中在积极推行社会统筹机制，

---

① 2009年9月4日《国务院关于开展新型农村社会养老保险试点的指导意见》发布。

② 有的地方已经进行统筹城乡的居民养老保险制度改革，如北京等。

③ 2014年2月26日《国务院关于建立统一的城乡居民基本养老保险制度的意见》发布；2014年2月24日《城乡养老保险制度衔接暂行办法》发布。

④ 2015年1月14日《国务院关于机关事业单位工作人员养老保险制度改革的决定》发布，自2014年10月1日起实施。

⑤ 这一制度早已突破“城镇职工”的范围，例如农民工可以通过受雇企业参保，所以很多文献中使用了“职工基本养老保险”或“职工养老保险”的表述，但在历年人力资源和社会保障事业发展统计公报等官方文件仍然使用“城镇职工基本养老保险”这一表述，因此本书仍以这一表述作为题目，但在具体行文中，为了表述方便，也会根据情况使用“职工基本养老保险”或“职工养老保险”这两种表述。此外，本书只研究基本养老保险，不包括企业年金等补充保险，特此说明。

使养老保险由“企业保险”成为真正意义的“社会保险”；20世纪90年代，中国的养老保险改革在社会统筹的基础上引入了个人账户；2000年以后，开始进行做实个人账户的试点。经过三十多年的改革探索，中国城镇职工养老保险改革在筹资模式上部分实现了制度创新，形成了“社会统筹与个人账户相结合”的制度框架。但制度的相关固有矛盾和问题仍然突出：一是历史责任与现实责任难以厘清，具体表现在隐性债务与转制成本的规模问题到目前为止依然没有明确且各方均公认无争议的标准答案；二是政府责任边界不清，在做实个人账户的试点没有结果的情况下，对于做实个人账户的财政投入必然失去动力。实践中，做实个人账户面临如何弥补转制成本和确保养老金当期发放的双重压力，导致“名义账户”制成为绝大多数地方无奈却现实的选择。即便在唯一一个真正做实个人账户的辽宁省，2010年以后，由于国家财政暂时中止对当期社会统筹基金发放缺口的补贴，辽宁省只能动用业已做实的个人账户基金弥补①，个人账户重新回归“空账”。

综上所述，当前中国城镇职工基本养老保险筹资环节改革的焦点集中在社会统筹与个人账户相结合的混合模式中个人账户“空账”是否还要继续做实以及如何做实这一难题上，这也是中国养老保险未来发展无法回避且必须加以解决的问题。

相较于个人账户“空账”的做实问题，中国职工基本养老保险高缴费率与征缴收入小于基金支出的问题更加直接和明显。2019年降费改革以前，各地区用人单位名义缴费率一般维持在20%左右，严重影响企业参保积极性并制约其发展。此外，2020年城镇职工基本养老保险基金收入44375.7亿元，而基金支出51301.4亿元，基金收入小于基金支出，差额为6925.7亿元。这表明即使实现全国统筹，不做实个人账户，职工养老保险征缴收入也不足以满足当年基金支出的需求，需要财政资金予以补足。因此拓展养老保险资金来源并保证经济的运行效率（表现为降低企业缴费率）成为中国城镇职工养老保险迫切需要解决的问题。但当前城镇职工养老保险的筹资，除了用人单位和职工个人缴费以及财政投入外，缺少切实可行且行之有效的其他渠道，在人口老龄化和养老保险基金当期出现支付压力的情况下，进一步降低用人单位缴费率在现实中不太可能实现。

我们能否转换改革思路？既然无法进一步降低费率，是否可以改变缴费基数？长期以来，中国用人单位参加养老保险一直是以工资总额或职工个人缴费基数之和作为缴费基数，这也是社会保险制度产生之后大多数国家采用的方式，在国际上已形成惯例。已有文献均没有对此提出疑问，也没有关于改变用人单位以

① 郑秉文．中国养老金发展报告2014［M］．北京：经济管理出版社，2014：9.

工资总额作为养老保险缴费基数的论述。因此本书即以此作为切入点，研究哪些变量可以作为企业参保缴费基数并探讨企业缴费基数改变前后的经济变化，再结合对于个人账户做实前后的经济变化研究，构成了本书研究内容的主要框架，如表1－1所示。

表1－1　企业缴费基数改变与个人账户做实的组合

项目	企业缴费基数改变与否	
个人账户做实与否	企业缴费基数不变 个人账户“空账”	改变企业缴费基数 个人账户“空账”
	企业缴费基数不变 个人账户“实账”	改变企业缴费基数 个人账户“实账”

根据表1－1的研究框架，本书的主要研究内容是：在统账结合的制度框架和个人缴费均保持不变的前提下，探索企业改变缴费基数和做实个人账户的经济效应和经济影响，从而为养老保险下一步改革提供参考。

第二节　文献回顾

通常而言，按照养老保险财务收支的对应关系以及基金积累形态可以将养老保险筹资模式分成三类：现收现付制、完全基金制、部分基金制[①]。国内外关于养老保险筹资领域的文献主要集中在上述财务模式的研究上。本书仅从现收现付养老保险制度的经济效应、现收现付向基金制转轨以及与基金制的比较、转轨筹资的经济影响三个方面梳理相关文献[②]。

① 对于部分积累制或部分基金制有不同的理解，本书理解的部分基金制是在现收现付制的基础上，增加缴费率，使当期的缴费除了满足当期的支出需要以外，还留有一定的积累，以应付未来养老金支出的需要，其积累的规模远大于现收现付制保险计划下应急储备基金的规模，但是又不能满足未来向全部缴费人支付养老金的资金需要，在实际中其实施方式与现收现付制基本相同，因此国外的文献没有单独研究部分基金制的，隐含在现收现付制的文献中。所以本书认为，中国统账结合模式不能简单地认为是部分基金制，因为如果个人账户是实账则中国的养老保险是混合模式，即社会统筹部分是现收现付制而个人账户是完全基金制。

② 本书梳理的文献主要集中不同筹资模式与经济增长关系方面；此外本书的研究对象为中国城镇职工养老保险，所以国内文献只总结与城镇职工养老保险相关的文献，不考虑与新农保、城居保和机关事业单位养老保险有关的文献。

一、现收现付养老保险制度的经济效应

第一个研究现收现付养老金制度与经济增长之间关系的是知名经济学家萨缪尔森（Samuelson，1958），他用一个分期离散的OLG模型检验了现收现付养老金存在与否对于市场均衡利率的影响。该模型假设资产不能从第一期储存到下一期，并假定工人在他们生命中的第一期从事生产并获得收入，而在第二期即退休期没有收入。处于第一期的工人要寻找交易对象以便当前提供产品可以交换下一期退休生活所用的产品，但不幸的是不存在这样的交易对象。能够与处于人生第一期的工人进行交易的只有当前已经处于人生第二期的退休者，这些退休人员无法存活到下一期再与当前的工人进行交换。在这样一个经济中，没有任何交换发生，退休人员也没有任何收入，因此利率本质上是 -100%。萨缪尔森指出构建一个强制性的现收现付的养老保险制度能够解决上述问题。当前的工人被强制要求缴纳费用以支付给当前的退休人员，即便退休人员不能给当前的工人提供任何回报。在下一期，当前的工人变成退休者，新一代的工人被强制要求缴费支付给新的退休者，而新的工人依然不会从新的退休者手中获得任何回报。强制性的现收现付的养老保险制度保证了退休人员的收入从而解决了自由市场失效的地方。如果交换发生，萨缪尔森得出如下定理："几何级增长的经济中市场均衡利率恰好等于生物回报率"。零人口增长的经济中市场均衡利率为0，人口负增长的经济其利率水平必为负值。萨缪尔森的论文第一次提出现收现付养老保险制度的回报率等于人口增长率①。

戴蒙德（Diamond，1965）通过引入生产行为和持久的资本品扩展了萨缪尔森的模型，这样工人在工作期就能够借钱给生产者以换得未来退休期的回报。这个模型还考虑了发债对经济的影响。戴蒙德认为在一个有效的经济中，相较于对当前一代征税，通过未来各代偿还的发债的方式解决政府支出会导致效用减少。发行内债会产生对投资的挤出效应进而提高利率并减少产出，因为来自资本存量的投资会部分转移至政府发行的有价证券。这些结论与现收现付的经济影响以及为实现现收现付制向完全基金制转变采取征税或发债等不同方式的影响密切相关。

艾伦（Aaron，1966）认为在过度储蓄且没有社会保障的经济中，建立现收现付式的社会保障制度可以减少私人储蓄，修正动态无效率，实现帕累托改进，

---

① 这是在不存在技术进步的假设下的结论。在一个人口增长和技术进步经济体中，生物回报率是人口增长率和技术进步率的函数。

提高社会整体福利水平。萨缪尔森（1975）在另外一篇文献中也得出与此类似的结论，即在帕累托无效的长期均衡情况下，现收现付式的养老保险制度可以实现帕累托改进，进而增进效率。

施陶弗曼和库马尔（Stauvermann and Kumar，2016）从理论上探讨人口减少和长寿风险下现收现付养老保险制度的可持续性。他们使用一个小型开放经济条件下生育率和长寿风险以及人力资本均内生的 OLG 模型，发现只要有利于父母投资于人力资本，养老金就永远会增加。此外，只要保证养老金和年轻一代消费的比率维持在正向促进作用的极限值范围内，一个纯粹的现收现付养老金制度将不会由于生育率下降和人口老龄化遇到任何的偿付能力的问题。

以上的研究肯定了现收现付养老保险制度对于经济的正向作用，但很多经济学家的研究却认为现收现付式的社会保障会损害经济效率，其中最著名就是费尔德斯坦（Feldstein）。他的一系列的论文都认为现收现付的社会保障制度会对储蓄产生“挤出效应”，不利于经济增长（Feldstein，1974、1976、1982、1985、1989）。戈卡莱等（Gokhale et al.，1996）的研究也得出了相同的结论，即现收现付的社会保障制度降低了美国的储蓄率。他指出当前 70 岁老年人的消费大体是当前 30 岁人口消费的 1/5，而与之形成对照的是在 20 世纪 60 年代，同样年龄老年人群体的消费是 30 岁人口消费的 2/3。由此得出养老保险现收现付的转移支付方式是导致美国经济增长率相对下降的主要因素之一。

除了减少储蓄、投资和产出，现收现付的养老保险制度还会导致经济效率的下降，特别是对于劳动力市场的影响。因为养老保险缴费和待遇之间联系较小，并且参加养老保险缴费的回报率低于市场利率，所以养老保险缴费通常被认为是一种“税收”，进而会导致劳动力市场的扭曲。相较于没有强制性的现收现付缴费，正是由于这种可感知的“税收”，工人们会减少工作或者提前退休。现收现付养老保险制度对于经济的扭曲程度是这种可感知的“税率”平方的函数。模拟表明现收现付养老保险制度对于经济的影响极大地取决于养老金缴费与给付之间可感知的联系程度。在美国的社会保障制度中，由于待遇公式复杂，对于大多数普通民众而言，养老保险缴费与给付之间的联系是不透明的，因此现收现付养老保险制度对于经济的扭曲效应会非常巨大（Kotlikoff，1996；Feldstein et al.，1996、1997）。

二、现收现付向基金制转轨以及与基金制的比较

关于现收现付式向基金制转轨的问题，国外文献研究美国社会保障私有化最多。在众多关于美国社会保障私有化的研究中，部分学者运用构建的包括家庭、

生产和政府三部门的55代的OLG模型和75代的OLG模型分别对美国的社会保障私有化进行模拟，根据模拟结果得出的结论认为养老保险制度由现收现付制向完全基金制转变会显著提高经济的产出水平（Kotlikoff et al.，1996、1997、1998、1999；Gokhale et al.，1996；Auerbach et al.，1987）。

费尔德斯坦是现收现付制向基金制转轨改革最为坚定的支持者和倡导者，他的一系列论文都认为转轨不仅能够解决养老保险体系面对的财务困难，而且会增加资本积累，加快经济增长，提高人民福利。此外他还认为转轨会使资本的边际产出大于工资的增长，这意味着政府采用基金制的养老体制的长期成本低于现收现付制（Feldstein，1996、1997、1998、1999、2001、2002、2005）。其中费尔德斯坦等（1997）对美国社会保障制度由现收现付制转变为完全基金制经济产出的潜在增长情况进行了估算，按1995年不变价格计算，在贴现率设定为3%的情况下，如果转变成完全基金制会使经济的产出水平增加的净现值为16.6万亿美元。

戴维斯和胡（Davis and Hu，2008）设计了一个经过修正的包括养老金资产的柯布—道格拉斯生产函数，利用涵盖了38个国家的数据探讨基金制养老金资产与经济增长的直接联系，发现无论在经合组织国家还是新兴市场经济体，基金制养老金计划均有利于经济增长，而且对于新兴市场经济体而言，基金制养老保险制度对于经济的促进作用要大于经合组织国家。

塞尔达（Cerda，2008）研究了智利实行的完全基金制的社会保障制度，并构建了一个基于现收现付社会保障的经济系统，将其与完全基金制的经济系统进行比较，通过模拟发现如果智利采用现收现付制将导致财政赤字大规模增加和养老金水平的降低。

卡冈诺维奇和齐尔查（Kaganovich and Zilcha，2012）认为与现收现付相比较，完全基金制的养老保险制度能够获得更多政治支持用以投入教育，因而能够提升人力资本积累水平、物质资本积累水平以及经济增长率；此外完全基金制还能够相对降低收入的不平等程度。

以上文献都认为一个完全基金制的养老保险计划有利于经济增长（至少是中性）。但昆泽（Kunze，2012）研究认为，当个体面对教育子女和给子女留下遗产增加他们的可支配收入的取舍时，完全基金制的社会保障制度会损害经济增长。在这种情况下，强制性的按比例缴费会扭曲父母对子女的教育选择，因为其使教育的回报下降进而导致个人用自愿储蓄替代了私人教育支出。如果私人教育支出的减少抵消了资本加速积累的积极作用，经济增长就会下滑。

此外，2000年以后很多文献对现收现付制转变为完全基金制提出了反思（Modigliani et al.，2006；Mesa－Lago，2009），重新审视不同养老保险筹资模式的经济效应（Barr et al.，2006、2009、2010；Diamond，2004、2006；Breyer

et al. , 2009; Boersch - Supan, 2012)。其中宋铮等（Song et al. , 2015）运用一个根据中国的人口预测、生产率增长和其他经济结构特征校准的动态均衡模型研究养老保险不同筹资模式的经济效应。其得出结论认为：筹资模式的改革对于实现养老保险的财务平衡是必要的，但是立即实现养老保险制度由现收现付制转变为完全基金制在经济上却并不是最优的选择。即使是一个具有低值社会折现因子的中央计划者也应该将筹资模式的改革推迟四十年。原因在于当前现收现付的体系仅使未来（相对富裕）的各代付出较小的成本就实现财富由未来（相对富裕）的各代转移到当前（相对贫困）的一代。如果养老保险转变成完全基金制将减少代际间的转移支付，损害当前一代人的利益，而未来各代因此所获得的收益也很小。新兴经济体普遍存在的暂时性的高工资增长和金融市场不完全是导致上述结果产生的关键因素。

国内文献中最早全面介绍和梳理现收现付制和完全基金制经典经济学文献的是李绍光的著作和论文，其中他全面地概括了国外经济学界研究养老金问题的理论、方法、成果、观点和政策主张，并从收入分配效应和经济增长效应两个角度全面比较分析了现收现付制和基金制这两种不同的制度安排的优缺点（李绍光，1998）。此后有很多文献对于养老保险不同筹资模式的经济效应以及比较选择问题进行了研究。有代表性的如袁志刚、宋铮、封进、何樟勇等的论文，他们从宏观经济运行的动态效率入手，对中国养老保险体系选择上的若干重要问题进行了经济学分析，探讨了中国养老保险不同筹资模式与人口结构、储蓄以及与经济动态效率之间的关系（袁志刚等，2000、2001、2003、2009；何樟勇等，2004；封进等，2004、2006、2012、2013；何立新等，2008）。其他学者中柏杰（2000）针对中国养老保险改革的实践，建立了一个代际交叠模型，考察了养老保险制度对经济增长和帕累托效率的影响；郑伟和孙祁祥在一般均衡的框架下构建了一个两期的动态生命周期模拟模型，对中国养老保险制度由现收现付制转变为部分积累制的经济效应进行了模拟分析（郑伟，2002、2003、2005）。杨再贵在一系列论文中运用 OLG 模型分别在不同的假设条件下对中国社会统筹与个人账户实账相结合的养老保险制度进行分析，探讨养老金替代率、缴费率、人口增长率和经济增长之间的关系（杨再贵，2006、2007、2008、2009、2011）。彭浩然和申曙光用代际交叠模型研究养老保险制度与人口出生率、人力资本投资及 GDP 增长之间的相互关系，认为现收现付制养老保险降低居民储蓄率和人力资本投资占居民收入的份额（彭浩然、申曙光，2007）。万春和杨俊分别在自己的论文中构建了混合制养老保险制度的一般均衡模型，探讨了养老保险缴费率与消费和经济增长之间的关系（万春等，2006、2008；杨俊，2009）。此外，近年来随着中国做实个人账户试点陷入两难困境，国内关于名义账户的研究逐渐增多（郑秉文，

2003、2014；边恕等，2005；郑伟等，2010；龙朝阳等，2011；庞凤喜等，2012），但这些研究更多地集中在养老保险制度内加以讨论，没有从整个宏观经济的视角考察名义账户的影响。

三、转轨筹资的经济影响

养老保险制度由现收现付制向完全基金制转变，必须支付现收现付模式下“未偿还的养老金负债”，这就是转制成本。这种“未偿还的养老金负债”通常称为“隐性债务”，是转轨改革时点之后按原有现收现付模式确定的每年应支付的养老金现金流的净现值，既包括已经退休人员的养老金权益，也包括当前劳动者在转轨改革时点之前参加原有现收现付制度缴费所获得的未来退休时养老金权益。隐性债务的计算取决于人口与经济预测、养老金计发办法以及为计算所选择的贴现率的大小。未来随着退休人员中对于转轨改革时点之前养老金权益索取者所占的比重越来越小，每年为偿还隐性债务付出的现金流会逐渐下降为0。

一般而言，养老保险制度实现由现收现付制转变为完全基金制对于转制成本的弥补通常有两种方式。一种是税收筹资的，即通过对当前一代征税的方式支付现收现付模式下“未偿还的养老金负债”；另一种是债券筹资的，即在转轨期间政府通过发行债券筹资部分支付隐性债务，转轨完成之后再通过向未来各代征税偿还发行的债券。

通过征税来弥补转制成本涉及税收和养老保险制度之间的关系，戴蒙德回顾了税收和养老金政策之间的关系（Diamond，2009、2011）。此外，通过征税来弥补转制成本也存在不同的税收来源，包括累进或比例形式的所得税和消费税。对于美国经济的模拟结果表明，通过消费税弥补转制成本更有效率。因为提高所得或工资税会导致转轨期间工人更少地工作，更多地消费，不利于资本形成。相反，通过征收消费税弥补转制成本，会导致人们少消费从而增加储蓄和投资（Kotlikoff et al.，1996、1997、2000）。

债券筹资的方式是指政府通过发行债券弥补转制成本从而实现养老保险由现收现付制转变为完全基金制。这种债券通常认为在未来五年之后要予以偿还，运用这种方式对美国社会保障私有化进行模拟分析，结果表明：与税收筹资相比较，发行债券的方式会对资本积累产生挤出效应，经济产出增加的幅度变小（或者推迟产出增长效应的到来）。在某些情况下，与现收现付模式相比，过度发行债券甚至会导致产出下降。这一结果并不奇怪，现收现付模式下经济均衡产出水平低于完全基金模式是因为现收现付养老保险制度与政府债券类似会减少储蓄和投资。通过发行债券弥补现收现付转为完全基金制的转制成本对于宏观经济的影响与继续实行现收现付的筹资模式相似。养老保险筹资模式改革对于经济的增长效应取决于能否准确偿还隐性债务，而不是简单地将隐性承诺变成正式的显性债务（Kotlikoff et al.，1996、1997）。

养老保险由现收现付制转变为完全基金制，为弥补转制成本采取不同的筹资方式不仅会影响经济均衡增长路径，而且会对代际间的收入再分配产生影响。一些文献研究了现收现付向基金制转变对于不同代际的影响（Breyer，1989；Homburg，1990）。

国内的文献更多集中在隐性债务和转制成本的估算以及如何弥补上，但也有少数文献探讨了不同转轨筹资模式对于经济的影响（王燕等，2001；孙祁祥，2001；李时宇，2010）。其中最重要的一篇论文是《中国养老金隐性债务、转轨成本、改革方式及其影响》。该文利用可计算一般均衡模型，模拟通过征收企业所得税、增值税、个人所得税和销售税四种不同的方法来为转轨成本筹资从而实现中国养老保险由现收现付制转变为完全基金制。结果表明以个人所得税最为可取，转轨成本在2000年至2010年大致占GDP的0.6%，并在2050年下降到0.3%，同时，改革后的体制从财务上是可持续的（王燕等，2001）。郑伟在论文中研究了通过对企业征收转轨收入税偿还为弥补转制成本发行的国债的方式实现养老保险由现收现付制转变为部分积累式（社会统筹+个人账户实账）的经济效应（郑伟，2002、2003、2005）。也有学者提出企业同时以工资总额和企业总利润为基数参保缴费的主张，在制度内消化转制成本（黎民等，2004、2005）。此外，还有一些学者用经济学的方法对国有资产充实养老保险基金偿还隐性债务进行了专门研究（李绍光，2004；杨俊等，2008；金刚，2009、2010；高奥等，2015）。

通过回顾可以发现，关于缴费基数的讨论国外文献基本没有涉及，国内虽有相关文献，但更多是从实际角度研究缴费基数不实和“双基数”（企业缴费基数与个人缴费基数）不一致的问题。国内外文献基本没有关于改变养老保险缴费基数的经济效应方面的研究，因此本书以此为切入点，探讨城镇职工养老保险改变企业参保缴费基数的经济影响。

第三节 研究方法、创新点与不足

一、研究方法

本书采用的是一般均衡的分析框架，一般均衡是整个经济中各个部分，包括产品市场、资本市场、劳动力市场和政府的收支都达到均衡的状态，反映出各个经济变量之间的相互关系，因而能够考察不同经济主体的决策行为变化对各个经济变量的影响。本书要考察养老保险筹资改革特别是做实个人账户和改变企业缴费基数对经济中各个变量的影响，这些经济变量涉及消费者、生产者、举办养老保险的政府和资本市场，因此本书采用一般均衡的分析框架。

在具体的分析工具上，本书选择 OLG 模型（Overlapping Generations Model），即代际交叠模型。OLG 模型将人口划分为不同世代，每个人一生的不同阶段分别与之相对应，处于不同世代的个体在消费、储蓄等方面表现出不同的决策行为，OLG 模型能够解释不同世代人群的行为决策差异对宏观经济产生的影响，特别在微观层面能够反映出人们为养老所做出的经济决策安排，因而成为以经济学的研究范式分析养老保险最为常用的标准模型。本书运用一个简单的两期 OLG 模型对中国统账结合的养老保险制度做实个人账户前后和改变用人单位缴费基数前后分别建立一般均衡模型，通过对模型模拟探讨个人账户做实和企业缴费基数改变的经济影响。

二、本书的创新点

一是在分析中国城镇职工养老保险制度运行状况与核心问题的基础上，大胆提出制度假设，改变用人单位以工资总额或职工个人缴费基数之和作为参保缴费基数的现状，探讨通过以企业收入额或增值额为基数缴费的经济影响和重要意义。

二是运用 OLG 模型对中国目前基于个人账户“空账”的社会统筹与个人账户相结合的养老保险制度进行一般均衡分析，并以此作为下一步筹资改革的起点，即此模型作为基准模型与改革后的模型进行比较分析。在已有的运用 OLG 模型对中国养老保险制度的研究中通常以纯粹现收现付模型作为基准模型，但中国养老保险经过三十年改革建立的“统账结合”模式才是下一步改革的起点，已经不能用纯粹的现收现付模型来加以模拟。本书建立的模型更贴近中国的现实情况。

三是分别构建个人账户实账以工资为企业缴费基数、个人账户空账以收入为企业缴费基数和个人账户实账以收入为企业缴费基数的一般均衡模型，结合中国的现实情况设置参数进行模拟，并与基准模型进行比较，探讨个人账户做实和企业缴费基数改变的经济影响。

四是以往研究中构建的中国养老保险的经济模型均包含养老保险覆盖全部劳动力或全部城镇劳动力这一内在隐含假设，但中国城镇职工养老保险并未覆盖全

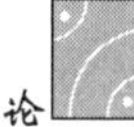

部就业人口也并未覆盖全部城镇就业人口。本书基于上述事实，在模型构建中引入养老保险覆盖范围这一外生变量，因此所进行的模型模拟更加贴近中国的现实情况，得出的结论也更具有说服力。

三、本书的不足之处

限于各方面主客观条件的制约，本书的研究还存在一些不足之处，这些不足之处也构成了本书未来的研究方向。

一是本书的分析工具采用的是一个两期的 OLG 模型，虽然可以说明问题，但模型模拟并不是对真实世界的完全仿真，以后的研究中在客观条件允许的情况下可采用可计算一般均衡模型（CGE），运用 GAMS 软件进行完全的仿真模拟。

二是模型还可以进一步向多方面拓展，比如在模型中放松生产者和消费者同质性的假设，比如考虑遗产动机和双向利他因素，再比如在模型中引入人力资本与教育投入等其他因素等。

三是本书对于养老保险筹资改革的研究局限在养老保险制度内，希望通过缴费基数的改革实现制度的自我平衡与自我发展，没有研究制度外诸如财政、国债和国有资本划拨等其他渠道为养老保险筹资的经济影响，未来可以对上述方式进行专门研究。

第二章

中国城镇职工基本养老保险的改革历程与发展情况

第一节 中国城镇职工基本养老保险的改革历程

中国城镇职工基本养老保险制度改革是伴随城市经济体制改革特别是国有企业改革而启动的，从筹资环节的角度看，到目前为止，大体经历了四个阶段。

一、建立社会统筹养老保险制度阶段（20 世纪 80 年代中期到 90 年代初）

中国现行的职工养老保险制度是在原有制度基础上经过制度变迁发展而来的。新中国成立初期的《中华人民共和国劳动保险条例》，建立的实际上是社会统筹方式的现收现付制度，但经过“文革”以后，这一制度蜕变成完全的企业现收现付制度，丧失了全社会范围内统筹调剂功能，并一直延续到 20 世纪 80 年代。1984 年，广东省江门市、东莞市，四川省自贡市，江苏省泰州市和辽宁省锦州市黑山县率先进行了退休费用社会统筹试点。[①] 1991 年，国务院发布了《关于企业职工养老保险制度改革的决定》，提出随着经济的发展，逐步建立起基本养老保险与企业补充养老保险和职工个人储蓄性养老保险相结合的制度，由国家、企业和个人三方共同负担养老保险费，实行养老保险的社会统筹。社会统筹机制开始在全国范围内逐步推行，统筹层次大多集中在市、县两级。这一改革虽然从制度设计上解决了统筹区域内新老企业之间养老负担不均衡的问题，但由于

① 鲁全．从地方自行试点到中央主导下的央地分责［J］．教学与研究，2018（11）：26.

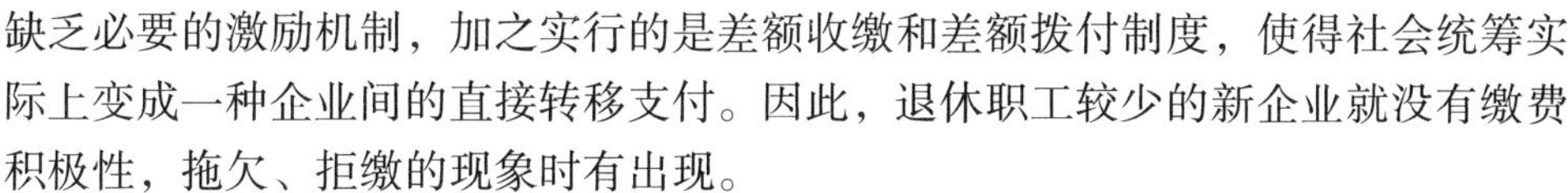

缺乏必要的激励机制，加之实行的是差额收缴和差额拨付制度，使得社会统筹实际上变成一种企业间的直接转移支付。因此，退休职工较少的新企业就没有缴费积极性，拖欠、拒缴的现象时有出现。

二、引入个人账户、建立“统账结合”的阶段（20世纪90年代初到21世纪初）

1993年，中共十四届三中全会通过了《中共中央关于建立社会主义市场经济体制若干问题的决定》，其中针对社会保障明确提出，要建立多层次的社会保障体系；按照社会保障的不同类型确定其资金来源和保障方式；城镇职工养老保险和医疗保险金由单位和个人共同负担，实行社会统筹和个人账户相结合的制度；社会保障行政管理和社会保险基金经营要分开；建立社会保障体系要坚持社会保障水平与中国社会生产力发展水平和各方面承受能力相适应的原则。1995年3月，国务院发布了《关于深化企业职工养老保险制度改革的通知》，开始在全国范围内推进“统账结合”的养老保障体制改革。并针对在改制问题上存在的意见分歧，提供了两套不同的具体操作方案，允许地方自由选择甚至适当修改。1997年7月，在总结改革经验的基础上，国务院发布了《关于建立统一的企业职工基本养老保险制度的决定》，决定建立统一的城镇职工养老保障制度，已经实行的两套方案向新的“统账结合”方案过渡。1998年8月，国务院发布《关于实行企业职工基本养老保险省级统筹和行业统筹移交地方管理有关问题的通知》，主要内容包括：将原来11个行业的基本养老保险统筹移交给地方（省、直辖市）管理；提高统筹层次，实施省级统筹；养老金的差额拨缴改为全额拨缴，并实施养老金社会化发放。

这阶段的改革以1995年和1997年国务院的两个文件为标志，真正具有制度变革意义的是确定养老保险的目标模式由传统的现收现付模式转变为“社会统筹与个人账户相结合”的混合模式。但在实践中，由于改革并没有明确规定如何解决隐性债务和转制成本问题，以及企业缴费困难，个人账户基金和社会统筹基金混账管理等，导致出现了个人账户的“空账”问题，所以这种模式上的转变也仅仅是形式上的，养老保险的财务安排在实质上仍维持着现收现付的方式。

三、做实个人账户的试点改革阶段（21世纪最初十年）

2000年12月，国务院发布了《关于完善城镇社会保障体系的试点方案》，2001年7月，辽宁正式进行试点改革。该试点方案的主要内容一是个人账户由

"空账"转为"实账"；二是社会统筹基金与个人账户基金由混账管理改为分账管理，不准互相挪用。由此拉开了中国职工基本养老保险做实个人账户试点改革的序幕。2004 年，在总结辽宁经验的基础上将黑龙江和吉林纳入试点地区；2005 年末进一步扩大了试点范围，上海、天津、山西、山东、河南、湖北、湖南和新疆 8 个省份开始进行做实个人账户的试点改革；2008 年江苏和浙江自愿加入试点改革。

在上述的 13 个试点改革省份中，做实个人账户又分为"补缺口"和"补账户"两种方式。辽宁采用"补缺口模式"，是真正做实个人账户，即个人缴费完全进入个人账户基金，用人单位缴费进入社会统筹基金，个人账户基金不再进入社会统筹基金，社会统筹基金的缺口由财政资金补足。而其他 12 个省份采用的是"补账户模式"①，个人缴费和用人单位的缴费仍然进入社会统筹基金；个人账户基金是按照个人缴费基数的 5% 在总量上做实个人账户，所需资金由中央财政和地方财政按 3∶1 的比例共同承担。可见不管哪种模式，做实个人账户均需要在养老保险制度外得到财政资金的支持。此外，无论是"补缺口"还是"补账户"模式，均对之前业已存在的"空账"不予做实。

在这一阶段，为配合个人账户做实的试点改革，国务院于 2005 年 12 月发布了《国务院关于完善企业职工基本养老保险制度的决定》，决定从 2006 年 1 月 1 日起，将个人账户的规模统一由本人缴费工资的 11% 调整为 8%，同时改革基本养老金计发办法，加大多缴多得的激励机制。

四、试点改革陷入停滞、个人账户功能再定位的探索阶段（2010 年至今）

2008 年之后，做实个人账户的试点改革在空间上没有进一步扩大范围，一直局限在前述的 13 个省份。2010 年以来，由于国家财政暂时中止对辽宁做实个人账户试点改革的补贴，辽宁只能动用业已做实的个人账户基金弥补当期社会统筹基金的发放缺口②，个人账户重新回归"空账"。此外，在 2013 年中共十八届三中全会通过的《中共中央关于全面深化改革若干重大问题的决定》中，有关个人账户的表述是"完善个人账户制度"，替换此前多年一直使用的"做实个人账户试点"的传统表述。这标志着职工基本养老保险制度改革进入对个人账户功能的重新认识和再定位的探索阶段。

① 笔者认为这种"补账户模式"并不是真正做实个人账户，因为一方面，仍有工资的 3% 的空账继续产生；另一方面，这只是总量上的做实，并未一一对应到每个人的个人账户名下。

② 郑秉文．中国养老金发展报告 2014［M］．北京：经济管理出版社，2014：9.

2010 年 10 月 28 日，《中华人民共和国社会保险法》正式颁布，是中国社会保障立法进程中的里程碑事件，具有重大的标志性意义。对于养老保险筹资改革而言，《中华人民共和国社会保险法》第一次从法律高度确立了基本养老保险“统账结合”的制度模式。

2015 年 8 月，国务院发布了《基本养老保险基金投资管理办法》，明确了养老保险基金的投资渠道和投资方式，为未来养老保险基金的保值增值提供制度保障。

2018 年 5 月，《国务院关于建立企业职工基本养老保险基金中央调剂制度的通知》发布，标志着养老保险基金中央调剂制度建立。①

2019 年 4 月，国务院办公厅发布了《降低社会保险费率综合方案》，自 2019 年 5 月 1 日起，降低城镇职工基本养老保险单位缴费比例，规定单位缴费比例高于 16% 的，可降至 16% 。

2022 年 1 月，职工基本养老保险全国统筹开始启动实施。

回顾改革历程可以发现：中国城镇职工基本养老保险制度改革的核心与重点是筹资环节的改革，在 2010 年之前，筹资环节的改革一直围绕着是否做实个人账户以及如何做实个人账户展开。虽然 2010 年以来，个人账户改革陷入停滞，但这依然是中国养老保险未来发展与进一步改革无法回避且必须加以解决的难题和关键。

第二节　中国城镇职工基本养老保险的发展情况

中国城镇职工基本养老保险制度经过近四十年的改革，实现了从“国家—单位保障制”向“国家—社会保障制”的整体转型，并形成了世界上第一个“社会统筹与个人账户”相结合的制度模式。② 接下来本书从参保情况、基金收支情况和待遇情况三个方面考察中国城镇职工基本养老保险的发展情况。

一、参保情况

由表 2-1 可以看出：中国城镇职工基本养老保险参保人数逐年增加，2021 年末，参保总人数达到 48074 万人，其中在职职工参加养老保险人数为 34917.1 万人，离退人员参加养老保险人数为 13157 万人。从增长率角度来看（见图

① 2018~2021 年，中央调剂制度实施 4 年间，共跨省调剂资金 6000 多亿元，其中 2021 年跨省调剂的规模达到 2100 多亿元，有力支持了困难省份确保养老金按时足额发放。

② 郑功成．中国社会保障改革与发展战略（养老保险卷）[M]．北京：人民出版社，2011：2-3.

2－1），2012～2019年，离退人员参加养老保险人数增长率均高于在职职工参加养老保险人数增长率。

表2－1　　中国城镇职工基本养老保险参保情况

年份	城镇参加养老保险人数（万人）	在职职工参加养老保险人数（万人）	离退人员参加养老保险人数（万人）	在职职工参加养老保险人数占城镇就业人数的比重*（%）	制度赡养率**（%）
2000	13617.4	10447.5	3169.9	45.13	30.34
2001	14182.5	10801.9	3380.6	44.78	31.30
2002	14736.6	11128.8	3607.8	44.23	32.42
2003	15506.7	11646.5	3860.2	44.40	33.14
2004	16352.9	12250.3	4102.6	44.88	33.49
2005	17487.9	13120.4	4367.5	46.22	33.29
2006	18766.3	14130.9	4635.4	47.69	32.80
2007	20136.9	15183.2	4953.7	49.05	32.63
2008	21891.1	16587.5	5303.6	51.67	31.97
2009	23549.9	17743	5806.9	53.25	32.73
2010	25707.3	19402.3	6305	55.94	32.50
2011	28391.3	21565	6826.2	60.05	31.65
2012	30426.8	22981.1	7445.7	61.94	32.40
2013	32218.4	24177.3	8041	63.23	33.26
2014	34124.4	25531	8593.4	64.95	33.66
2015	35361.2	26219.2	9141.9	64.08	34.87
2016	37929.7	27826.3	10103.4	66.17	36.31
2017	40293.3	29267.6	11025.7	67.74	37.67
2018	41901.6	30104	11797.7	67.97	39.19
2019	43487.9	31177.5	12310.4	68.90	39.48
2020	45621.1	32858.7	12762.3	71.01	38.84
2021	48074	34917.1	13157	74.65	37.68

注：*在职职工参加养老保险人数占城镇就业人数的比重为在职职工参加养老保险人数与城镇就业人数之比。**制度赡养率为离退人员参加养老保险人数与在职职工参加养老保险人数之比。

资料来源：根据国家统计局网站数据整理计算。

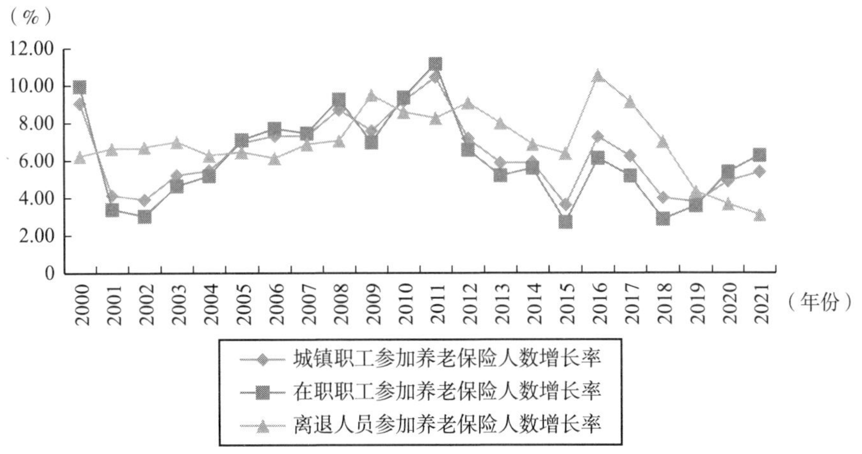

图 2－1　中国城镇职工基本养老保险参保人数增长率

资料来源：根据国家统计局网站数据整理计算。

在职职工参加养老保险人数占城镇就业人数的比重也逐年上升（见图 2－2），2000 年只有 45.13%，2021 年已经上升到 74.65%，这反映了中国城镇职工基本养老保险的覆盖范围在不断扩大。

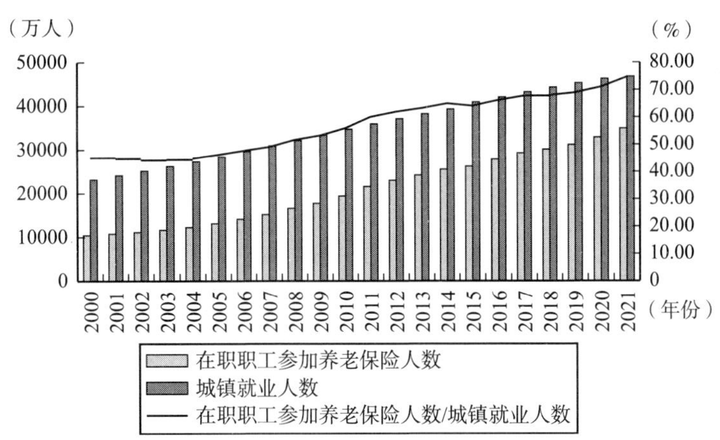

图 2－2　在职职工参加养老保险人数与城镇就业人数对比

资料来源：根据国家统计局网站数据整理计算。

制度赡养率能够反映出参加养老保险的离退人数与在职人数的对比关系，由图 2－3 可以看出：中国城镇职工基本养老保险的制度赡养率近年来呈现波动上升趋势，但 2017 年至 2021 年均超过 37%。

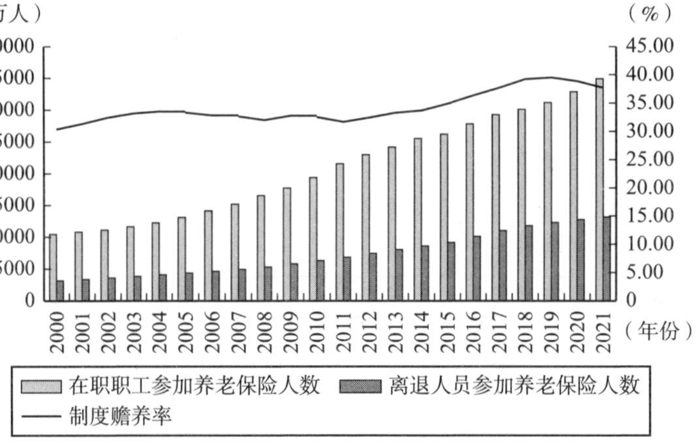

图 2－3　参加养老保险的在职人数与离退人数对比

资料来源：根据国家统计局网站数据整理计算。

二、基金收支情况

（一）基金收支规模

由表 2－2 和图 2－4 可以看出：中国城镇职工基本养老保险基金的收入、支出和累计结余规模在 1999～2020 年逐年增加。受 2019 年养老保险用人单位降费改革以及新冠肺炎疫情影响，2020 年的基金收入明显下降，但基金支出仍保持增长，且当年基金收入小于基金支出，差额已达到 6925.7 亿元，因此 2020 年末的累计结余也呈现下降趋势。此外，由图 2－4 还可以看出：2012～2020 年，基金收入、支出和累计结余的增长率均呈波动下降趋势，而且除了 2017 年和 2018 年，其余年份的基金支出的增长率均高于基金收入的增长率。

表 2－2　　中国城镇职工基本养老保险基金收支规模　　单位：亿元

年份	基本养老保险基金收入	基本养老保险基金支出	基本养老保险累计结余
1999	1965. 1	1924. 9	733. 5
2000	2278. 5	2115. 5	947. 1
2001	2489	2321. 3	1054. 1
2002	3171. 5	2842. 9	1608
2003	3680	3122. 1	2206. 5

续表

年份	基本养老保险基金收入	基本养老保险基金支出	基本养老保险累计结余
2004	4258.4	3502.1	2975
2005	5093.3	4040.3	4041
2006	6309.8	4896.7	5488.9
2007	7834.2	5964.9	7391.4
2008	9740.2	7389.6	9931
2009	11490.8	8894.4	12526.1
2010	13419.5	10554.9	15365.3
2011	16894.7	12764.9	19496.6
2012	20001	15561.8	23941.3
2013	22680.4	18470.4	28269.2
2014	25309.7	21754.7	31800
2015	29340.9	25812.7	35344.8
2016	35057.5	31853.8	38580
2017	43309.6	38051.5	43884.6
2018	51167.6	44644.9	50901.3
2019	52918.8	49228	54623.3
2020	44375.7	51301.4	48316.6
2021	60454.7	56481.5	52573.6

资料来源：根据国家统计局网站数据整理。

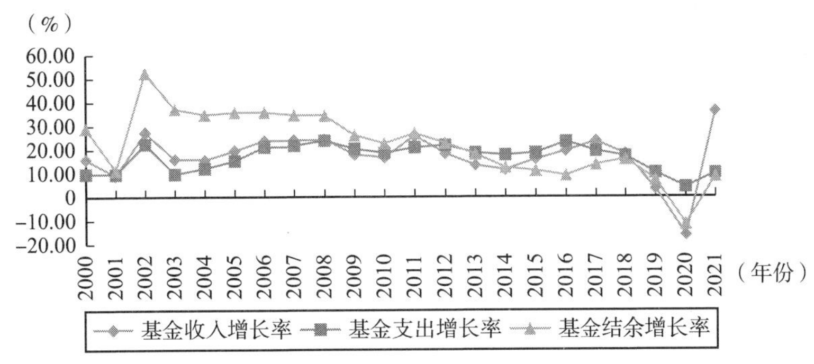

图 2-4　中国城镇职工基本养老保险基金收支与结余增长率

资料来源：根据国家统计局网站数据整理计算。

（二）基金收入情况

1. 基金收入构成情况。

由表2-3可以看出：2002~2017年，中国城镇职工基本养老保险基金征缴收入、财政补贴均逐年增加，2006~2017年除征缴收入和财政补贴之外的其他收入也逐年增加。征缴收入占基金总收入的比重整体呈现波动下降趋势，而财政补贴占基金总收入的比重整体呈现波动上升趋势。2017年①职工养老保险基金征缴收入33403亿元，占基金总收入的比重为77.13%；财政补贴为8004亿元，占基金总收入的比重为18.48%，除征缴收入和财政补贴之外的其他收入为1902.6亿元，占基金总收入的比重为4.39%。

表2-3　　　　中国城镇职工基本养老保险基金收入构成情况

年份	征缴收入（亿元）	征缴收入占基金总收入的比重（%）	财政补贴*（亿元）	财政补贴占基金总收入的比重（%）	除征缴收入和财政补贴之外的其他收入**（亿元）	其他收入占基金总收入的比重（%）
2002	2551.4	80.45	408.2	12.87	—	—
2003	3044	82.72	530	14.40	106	2.88
2004	3585	84.19	614	14.42	59.4	1.39
2005	4312	84.66	651	12.78	130.3	2.56
2006	5215	82.65	971	15.39	123.8	1.96
2007	6494	82.89	1157	14.77	183.2	2.34
2008	8016	82.30	1437	14.75	287.2	2.95
2009	9534	82.97	1646	14.32	310.8	2.70
2010	11110	82.79	1954	14.56	355.5	2.65
2011	13956	82.61	2272	13.45	666.7	3.95
2012	16467	82.33	2648	13.24	886	4.43
2013	18634	82.16	3019	13.31	1027.4	4.53
2014	20434	80.74	3548	14.02	1327.7	5.25
2015	23016	78.44	4716	16.07	1608.9	5.48

① 2018年至今《人力资源和社会保障事业发展统计公报》不再公布征缴收入和财政补贴的具体数据，因此本书数据只能截止到2017年。后文涉及这两项指标均是如此，不再赘述。

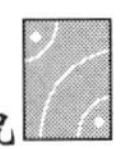

续表

年份	征缴收入（亿元）	征缴收入占基金总收入的比重（%）	财政补贴*（亿元）	财政补贴占基金总收入的比重（%）	除征缴收入和财政补贴之外的其他收入**（亿元）	其他收入占基金总收入的比重（%）
2016	26768	76.35	6511	18.57	1778.5	5.07
2017	33403	77.13	8004	18.48	1902.6	4.39

注：*2002 年数据为基本养老保险基金收入中来自中央的财政补贴，而 2003 ~ 2017 年数据为基金收入中来自各级财政的补贴总额。** 除征缴收入和财政补贴之外的其他收入为基金总收入减去征缴收入和财政补贴之后的数额，包括利息收入和预缴、补缴、清理欠费等收入。由于 2002 年只查到中央财政的补贴数据，因而无法计算这一年的其他收入。

资料来源：根据历年《人力资源和社会保障事业发展统计公报》整理计算。

2. 基金征缴收入与基金支出和工资总额的比较。

中国城镇职工基本养老保险基金征缴收入与基金支出的对比关系，可以在整体上反映出养老保险制度自身收支平衡与可持续发展情况。由表 2－4 可以看出：2014 ~ 2017 年，城镇职工基本养老保险基金征缴收入均小于基金支出。例如 2017 年，基金征缴收入为 33403 亿元，基金支出为 38051.5 亿元，差额为 4648.5 亿元。这表明即使实现全国统筹，2017 年职工养老保险基金全部征缴收入也不足以满足当年基金支出的需求，在整体上会出现 4648.5 亿元的缺口，需要财政资金予以补足。而且如前文所述，2020 年受降费率改革和疫情双重因素的共同影响，2020 年包括征缴收入和财政补贴在内的全部基金收入总额都要小于基金支出规模，差额已达到 6925.7 亿元。

表 2－4　中国城镇职工基本养老保险基金征缴收入与基金支出及工资总额比较

年份	征缴收入（亿元）	基本养老保险基金支出（亿元）	征缴收入减基金支出（亿元）	城镇单位就业人员工资总额（亿元）	征缴收入占城镇单位就业人员工资总额的比重（%）
2002	2551.4	2842.9	－291.5	13638.1	18.71
2003	3044	3122.1	－78.1	15329.6	19.86
2004	3585	3502.1	82.9	17615	20.35
2005	4312	4040.3	271.7	20627.1	20.90
2006	5215	4896.7	318.3	24262.3	21.49
2007	6494	5964.9	529.1	29471.5	22.03

续表

年份	征缴收入（亿元）	基本养老保险基金支出（亿元）	征缴收入减基金支出（亿元）	城镇单位就业人员工资总额（亿元）	征缴收入占城镇单位就业人员工资总额的比重（%）
2008	8016	7389.6	626.4	35289.5	22.71
2009	9534	8894.4	639.6	40288.2	23.66
2010	11110	10554.9	555.1	47269.9	23.50
2011	13956	12764.9	1191.1	59954.7	23.28
2012	16467	15561.8	905.2	70914.2	23.22
2013	18634	18470.4	163.6	93064.3	20.02
2014	20434	21754.7	-1320.7	102817.2	19.87
2015	23016	25812.7	-2796.7	112007.8	20.55
2016	26768	31853.8	-5085.8	120074.8	22.29
2017	33403	38051.5	-4648.5	129889.1	25.72

资料来源：根据历年《人力资源和社会保障事业发展统计公报》整理计算。

通过考察中国城镇职工基本养老保险基金征缴收入与城镇单位就业人员工资总额的对比关系，可以从宏观角度观察经济对于职工养老保险的实际负担情况。由表2-4可以看出：2002~2017年，职工基本养老保险基金征缴收入占城镇单位就业人员工资总额的比重①基本维持在20%左右，2017年为25.72%。这也从一个侧面反映出中国职工基本养老保险的真实费率并未达到2019年以前政策规定的28%这一总的名义缴费率②。

（三）基金支出与结余情况

从表2-5可以看出：若按当年支出规模计算，2000~2021年，中国城镇职工基本养老保险基金累计结余可支出时间在2014年之前一直呈现上升趋势，2014年及之后明显下降，到2021年可支出时间下降为11.17个月。

---

① 本书只是通过构建这一指标来反映征缴收入与城镇单位就业人员工资总额的对比关系，《中国统计年鉴》中的“工资总额是指税前工资，包括单位从个人工资中直接为其代扣或代缴的房费、水费、电费、住房公积金和社会保险基金个人缴纳部分等”，可见征缴收入并不是全部来自城镇单位就业人员工资总额。

② 由于城镇单位就业人员工资总额与职工基本养老保险缴费基数总额并不完全一致，因此并不能简单判断25.72%为职工养老保险实际费率，但却可以从一个侧面反映出真实的费率水平。

表2－5　　中国城镇职工基本养老保险基金支出与结余情况

年份	基本养老保险基金支出（亿元）	基本养老保险累计结余（亿元）	基金结余按当年支出规模计算的可支出时间（月）	个人账户基金（亿元）	个人账户基金占全部基金累计结余的比重（%）
2000	2115.5	947.1	5.37	—	—
2001	2321.3	1054.1	5.45	—	—
2002	2842.9	1608	6.79	—	—
2003	3122.1	2206.5	8.48	—	—
2004	3502.1	2975	10.19	—	—
2005	4040.3	4041	12.00	—	—
2006	4896.7	5488.9	13.45	—	—
2007	5964.9	7391.4	14.87	786	10.63
2008	7389.6	9931	16.13	1100	11.08
2009	8894.4	12526.1	16.90	1569	12.53
2010	10554.9	15365.3	17.47	2039	13.27
2011	12764.9	19496.6	18.33	2703	13.86
2012	15561.8	23941.3	18.46	3396	14.18
2013	18470.4	28269.2	18.37	4154	14.69
2014	21754.7	31800	17.54	5001	15.73
2015	25812.7	35344.8	16.43	—	—
2016	31853.8	38580	14.53	—	—
2017	38051.5	43884.6	13.84	—	—
2018	44644.9	50901.3	13.68	—	—
2019	49228	54623.3	13.32	—	—
2020	51301.4	48316.6	11.30	—	—
2021	56481.5	52573.6	11.17	—	—

注：表中空格代表笔者在公开渠道没有查到相关数据，2001 年中国开始做实个人账户的试点，因此 2000 年应不存在这项数据，用“—”表示。

资料来源：根据历年《人力资源和社会保障事业发展统计公报》整理计算。

从表2－5还可以看出：13个做实个人账户试点的省份积累的个人账户基金

在2007～2014年逐年增加，2014年达到5001亿元，其增长率也高于基金累计结余的增长率，表现为个人账户基金占全部基金累计结余的比重逐年上升，2014年达到15.73%。但随着做实个人账户的试点改革陷入停滞甚至取消，2015年至今，人力资源社会保障部不再公布这一指标的具体数据。

三、待遇情况

表2-6表明了2000～2021年中国城镇职工基本养老保险制度的待遇水平变化情况，可以看出：年平均养老金[①]每年均明显增加，2021年达到42928.86元。

表2-6　　　　中国城镇职工基本养老保险待遇情况

年份	年平均养老金（元）	城镇单位就业人员年平均工资（元）	平均替代率（%）
2000	6673.71	9333	71.51
2001	6866.53	10834	63.38
2002	7879.87	12373	63.69
2003	8087.92	13969	57.90
2004	8536.29	15920	53.62
2005	9250.83	18200	50.83
2006	10563.71	20856	50.65
2007	12041.30	24721	48.71
2008	13933.18	28898	48.22
2009	15316.95	32244	47.50
2010	16740.52	36539	45.82
2011	18699.86	41799	44.74
2012	20900.39	46769	44.69
2013	22970.28	51483	44.62
2014	25315.59	56360	44.92
2015	28235.60	62029	45.52
2016	31527.80	67569	46.66

① 平均养老金为基金支出与参保离退人数之比。

续表

年份	年平均养老金（元）	城镇单位就业人员年平均工资（元）	平均替代率（%）
2017	34511.64	74318	46.44
2018	37842.04	82413	45.92
2019	39988.95	90501	44.19
2020	40197.61	97379	41.28
2021	42928.86	106837	40.18

资料来源：根据历年《人力资源和社会保障事业发展统计公报》整理计算。

平均替代率为平均养老金与城镇单位就业人员平均工资之比，能够反映出离退人员与在职职工的收入对比关系。从表2-6中可以看出：平均替代率虽然在2002年、2014年、2015年、2016年有小幅上升，但整体上呈现明显的下降趋势，由2000年的71.51%，下降至2021年的40.18%。

第三节　关于改变企业缴费基数的探讨

《中华人民共和国社会保险法》第十二条规定："用人单位应当按照国家规定的本单位职工工资总额的比例缴纳基本养老保险费，记入基本养老保险统筹基金。"在实践中，各地方确定用人单位参加城镇职工养老保险缴费基数存在两种不同的方法：一种是以工资总额作为缴费基数，另一种是以个人缴费工资基数之和作为缴费基数。无论采用哪种方法，用人单位参保缴费基数均与其雇佣劳动者数量密切相关，在本书中均称为以"工资"作为企业缴费基数。本节就对改变目前企业[①]的缴费基数加以探讨。

一、改变企业缴费基数的必要性

首先，当前以工资作为企业参保缴费基数，存在缴费基数不实的问题。这一现象有两个不同层面的表现：第一层面表现为缴费工资低于名义统计工资；第二

① 在中国，用人单位的类型除了企业外，还包括国家机关、事业单位、社会团体、基金会、民办非企业单位等。本书主要针对企业等从事生产经营活动的用人单位改变缴费基数进行探讨，对于从事公共服务或公益事业没有经营收入的用人单位而言，其参保缴费仍应保留以"工资"为基数。

层面表现为职工的名义统计工资低于实际收入。第一层面问题产生的原因是用人单位在自主申报中存在瞒报、漏报现象，且经办机构在抽样稽核过程中无法全部查处。[①] 第一层面的问题可以通过加大稽核力度解决，但第二层面职工的名义统计工资低于实际收入的问题在短时间内无法改变，因此缴费工资基数不实的问题还将长期存在。此外，2019 年降费改革之前，中国职工养老保险用人单位名义缴费率各地区一般维持在 20% 左右，即便 2019 年名义缴费率降至 16%，与 OECD 国家相比也处于较高水平。[②] 缴费工资基数不实是导致用人单位名义缴费率居高不下的原因之一，且二者已经形成了恶性循环。因此探索改变企业缴费基数有助于打破恶性循环，破解名义缴费率居高不下的难题。

其次，以工资为企业缴费基数，无法应对人口老龄化的直接冲击。中国养老保险制度设计中"统账结合"模式的社会统筹部分实行的是现收现付，全部来自用人单位缴费。企业以"工资"作为缴费基数，与缴费人数的变化密切相关。人口老龄化带来的人口年龄结构的变动传导至养老保险制度内，引发缴费人数与领取待遇人数之比下降，就会直接冲击养老保险基金的财务平衡。因此应探索改革企业参保缴费基数，降低人口老龄化对养老保险基金的直接冲击压力。

最后，改变企业缴费基数能够为破解改革难题，明确养老保险筹资改革目标模式创造条件。长期以来，做实个人账户与否以及如何做实个人账户，是中国职工基本养老保险制度改革的难点，也是中国养老保险未来发展与进一步改革无法回避且必须加以解决的难题。做实个人账户需要有稳定充足持续的资金来源弥补或消化转制成本，在当前征缴收入小于基金支出的情况下，政府必然会缺少加大财政投入用以做实个人账户的动力。如果改变以工资为企业参保缴费基数的现状，寻找到规模更大的基数替代，就能够形成稳定充足持续的资金来源，从而为消化转制成本，做实个人账户，破解改革难题，明确养老保险筹资改革目标模式创造条件。

二、企业缴费基数的选择

如果企业参加养老保险不再以"工资总额"作为缴费基数，那么以何种经济变量作为缴费基数更为可行？世界各国制度实践均没有可借鉴的先例，但在已有关于中国养老保险的研究中仍然能够发现有价值的线索。有的学者提出企业同时以工资总额和企业总利润为基数参保缴费，从而发挥企业间的互济作用（黎民

① 郑功成．中国社会保障改革与发展战略（养老保险卷）［M］．北京：人民出版社，2011：264.
② 郑功成．中国社会保障改革与发展战略（养老保险卷）［M］．北京：人民出版社，2011：277.

等，2004、2005）；有的学者研究了通过对企业征收转轨收入税[①]偿还为弥补转制成本而发行的国债从而实现中国养老保险由现收现付制向统账结合的部分积累制转变的经济影响（郑伟，2002、2005）。参考以上研究成果，企业参加养老保险缴费基数可以考虑用“收入额”“增值额”或“利润”替代“工资总额”，这就面临企业缴费基数的选择问题。

综合考虑，本书选择以“收入额”或“增值额”替代“工资总额”作为企业缴费基数，原因如下。

第一，相比于“利润”，以“收入额”或“增值额”替代“工资总额”，基数更大，更易于形成稳定充足持续的资金来源。由表2－7可以看出：工业增加值和规模以上工业企业主营业务收入[②]要远远大于城镇单位就业人员工资总额[③]，而规模以上工业企业利润总额和营业利润要小于城镇单位就业人员工资总额。这说明以“收入额”或“增值额”替代“工资总额”作为企业参保缴费基数，数基规模会迅速变大，更易于形成稳定充足持续的资金来源。

表2－7　工资总额、企业增值额、企业收入与企业利润的比较　单位：亿元

年份	城镇单位就业人员工资总额	工业增加值	规模以上工业企业主营业务收入	规模以上工业企业利润总额	规模以上工业企业营业利润
2000	10954.7	39931.8	84151.75	4393.48	3929.08
2001	12205.4	43469.8	93733	4733	4141.79
2002	13638.1	47310.7	109485.77	5784.48	5404.09
2003	15329.6	54805.8	143171.53	8337.24	8153.64
2004	17615	65044.2	198908.87	11929.3	11301.11
2005	20627.1	77034.4	248544	14802.54	14825.65
2006	24262.3	91078.8	313592.45	19504.44	19728.41

① 笔者认为，郑伟论文中提出的转轨收入税在实践中既可以以企业的“收入额”为基数征收，又可以以企业的“增值额”为基数征收，而且以“增值额”为基数更为合理，其原理类似于增值税的原理。此外，企业的“增值额”也可以看成是企业生产销售最终产品或提供劳务获得的“收入”。

② 由于缺少全部行业和全部企业的收入、利润的统计数据，本书只能选择工业增加值，规模以上工业企业主营业务收入、利润总额和营业利润等变量作为参考，但同样可以说明问题。注：1998年至2006年，规模以上工业是指全部国有和年主营业务收入达到500万元及以上的非国有工业法人企业；从2007年开始，按照国家统计局的规定，规模以上工业的统计范围为年主营业务收入达到500万元及以上的工业法人企业；2011年经国务院批准，纳入规模以上工业统计范围的工业企业起点标准从年主营业务收入500万元提高到2000万元。

③ 城镇单位就业人员工资总额与当前城镇职工基本养老保险用人单位缴费基数总额并不一致，但可以作为参考。

续表

年份	城镇单位就业人员工资总额	工业增加值	规模以上工业企业主营业务收入	规模以上工业企业利润总额	规模以上工业企业营业利润
2007	29471. 5	110253. 9	399717. 06	27155. 18	28170. 81
2008	35289. 5	129929. 1	500020. 07	30562. 37	32892. 75
2009	40288. 2	135849	542522. 43	34542. 22	36788. 85
2010	47269. 9	162376. 4	697744	53049. 66	55537. 22
2011	59954. 7	191570. 8	841830. 24	61396. 33	63744. 16
2012	70914. 2	204539. 5	929291. 51	61910. 06	62100. 65
2013	93064. 3	217263. 9	1038659. 45	68378. 91	68355. 21
2014	102817. 2	228122. 9	1107032. 52	68154. 89	67254. 92
2015	112007. 8	234968. 9	1109852. 97	66187. 07	63925. 89
2016	120074. 8	245406. 4	1158998. 52	71921. 43	69612. 16
2017	129889. 1	275119. 3	1133160. 76	74916. 25	73252. 33
2018	141480	301089. 3	1057327. 3	71608. 91	70814. 68
2019	154296. 1	311858. 7	1067397. 2	65799. 04	64378. 84
2020	164126. 9	312902. 9	1083658. 4	68465. 01	
2021	180817. 5	374545. 6	1314557. 3	92933. 03	

注：2017～2021 年全国规模以上工业企业主要经济指标数据与上年数据之间存在不可比因素。2017 年及以前为主营业务收入，2018 年及以后为营业收入。

资料来源：根据国家统计局网站数据整理。

第二，以“利润”替代“工资总额”作为企业缴费基数并不完全合理。一方面，高增长、高估值的企业可能是亏损的。例如在“造车新势力”的新能源车企中，2022 年蔚来实现营收 492. 7 亿元，同比增长 36. 3%；理想、小鹏分别实现营收 452. 9 亿元、268. 6 亿元，同比分别增长 67. 7%、27. 9%。但蔚来 2022 年亏损 144. 4 亿元，亏损同比扩大 259. 4%；理想净亏损 20. 3 亿元，亏损同比扩大 528%；小鹏净亏损 91. 4 亿元，亏损同比扩大 88%。① 因此利润无法全面反映企业的经营规模和增长情况。另一方面，以“利润”替代“工资总额”使企业参保缴费完全成为“劫富济贫”的工具，可能诱使企业主动实现“财务亏损”

① 每日经济新闻．“蔚小理零”2022 年财报出炉 蔚来营收领跑 理想毛利最高［EB/OL］．［2023-03-22］．https：//baijiahao. baidu. com/s？ id = 1761076452932365918&wfr = spider&for = pc.

从而逃避缴费。

综上所述，本书选择以“收入额”或“增值额”① 替代“工资总额”作为企业参加养老保险的缴费基数，为方便起见，后文在理论模型分析时均以“收入”作为缴费基数。再考虑个人账户做实与否，就会形成如下组合，构成本书后文用 OLG 模型研究经济影响的分析框架（见表 2－8）。

表 2－8　本书的分析框架

项目	以“工资”为企业缴费基数	以“收入”为企业缴费基数
个人账户“空账”	以“工资”为企业缴费基数 个人账户“空账” NW（简写）	以“收入”为企业缴费基数 个人账户“空账” NY（简写）
个人账户“实账”	以“工资”为企业缴费基数 个人账户“实账” FW（简写）	以“收入”为企业缴费基数 个人账户“实账” FY（简写）

① 一般在宏观经济模型的总量生产函数中均假设企业生产出的是最终产品或服务，这样企业的“收入”与“增值额”就完全相等，因此后文如无特殊说明，均以收入来代表。

第三章

个人账户空账以工资为企业缴费基数的一般均衡分析

在本章模型设定中，养老保险实行“统账结合”的模式，个人参保以本人工资作为缴费基数，企业参保以工资总额作为缴费基数①，个人账户是空账——名义账户，只是作为计发工具并没有形成实际资金积累，支付个人账户养老金所需资金和社会统筹养老金一样，完全来自当期企业和个人共同缴纳的养老保险费。这可以看成对中国城镇职工养老保险制度实际情况的近似模拟②，在本书中是筹资制度进一步改革并与其他模型进行比较分析的基准情形。本章模型用字母 NW 表示。

第一节 模型的建立

本章采用戴蒙德（1965）两期代际交叠模型（OLG 模型）进行分析，假设无限存续的封闭经济体由为数众多且完全同质无差异的企业、为数众多且完全同质无差异的个人（劳动者）和一个政府组成，企业的目标是追求利润最大化，个人目标是追求效用最大化，政府实施养老保险制度。假定每个人的寿命是有限的，都经历工作期和退休期。在 t 期初，第 t 代的 L_t 个相同的个人成长为劳动

① 在现实生活中，个人参加城镇职工养老保险缴费基数有上限和下限的要求，这样企业工资总额与个人缴费基数之和并不必然相等，而且各地方确定企业参加城镇职工养老保险缴费基数也并不相同，有些地方以工资总额作为缴费基数，有些地方以个人缴费基数之和作为缴费基数。但在本书模型中由于假定劳动者同质无差异，每个人的工资也完全相同，即获得的是平均工资，必然位于个人缴费基数上限和下限之间，个人缴费基数就是平均工资，企业工资总额也就是个人缴费基数之和，因此企业缴费基数就是企业工资总额。后文均与此相同，不再赘述。

② 虽然中国目前有 13 个省份进行做实个人账户的试点，但正如前文分析所示，除辽宁外其余省份并不是真正做实个人账户，而且也有资料表明辽宁已于 2010 年将个人账户资金用于支付当期养老金支出，因此用本章所设模型对中国城镇职工养老保险的实际情况进行近似模拟是合理的。

者，人口增长率为 $n = L_t/L_{t-1} - 1$，则 $1 + n > 0$。

一、生产者行为的最优化分析

假设在完全竞争的市场环境中存在着数量众多且完全同质无差异的生产者——企业[①]，企业投入资本和劳动两种生产要素进行生产。记在 t 时期经济中的总产出为 Y_t，总的劳动供给为 L_t，总的资本存量水平为 K_t。再假定企业的生产函数是规模报酬不变的柯布—道格拉斯形式且 $\alpha \in (0, 1)$，则总产出函数为：

$$Y_t = F(K_t, L_t) = K_t^{\alpha} L_t^{1-\alpha} \tag{3.1}$$

用 k_t 表示资本劳动比（单位劳动资本）且 $k_t > 0$，用 y_t 表示产出劳动比（单位劳动产出）且 $y_t > 0$，则：

$$k_t = \frac{K_t}{L_t} \tag{3.2}$$

$$y_t = \frac{Y_t}{L_t} = f(k_t) = k_t^{\alpha} \tag{3.3}$$

由式（3.3）可知：生产函数 $y_t = f(k_t)$ 是资本的单调增函数，即 $f'(k_t) > 0$；且资本的边际产出递减，即 $f''(k_t) < 0$；此外该生产函数还满足稻田条件。

在 t 时期，记 π_t 为企业利润，r_t 为资本要素的租赁价格（利息率），σ 为资本要素的折旧率，w_t 为劳动要素的雇佣价格（工资）。在数量为 L_t 的劳动者中有比例为 p 的劳动者参加了城镇职工养老保险且 $p \in (0, 1]$，这部分劳动者获得的工资为 pw_tL_t，记 μ_w 为个人账户空账情况下以工资为缴费基数的城镇职工养老保险企业缴费率 $\mu_w \in (0, 1)$，则企业为这部分劳动者缴费总额为 $p\mu_w w_t L_t$。至此，可以得到企业的利润函数：

$$\pi_t = Y_t - \sigma K_t - r_t K_t - (1 + p\mu_w) w_t L_t \tag{3.4}$$

假定资本折旧率 σ 为 1[②]，在完全竞争市场中，由企业追求利润化的一阶条件可得：

$$r_t = \alpha k_t^{\alpha-1} - 1 \tag{3.5}$$

$$w_t = \frac{1-\alpha}{1 + p\mu_w} k_t^{\alpha} \tag{3.6}$$

由已知条件可得：$1 + r_t > 0$，$w_t > 0$。

---

① 本书模型中的企业是指经济模型中抽象的生产者，并不仅指现实生活中的企业，其范围要更大，也不必然全部参加城镇职工养老保险；而在现实生活中只要登记注册，不管什么类型的企业都要参加城镇职工养老保险。后文均与此相同，不再赘述。

② 在两期的代际交叠模型中，一期的时间是 30 年左右，那么资本折旧率 $\sigma = 1$ 可以看作一个近似合理的假设。后文均与此相同，不再赘述。

二、消费者行为的最优化分析

在 t 时期数量为 L_t 的 t 世代的劳动者进入工作期，其中每个人获得以同质产品计量的工资 w_t 单位，消费 c_{1t} 单位，储蓄 s_t 单位。在 $t+1$ 时期数量为 L_t 的 t 世代劳动者进入退休期，记每个人在退休期消费为 c_{2t+1}。数量为 L_t 的 t 世代的劳动者中参加城镇职工养老保险的比例为 p，则对于每个个体而言，参加城镇职工养老保险的概率为 p；如果记 τ 为职工养老保险个人缴费率且 $\tau \in (0,1)$，则对于每个个体而言，工作期缴纳养老保险费 τw_t 的概率为 p，退休期领取基本养老金 P_{t+1} 的概率为 p。

每个个体从他自己的两期消费中获得效用。为了简化计算，本模型采用可分离相加的对数效用函数。每个个体选择储蓄以使效用最大化，因而求解下列最大化问题：

$$\max_{\{s_t, c_{1t}, c_{2t+1}\}} U_t = \ln c_{1t} + \theta \ln c_{2t+1} \tag{3.7}$$

$$\text{s. t. } c_{1t} = (1 - p\tau) w_t - s_t \tag{3.8}$$

$$c_{2t+1} = (1 + r_{t+1}) s_t + pP_{t+1} \tag{3.9}$$

其中，$\theta \in (0,1)$ 是效用折现率；由于效用函数采用对数函数形式，可知其是消费的单调增加函数，而且是严格的凹函数，即 $u'(\cdot) > 0$，$u''(\cdot) < 0$。约束条件的两个方程还可以写为如下方程：

$$c_{1t} + \frac{c_{2t+1}}{1 + r_{t+1}} = (1 - p\tau) w_t + \frac{pP_{t+1}}{1 + r_{t+1}} \tag{3.10}$$

等号左边是 t 时期终生消费的现值，等号右边是 t 时期终生可支配收入的现值，其经济含义是终生支出要等于终生收入。

求解效用最大化一阶条件，可得：

$$\frac{1}{c_{1t}} = \frac{\theta(1 + r_{t+1})}{c_{2t+1}} \tag{3.11}$$

即：

$$-c_{2t+1} + \theta(1 + r_{t+1}) c_{1t} = 0 \tag{3.12}$$

式（3.12）意味着：减少一单位退休期消费必然会使工作期消费增加 $\theta(1+r_{t+1})$ 个单位，其经济含义在于同样一单位产品无论用于工作期消费还是用于退休期消费，其边际效用必然相等。

由前文制度分析可知，基本养老金由两部分组成，一部分是个人账户养老金，另一部分是社会统筹（基础）养老金。在 $t+1$ 时期，记社会统筹养老金为 B_{t+1}，记个人账户养老金为 I_{t+1}，基本养老金为 P_{t+1}，由于劳动者完全同质无差异，领取养老金的人员也完全同质无差异，因而 P_{t+1} 也是 $t+1$ 时期平均养老金。

可得：

$$P_{t+1}=I_{t+1}+B_{t+1}=(1+i_{t+1})\tau w_t+B_{t+1} \tag{3.13}$$

由于个人账户是空账，无法进入资本市场获得收益，但政府设定记账利率，记 $t+1$ 时期个人账户记账利率为 i_{t+1}，则个人账户养老金 I_{t+1} 为：

$$I_{t+1}=(1+i_{t+1})\tau w_t \tag{3.14}$$

三、养老保险收支平衡分析

统账结合的城镇职工养老保险由政府实施负责，在 t 时期，城镇职工养老保险缴费收入总额为 $p\mu_w w_t L_t+p\tau w_t L_t$，由于个人账户是空账，即名义账户，企业缴纳的养老保险费 $p\mu_w w_t L_t$ 和个人缴纳的养老保险费 $p\tau w_t L_t$，全部用于当期数量为 pL_{t-1} 的参加城镇职工养老保险退休人员的养老金支出 $pP_t L_{t-1}$；每个退休人员的个人账户养老金 I_t 与社会统筹养老金 B_t 一样，全部来自当期的缴费收入，是一种本质上的现收现付制度①；因此职工养老保险收支平衡方程如下：

$$p\mu_w w_t L_t+p\tau w_t L_t=pP_t L_{t-1}=p(I_t+B_t)L_{t-1}=p[(1+i_t)\tau w_{t-1}+B_t]L_{t-1} \tag{3.15}$$

进一步化简可得：

$$P_{t+1}=I_{t+1}+B_{t+1}=(1+i_{t+1})\tau w_t+B_{t+1}=(\mu_w+\tau)(1+n)w_{t+1} \tag{3.16}$$

用 R_t 来表示职工养老保险平均替代率②，可得：

$$R_t=\frac{P_t}{w_t}=(\mu_w+\tau)(1+n) \tag{3.17}$$

由式（3.16）和式（3.17）可以看出，在本模型中基本养老金（平均养老金）和养老保险平均替代率与个人账户记账利率没有关系，不管如何设定个人账户记账利率，平均养老金和养老保险平均替代率都不会发生变化。此外养老保险平均替代率只与企业缴费率、个人缴费率和劳动人口增长率三个外生变量有关系，与模型中的内生变量无关。③

---

① 在模型设定中将养老保险支付制度简化抽象掉，完全不考虑具体的支付办法，养老金水平最终完全取决于缴费形成的收入情况，这种设定在长期中是近似合理的，因为在长期中养老保险制度特别是支付办法会随时间发生变化，但现收现付制会始终坚持收支相等的原则。此外在已有研究中虽没有明确说明但均是如此设定，因此本书也采用这种设定。如无特别说明，后文均与此相同，不再赘述。

② 养老保险替代率有多种含义，本书是指平均养老金和同期平均工资之比，反映的是同一时期养老金领取者与工作人员的收入对比关系。

③ 这与直观感觉并不相符，究其原因：一方面，个人账户的“空账”导致养老保险制度仍维持实质的现收现付制；另一方面，在模型设定中将养老保险支付制度简化抽象掉，完全不考虑具体的支付办法，养老金水平最终完全取决于缴费形成的收入情况，正如前文所述，这种设定在长期中是近似合理的。

四、资本市场的均衡

由于本章中养老保险个人账户是空账——名义账户，养老保险个人缴费也全部用于当期养老金支出，没有形成积累，再加上资本在当期全部折旧，因此下一期初的资本存量全部来自本期储蓄，资本市场的平衡方程为：

$$s_t L_t = K_{t+1} = k_{t+1} L_{t+1} \tag{3.18}$$

进一步化简可得：

$$s_t = (1+n) k_{t+1} \tag{3.19}$$

第二节　动态均衡系统及稳定均衡状态

一、动态均衡方程

设该经济是在已知初始条件（k_0）的情况下，各期变量都满足式（3.5）、式（3.6）、式（3.8）、式（3.9）、式（3.12）、式（3.16）和式（3.19）的数列 $\{c_{1t},\ c_{2t+1},\ s_t,\ w_t,\ r_{t+1},\ P_t,\ k_{t+1}\}_{t=0}^{\infty}$。

将式（3.5）、式（3.6）、式（3.8）、式（3.9）、式（3.16）和式（3.19）代入式（3.12）中整理，求解该动态均衡系统，得到如下差分方程：

$$-(1+n)[\alpha(1+\theta)(1+p\mu_w)+p(\mu_w+\tau)(1-\alpha)]k_{t+1}+\alpha\theta(1-p\tau)(1-\alpha)k_t^{\alpha}=0 \tag{3.20}$$

进一步化简可得：

$$k_{t+1}=\frac{\alpha\theta(1-p\tau)(1-\alpha)}{(1+n)[\alpha(1+\theta)(1+p\mu_w)+p(\mu_w+\tau)(1-\alpha)]}k_t^{\alpha} \tag{3.21}$$

假设该动态系统存在唯一、稳定又无振荡的稳定均衡状态（定态均衡）k_*，为求该系统的稳定条件，将式（3.20）对 k_{t+1} 和 k_t 微分，得：

$$l dk_{t+1} + m dk_t = 0 \tag{3.22}$$

其中，系数 l、m 是式（3.20）等号左边分别对 k_{t+1} 和 k_t 的偏导数在定态处（k_*）的值，并结合已知条件可得：

$$l=-(1+n)[\alpha(1+\theta)(1+p\mu_w)+p(\mu_w+\tau)(1-\alpha)]<0 \tag{3.23}$$

$$m=\alpha^2\theta(1-p\tau)(1-\alpha)k_*^{\alpha-1}>0 \tag{3.24}$$

如果存在唯一、稳定又无振荡的定态均衡，那么意味着微分 $\mathrm{d}k_{t+1}/\mathrm{d}k_t$ 在定

态（k_*）处的值大于0而小于1，即：

$$0<\frac{dk_{t+1}}{dk_t}=-\frac{l}{m}<1 \tag{3.25}$$

所以，该动态均衡系统的稳定条件为：

$$m+l<0 \tag{3.26}$$

二、稳定均衡状态

假定该动态经济系统存在唯一、稳定且无振荡的定态均衡点，根据动态均衡方程，就可以求解出稳定均衡状态下该动态经济系统中一系列重要经济变量的表达式。根据其所反映国民经济和社会生活的不同方面，将这些变量分成宏观经济变量、微观经济（生产者）变量——生产要素价格、微观经济（消费者）变量——消费者福利三组。

（一）宏观经济变量

1. 定态均衡下单位劳动资本（资本劳动比）k_*。

定态均衡下资本劳动比（每单位劳动资本）k_*可以反映出经济处于稳定均衡状态下人均资本积累水平，并可以计算其他经济变量。k_*越大，反映资本积累水平越高；反之，k_*越小，反映资本积累水平越低。

$$k_*=\left\{\frac{\alpha\theta(1-p\tau)(1-\alpha)}{(1+n)[\alpha(1+\theta)(1+p\mu_w)+p(\mu_w+\tau)(1-\alpha)]}\right\}^{\frac{1}{1-\alpha}} \tag{3.27}$$

从式（3.27）可以看出，决定均衡状态下单位劳动资本（资本劳动比）k_*的因素可以分为三组6个：第一组是经济因素，有4个，分别为城镇职工养老保险在劳动人口中的覆盖范围p、养老保险用人单位缴费率μ_w、个人缴费率τ以及生产函数中物质资本所得在总产出中所占份额α；第二组是折算因素，指个人效用函数中退休期效用折算到工作期时使用的折算系数θ；第三组是人口因素，即人口增长率n。

2. 定态均衡下单位劳动产出y_*。

$$y_*=k_*^{\alpha} \tag{3.28}$$

均衡状态下单位劳动产出y_*可以反映出经济处于稳定均衡状态下人均经济增长情况。由式（3.28）可以看出，稳态产出由稳态资本量决定。此外：

$$\frac{\partial y_*}{\partial k_*}=\alpha k_*^{\alpha-1}>0 \tag{3.29}$$

式（3.29）表明，在物质资本所得在总产出中所占份额α保持不变的情况下，定态均衡下单位劳动资本 k_* 越大，稳态下单位劳动产出 y_* 越大；反之，定态均衡下单位劳动资本 k_* 越小，稳态下单位劳动产出 y_* 越小。

3. 定态均衡下资本产出比 v_*。

$$v_* = \frac{k_*}{y_*} = k_*^{1-\alpha} \tag{3.30}$$

均衡状态下资本产出比 v_* 可以反映出经济处于稳定均衡状态时生产一单位产量需要使用多少单位资本。资本产出比越大，反映生产中使用的资本越密集。此外：

$$\frac{\partial v_*}{\partial k_*} = (1-\alpha)k_*^{-\alpha} > 0 \tag{3.31}$$

式（3.31）表明，在物质资本所得在总产出中所占份额 α 保持不变的情况下，稳态单位劳动资本 k_* 越大，稳态资本产出比 v_* 越大；反之，稳态单位劳动资本 k_* 越小，稳态资本产出比 v_* 越小。

4. 定态均衡下人均储蓄（单位劳动储蓄）s_*。

$$s_* = (1+n)k_* \tag{3.32}$$

式（3.32）是经济处于定态均衡时人均储蓄 s_* 的表达式，并且由于：

$$\frac{\partial s_*}{\partial k_*} = (1+n) > 0 \tag{3.33}$$

式（3.33）表明，人均储蓄越高，单位劳动资本越大，资本积累水平越高；人均储蓄越低，资本劳动比越小，资本积累水平越低。

（二）微观经济（生产者）变量——生产要素价格

1. 定态均衡下资本回报率（利率）r_*。

$$r_* = \alpha k_*^{\alpha-1} - 1 \tag{3.34}$$

式（3.34）是经济处于定态均衡时资本回报率（利率）r_* 的表达式，并且由于：

$$\frac{\partial r_*}{\partial k_*} = \alpha(\alpha-1)k_*^{\alpha-2} < 0 \tag{3.35}$$

所以，在物质资本所得在总产出中所占份额 α 保持不变的情况下，稳态单位劳动资本 k_* 越大，稳态资本回报率（利率）r_* 越小；反之，稳态单位劳动资本 k_* 越小，稳态资本回报率（利率）r_* 越大。

2. 定态均衡下平均工资（单位劳动工资）w_*。

$$w_* = \frac{1-\alpha}{1+p\mu_w}k_*^{\alpha} \tag{3.36}$$

式（3.36）是经济处于定态均衡时平均工资 w_* 的表达式，并且由于：

$$\frac{\partial w_*}{\partial k_*}=\frac{1-\alpha}{1+p\mu_w}\alpha k_*^{\alpha-1}>0 \tag{3.37}$$

所以，在其他参数保持不变的情况下，稳态单位劳动资本 k_* 越大，稳态平均工资 w_* 越大；反之，稳态单位劳动资本 k_* 越小，稳态平均工资 w_* 越小。

（三）微观经济（消费者）变量——消费者福利

1. 定态均衡下平均（人均）养老金 P_*。

$$P_*=(\mu_w+\tau)(1+n)w_*=\frac{(\mu_w+\tau)(1+n)(1-\alpha)}{1+p\mu_w}k_*^{\alpha} \tag{3.38}$$

式（3.38）是经济处于定态均衡时平均养老金 P_* 的表达式，并且由于：

$$\frac{\partial P_*}{\partial k_*}=\frac{(\mu_w+\tau)(1+n)(1-\alpha)}{1+p\mu_w}\alpha k_*^{\alpha-1}>0 \tag{3.39}$$

所以，在其他参数保持不变的情况下，稳态单位劳动资本 k_* 越大，稳态平均养老金 P_* 越大；反之，稳态单位劳动资本 k_* 越小，稳态平均养老金 P_* 越小。

2. 定态均衡下养老保险平均替代率 R_*。

$$R_*=(\mu_w+\tau)(1+n) \tag{3.40}$$

式（3.40）是经济处于定态均衡时养老保险平均替代率 R_* 的表达式，其中不含资本劳动比 k_*，因此：

$$\frac{\partial R_*}{\partial k_*}=0 \tag{3.41}$$

由此表明，养老保险平均替代率与稳态条件下的资本劳动比 k_* 无关，而只受人口增长率 n、养老保险个人缴费率 τ 和企业缴费率 μ_w 的影响。

3. 定态均衡下工作期人均消费 c_{1*}。

$$c_{1*}=(1-p\tau)w_*-s_*=\frac{(1-p\tau)(1-\alpha)}{1+p\mu_w}k_*^{\alpha}-(1+n)k_* \tag{3.42}$$

式（3.42）是经济处于定态均衡时工作期人均消费 c_{1*} 的表达式，求 c_{1*} 对 k_* 的偏导可得：

$$\frac{\partial c_{1*}}{\partial k_*}=\frac{(1-p\tau)(1-\alpha)}{1+p\mu_w}\alpha k_*^{\alpha-1}-(1+n) \tag{3.43}$$

在式（3.43）中，等号右边第一项大于0，而第二项小于0，因此无法判断 c_{1*} 对 k_* 的偏导是否大于0，也就无法得出经济处于定态均衡时资本劳动比 k_* 的变动对工作期人均消费 c_{1*} 的影响。

4. 定态均衡下退休期人均消费 c_{2*}。

$$c_{2*}=(1+r_*)s_*+pP_*=(1+n)\left[\alpha+\frac{p(\mu_w+\tau)(1-\alpha)}{1+p\mu_w}\right]k_*^{\alpha} \tag{3.44}$$

式（3.44）是经济处于定态均衡时退休期人均消费 c_{2*} 的表达式，并且由于：

$$\frac{\partial c_{2*}}{\partial k_*} = (1+n)\left[\alpha + \frac{p(\mu_w+\tau)(1-\alpha)}{1+p\mu_w}\right]\alpha k_*^{\alpha-1} > 0 \qquad (3.45)$$

所以，在其他参数保持不变的情况下，稳态单位劳动资本 k_* 越大，稳态退休期人均消费 c_{2*} 越大；反之，稳态单位劳动资本 k_* 越小，稳态退休期人均消费 c_{2*} 越小。

5. 定态均衡下个人效用 U_*。

$$U_* = \ln c_{1*} + \theta \ln c_{2*} \qquad (3.46)$$

式（3.46）是经济处于定态均衡时个人效用 U_* 的表达式，求 U_* 对 k_* 的偏导可得：

$$\frac{\partial U_*}{\partial k_*} = \frac{1}{c_{1*}} \cdot \frac{\partial c_{1*}}{\partial k_*} + \frac{\theta}{c_{2*}} \cdot \frac{\partial c_{2*}}{\partial k_*} \qquad (3.47)$$

在式（3.47）中，由于无法判断 c_{1*} 对 k_* 的偏导是否大于0，因而无法判断 U_* 对 k_* 的偏导是否大于0，也就无法得出稳态资本劳动比 k_* 与稳态个人效用 U_* 之间的关系。

第三节　外生变量变动的影响

为了简化计算，首先定义变量 Z、Q 和 X，令：

$$Z = \alpha\theta(1-p\tau)(1-\alpha) \qquad (3.48)$$

$$Q = (1+n)[\alpha(1+\theta)(1+p\mu_w) + p(\mu_w+\tau)(1-\alpha)] \qquad (3.49)$$

$$X = \frac{\alpha\theta(1-p\tau)(1-\alpha)}{(1+n)[\alpha(1+\theta)(1+p\mu_w) + p(\mu_w+\tau)(1-\alpha)]} = \frac{Z}{Q} \qquad (3.50)$$

则：

$$k_* = X^{\frac{1}{1-\alpha}} = \left(\frac{Z}{Q}\right)^{\frac{1}{1-\alpha}} \qquad (3.51)$$

并且由前述已知条件可得：Z、Q 和 X 均大于0。

一、个人缴费率变动的影响

使用本节定义的变量 Z、Q 和 X 分别对个人缴费率 τ 求偏导，并由前述已知条件可得：

$$\frac{\partial Z}{\partial \tau} = -\alpha\theta p(1-\alpha) < 0 \qquad (3.52)$$

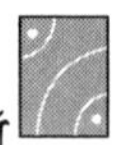

$$\frac{\partial Q}{\partial \tau}=p(1+n)(1-\alpha)>0 \tag{3.53}$$

$$\frac{\partial X}{\partial \tau}=\frac{1}{Q}\cdot\frac{\partial Z}{\partial \tau}-\frac{Z}{Q^2}\cdot\frac{\partial Q}{\partial \tau}<0 \tag{3.54}$$

（一）个人缴费率变动对宏观经济变量的影响

1. 对单位劳动资本（资本劳动比）k_* 的影响。

求均衡状态下单位劳动资本 k_* 对个人缴费率 τ 的偏导，并结合已知条件可得：

$$\frac{\partial k_*}{\partial \tau}=\frac{1}{1-\alpha}\cdot X^{\frac{1}{1-\alpha}-1}\cdot\frac{\partial X}{\partial \tau}<0 \tag{3.55}$$

式（3.55）表明，在其他参数不变的情况下，提高个人缴费率 τ 将会使均衡状态下单位劳动资本 k_* 下降，而降低个人缴费率 τ 将会使均衡状态下单位劳动资本 k_* 上升。

2. 对单位劳动产出 y_* 的影响。

求均衡状态下单位劳动产出 y_* 对个人缴费率 τ 的偏导，并结合已知条件可得：

$$\frac{\partial y_*}{\partial \tau}=\alpha k_*^{\alpha-1}\cdot\frac{\partial k_*}{\partial \tau}<0 \tag{3.56}$$

式（3.56）表明，在其他参数不变的情况下，提高个人缴费率 τ 将会使均衡状态下单位劳动产出 y_* 下降，而降低个人缴费率 τ 将会使均衡状态下单位劳动产出 y_* 上升。

3. 对资本产出比 v_* 的影响。

求均衡状态下资本产出比 v_* 对个人缴费率 τ 的偏导，并结合已知条件可得：

$$\frac{\partial v_*}{\partial \tau}=(1-\alpha)k_*^{-\alpha}\cdot\frac{\partial k_*}{\partial \tau}<0 \tag{3.57}$$

式（3.57）表明，在其他参数不变的情况下，提高个人缴费率 τ 将会使均衡状态下资本产出比 v_* 下降，而降低个人缴费率 τ 将会使均衡状态下资本产出比 v_* 上升。

4. 对人均储蓄（单位劳动储蓄）s_* 的影响。

求均衡状态下人均储蓄 s_* 对个人缴费率 τ 的偏导，并结合已知条件可得：

$$\frac{\partial s_*}{\partial \tau}=(1+n)\cdot\frac{\partial k_*}{\partial \tau}<0 \tag{3.58}$$

式（3.58）表明，在其他参数不变的情况下，提高个人缴费率 τ 将会使均衡状态下人均储蓄（单位劳动储蓄）s_* 下降，而降低个人缴费率 τ 将会使均衡状态下人均储蓄（单位劳动储蓄）s_*上升。

（二）个人缴费率变动对微观经济（生产者）变量——生产要素价格的影响

1. 对资本回报率（利率）r_*的影响。

求均衡状态下资本回报率（利率）r_*对个人缴费率τ的偏导，并结合已知条件可得：

$$\frac{\partial r_*}{\partial \tau}=\alpha(\alpha-1)k_*^{\alpha-2}\cdot\frac{\partial k_*}{\partial \tau}>0 \tag{3.59}$$

式（3.59）表明，在其他参数不变的情况下，提高个人缴费率τ将会使均衡状态下资本回报率（利率）r_*上升，而降低个人缴费率τ将会使均衡状态下资本回报率（利率）r_*下降。

2. 对平均工资（单位劳动工资）w_*的影响。

求均衡状态下平均工资w_*对个人缴费率τ的偏导，并结合已知条件可得：

$$\frac{\partial w_*}{\partial \tau}=\frac{1-\alpha}{1+p\mu_w}\alpha k_*^{\alpha-1}\cdot\frac{\partial k_*}{\partial \tau}<0 \tag{3.60}$$

式（3.60）表明，在其他参数不变的情况下，提高个人缴费率τ将会使均衡状态下平均工资w_*下降，而降低个人缴费率τ将会使均衡状态下平均工资w_*上升。

（三）个人缴费率变动对微观经济（消费者）变量——消费者福利的影响

1. 对平均（人均）养老金P_*的影响。

求均衡状态下平均养老金P_*对个人缴费率τ的偏导，可得：

$$\frac{\partial P_*}{\partial \tau}=\frac{(1+n)(1-\alpha)}{1+p\mu_w}k_*^{\alpha}+\frac{(\mu_w+\tau)(1+n)(1-\alpha)}{1+p\mu_w}\alpha k_*^{\alpha-1}\cdot\frac{\partial k_*}{\partial \tau} \tag{3.61}$$

根据已知条件，在式（3.61）中，等号右边第一项大于0，而第二项小于0，无法判断均衡状态下平均养老金P_*对个人缴费率τ的偏导是否大于0，因此个人缴费率τ的变动对均衡状态下平均养老金P_*的影响不明确。

2. 对养老保险平均替代率R_*的影响。

求均衡状态下养老保险平均替代率R_*对个人缴费率τ的偏导，并结合已知条件可得：

$$\frac{\partial R_*}{\partial \tau}=(1+n)>0 \tag{3.62}$$

式（3.62）表明，在其他参数不变的情况下，提高个人缴费率τ将会使均衡状态下养老保险平均替代率R_*上升，而降低个人缴费率τ将会使均衡状态下养

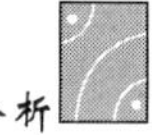

老保险平均替代率 R_* 下降。

3. 对工作期人均消费 c_{1*} 的影响。

求均衡状态下工作期人均消费 c_{1*} 对个人缴费率 τ 的偏导，可得：

$$\frac{\partial c_{1*}}{\partial \tau}=-\frac{p(1-\alpha)}{1+p\mu_w}k_*^{\alpha}+\frac{(1-p\tau)(1-\alpha)}{1+p\mu_w}\alpha k_*^{\alpha-1}\cdot\frac{\partial k_*}{\partial \tau}-(1+n)\cdot\frac{\partial k_*}{\partial \tau} \tag{3.63}$$

根据已知条件，在式（3.63）中，等号右边第一项小于0，第二项小于0，而第三项大于0，无法判断均衡状态下工作期人均消费 c_{1*} 对个人缴费率 τ 的偏导是否大于0，因此个人缴费率 τ 的变动对均衡状态下工作期人均消费 c_{1*} 的影响不明确。

4. 对退休期人均消费 c_{2*} 的影响。

求均衡状态下退休期人均消费 c_{2*} 对个人缴费率 τ 的偏导，可得：

$$\frac{\partial c_{2*}}{\partial \tau}=\frac{p(1+n)(1-\alpha)}{1+p\mu_w}k_*^{\alpha}+(1+n)\left[\alpha+\frac{p(\mu_w+\tau)(1-\alpha)}{1+p\mu_w}\right]\alpha k_*^{\alpha-1}\cdot\frac{\partial k_*}{\partial \tau} \tag{3.64}$$

根据已知条件，在式（3.64）中，等号右边第一项大于0，而第二项小于0，无法判断均衡状态下退休期人均消费 c_{2*} 对个人缴费率 τ 的偏导是否大于0，因此个人缴费率 τ 的变动对均衡状态下退休期人均消费 c_{2*} 的影响不明确。

5. 对个人效用 U_* 的影响。

求均衡状态下个人效用 U_* 对个人缴费率 τ 的偏导，可得：

$$\frac{\partial U_*}{\partial \tau}=\frac{1}{c_{1*}}\cdot\frac{\partial c_{1*}}{\partial \tau}+\frac{\theta}{c_{2*}}\cdot\frac{\partial c_{2*}}{\partial \tau} \tag{3.65}$$

根据已知条件，在式（3.65）中，无法判断均衡状态下个人效用 U_* 对个人缴费率 τ 的偏导是否大于0，因此个人缴费率 τ 的变动对均衡状态下个人效用 U_* 的影响不明确。

综上所述，在其他参数不变的情况下，提高养老保险个人缴费率 τ，会导致均衡状态下的单位劳动资本 k_*、单位劳动产出 y_*、资本产出比 v_*、人均储蓄 s_*、平均工资 w_* 下降；会导致资本回报率（利率）r_* 和养老保险平均替代率 R_* 上升；而对平均养老金 P_*、工作期人均消费 c_{1*}、退休期人均消费 c_{2*} 和个人效用 U_* 的影响并不明确，需要设置参数后用模拟的办法在后文敏感性分析时加以考察。

二、企业缴费率变动的影响

使用本节定义的变量 Z、Q 和 X 分别对企业缴费率 μ_w 求偏导，并由已知条件可得：

$$\frac{\partial Z}{\partial \mu_w}=0 \tag{3.66}$$

$$\frac{\partial Q}{\partial \mu_w}=(1+n)\alpha p(1+\theta)+p(1+n)(1-\alpha)>0 \tag{3.67}$$

$$\frac{\partial X}{\partial \mu_w}=\frac{1}{Q}\cdot\frac{\partial Z}{\partial \mu_w}-\frac{Z}{Q^2}\cdot\frac{\partial Q}{\partial \mu_w}=-\frac{Z}{Q^2}\cdot\frac{\partial Q}{\partial \mu_w}<0 \tag{3.68}$$

（一）企业缴费率变动对宏观经济变量的影响

1. 对单位劳动资本（资本劳动比）k_* 的影响。

求均衡状态下单位劳动资本 k_* 对企业缴费率 μ_w 的偏导，并结合已知条件可得：

$$\frac{\partial k_*}{\partial \mu_w}=\frac{1}{1-\alpha}\cdot X^{\frac{1}{1-\alpha}-1}\cdot\frac{\partial X}{\partial \mu_w}<0 \tag{3.69}$$

式（3.69）表明，在其他参数不变的情况下，提高企业缴费率 μ_w 将会使均衡状态下单位劳动资本 k_* 下降，而降低企业缴费率 μ_w 将会使均衡状态下单位劳动资本 k_* 上升。

2. 对单位劳动产出 y_* 的影响。

求均衡状态下单位劳动产出 y_* 对企业缴费率 μ_w 的偏导，并结合已知条件可得：

$$\frac{\partial y_*}{\partial \mu_w}=\alpha k_*^{\alpha-1}\cdot\frac{\partial k_*}{\partial \mu_w}<0 \tag{3.70}$$

式（3.70）表明，在其他参数不变的情况下，提高企业缴费率 μ_w 将会使均衡状态下单位劳动产出 y_* 下降，而降低企业缴费率 μ_w 将会使均衡状态下单位劳动产出 y_* 上升。

3. 对资本产出比 v_* 的影响。

求均衡状态下资本产出比 v_* 对企业缴费率 μ_w 的偏导，并结合已知条件可得：

$$\frac{\partial v_*}{\partial \mu_w}=(1-\alpha)k_*^{-\alpha}\cdot\frac{\partial k_*}{\partial \mu_w}<0 \tag{3.71}$$

式（3.71）表明，在其他参数不变的情况下，提高企业缴费率 μ_w 将会使均衡状态下资本产出比 v_* 下降，而降低企业缴费率 μ_w 将会使均衡状态下资本产出比 v_* 上升。

4. 对人均储蓄（单位劳动储蓄）s_* 的影响。

求均衡状态下人均储蓄 s_* 对企业缴费率 μ_w 的偏导，并结合已知条件可得：

$$\frac{\partial s_*}{\partial \mu_w} = (1+n) \cdot \frac{\partial k_*}{\partial \mu_w} < 0 \tag{3.72}$$

式（3.72）表明，在其他参数不变的情况下，提高企业缴费率 μ_w 将会使均衡状态下人均储蓄（单位劳动储蓄）s_* 下降，而降低企业缴费率 μ_w 将会使均衡状态下人均储蓄（单位劳动储蓄）s_* 上升。

（二）企业缴费率变动对微观经济（生产者）变量——生产要素价格的影响

1. 对资本回报率（利率）r_* 的影响。

求均衡状态下资本回报率（利率）r_* 对企业缴费率 μ_w 的偏导，并结合已知条件可得：

$$\frac{\partial r_*}{\partial \mu_w} = \alpha(\alpha-1)k_*^{\alpha-2} \cdot \frac{\partial k_*}{\partial \mu_w} > 0 \tag{3.73}$$

式（3.73）表明，在其他参数不变的情况下，提高企业缴费率 μ_w 将会使均衡状态下资本回报率（利率）r_* 上升，而降低企业缴费率 μ_w 将会使均衡状态下资本回报率（利率）r_* 下降。

2. 对平均工资（单位劳动工资）w_* 的影响。

求均衡状态下平均工资 w_* 对企业缴费率 μ_w 的偏导，并结合已知条件可得：

$$\frac{\partial w_*}{\partial \mu_w} = -\frac{p(1-\alpha)}{(1+p\mu_w)^2}k_*^{\alpha} + \frac{1-\alpha}{1+p\mu_w}\alpha k_*^{\alpha-1} \cdot \frac{\partial k_*}{\partial \mu_w} < 0 \tag{3.74}$$

式（3.74）表明，在其他参数不变的情况下，提高企业缴费率 μ_w 将会使均衡状态下平均工资 w_* 下降，而降低企业缴费率 μ_w 将会使均衡状态下平均工资 w_* 上升。

（三）企业缴费率变动对微观经济（消费者）变量——消费者福利的影响

1. 对平均（人均）养老金 P_* 的影响。

求均衡状态下平均养老金 P_* 对企业缴费率 μ_w 的偏导，可得：

$$\frac{\partial P_*}{\partial \mu_w} = (1+n)w_* + (\mu_w+\tau)(1+n) \cdot \frac{\partial w_*}{\partial \mu_w} \tag{3.75}$$

根据已知条件，在式（3.75）中，等号右边第一项大于0，而第二项小于0，无法判断均衡状态下平均养老金 P_* 对企业缴费率 μ_w 的偏导是否大于0，因此企业缴费率 μ_w 的变动对均衡状态下平均养老金 P_* 的影响不明确。

2. 对养老保险平均替代率 R_* 的影响。

求均衡状态下养老保险平均替代率 R_* 对企业缴费率 μ_w 的偏导，并结合已知条件可得：

$$\frac{\partial R_*}{\partial \mu_w} = (1+n) > 0 \tag{3.76}$$

式（3.76）表明，在其他参数不变的情况下，提高企业缴费率 μ_w 将会使均衡状态下养老保险平均替代率 R_* 上升，而降低企业缴费率 μ_w 将会使均衡状态下养老保险平均替代率 R_* 下降。

3. 对工作期人均消费 c_{1*} 的影响。

求均衡状态下工作期人均消费 c_{1*} 对企业缴费率 μ_w 的偏导，可得：

$$\frac{\partial c_{1*}}{\partial \mu_w} = (1-p\tau) \cdot \frac{\partial w_*}{\partial \mu_w} - \frac{\partial s_*}{\partial \mu_w} \tag{3.77}$$

根据已知条件，在式（3.77）中，等号右边第一项小于0，而第二项大于0，无法判断均衡状态下工作期人均消费 c_{1*} 对企业缴费率 μ_w 的偏导是否大于0，因此企业缴费率 μ_w 的变动对均衡状态下工作期人均消费 c_{1*} 的影响不明确。

4. 对退休期人均消费 c_{2*} 的影响。

求均衡状态下退休期人均消费 c_{2*} 对企业缴费率 μ_w 的偏导，可得：

$$\frac{\partial c_{2*}}{\partial \mu_w} = \frac{p(1+n)(1-\alpha)(1-p\tau)}{(1+p\mu_w)^2} k_*^{\alpha} + (1+n)\left[\alpha + \frac{p(\mu_w+\tau)(1-\alpha)}{1+p\mu_w}\right]\alpha k_*^{\alpha-1} \cdot \frac{\partial k_*}{\partial \mu_w} \tag{3.78}$$

根据已知条件，在式（3.78）中，等号右边第一项大于0，而第二项小于0，无法判断均衡状态下退休期人均消费 c_{2*} 对企业缴费率 μ_w 的偏导是否大于0，因此企业缴费率 μ_w 的变动对均衡状态下退休期人均消费 c_{2*} 的影响不明确。

5. 对个人效用 U_* 的影响。

求均衡状态下个人效用 U_* 对企业缴费率 μ_w 的偏导，可得：

$$\frac{\partial U_*}{\partial \mu_w} = \frac{1}{c_{1*}} \cdot \frac{\partial c_{1*}}{\partial \mu_w} + \frac{\theta}{c_{2*}} \cdot \frac{\partial c_{2*}}{\partial \mu_w} \tag{3.79}$$

根据已知条件，在式（3.79）中，无法判断均衡状态下个人效用 U_* 对企业缴费率 μ_w 的偏导是否大于0，因此企业缴费率 μ_w 的变动对均衡状态下个人效用 U_* 的影响不明确。

综上所述，在其他参数不变的情况下，提高养老保险企业缴费率 μ_w 会导致均衡状态下的单位劳动资本 k_*、单位劳动产出 y_*、资本产出比 v_*、人均储蓄 s_*、平均工资 w_* 下降；会导致资本回报率（利率）r_* 和养老保险平均替代率 R_* 上升；而对平均养老金 P_*、工作期人均消费 c_{1*}、退休期人均消费 c_{2*} 和个人效用 U_* 的影响并不明确，需要设置参数后用模拟的办法在后文敏感性分析时加以考察。

三、人口增长率变动的影响

使用本节定义的变量 Z、Q 和 X 分别对人口增长率 n 求偏导，并由已知条件可得：

$$\frac{\partial Z}{\partial n}=0 \tag{3.80}$$

$$\frac{\partial Q}{\partial n}=\alpha(1+\theta)(1+p\mu_w)+p(\mu_w+\tau)(1-\alpha)>0 \tag{3.81}$$

$$\frac{\partial X}{\partial n}=\frac{1}{Q}\cdot\frac{\partial Z}{\partial n}-\frac{Z}{Q^2}\cdot\frac{\partial Q}{\partial n}=-\frac{Z}{Q^2}\cdot\frac{\partial Q}{\partial n}<0 \tag{3.82}$$

（一）人口增长率变动对宏观经济变量的影响

1. 对单位劳动资本（资本劳动比）k_* 的影响。

求均衡状态下单位劳动资本 k_* 对人口增长率 n 的偏导，并结合已知条件可得：

$$\frac{\partial k_*}{\partial n}=\frac{1}{1-\alpha}\cdot X^{\frac{1}{1-\alpha}-1}\cdot\frac{\partial X}{\partial n}<0 \tag{3.83}$$

式（3.83）表明，在其他参数不变的情况下，人口增长率 n 上升将会使均衡状态下单位劳动资本 k_* 下降，而人口增长率 n 下降将会使均衡状态下单位劳动资本 k_* 上升。

2. 对单位劳动产出 y_* 的影响。

求均衡状态下单位劳动产出 y_* 对人口增长率 n 的偏导，并结合已知条件可得：

$$\frac{\partial y_*}{\partial n}=\alpha k_*^{\alpha-1}\cdot\frac{\partial k_*}{\partial n}<0 \tag{3.84}$$

式（3.84）表明，在其他参数不变的情况下，人口增长率 n 上升将会使均衡状态下单位劳动产出 y_* 下降，而人口增长率 n 下降将会使均衡状态下单位劳动产出 y_* 上升。

3. 对资本产出比 v_* 的影响。

求均衡状态下资本产出比 v_* 对人口增长率 n 的偏导，并结合已知条件可得：

$$\frac{\partial v_*}{\partial n}=(1-\alpha)k_*^{-\alpha}\cdot\frac{\partial k_*}{\partial n}<0 \tag{3.85}$$

式（3.85）表明，在其他参数不变的情况下，人口增长率 n 上升将会使均衡状态下资本产出比 v_* 下降，而人口增长率 n 下降将会使均衡状态下资本产出比

v_*上升。

4. 对人均储蓄（单位劳动储蓄）s_*的影响。

求均衡状态下人均储蓄s_*对人口增长率n的偏导，并结合已知条件可得：

$$\frac{\partial s_*}{\partial n}=k_*+(1+n)\cdot\frac{\partial k_*}{\partial n} \tag{3.86}$$

根据已知条件，在式（3.86）中，等号右边第一项大于0，而第二项小于0，无法判断均衡状态下人均储蓄s_*对人口增长率n的偏导是否大于0，因此人口增长率n的变动对均衡状态下人均储蓄s_*的影响不明确。

（二）人口增长率变动对微观经济（生产者）变量——生产要素价格的影响

1. 对资本回报率（利率）r_*的影响。

求均衡状态下资本回报率（利率）r_*对人口增长率n的偏导，并结合已知条件可得：

$$\frac{\partial r_*}{\partial n}=\alpha(\alpha-1)k_*^{\alpha-2}\cdot\frac{\partial k_*}{\partial n}>0 \tag{3.87}$$

式（3.87）表明，在其他参数不变的情况下，人口增长率n上升将会使均衡状态下资本回报率（利率）r_*上升，而人口增长率n下降将会使均衡状态下资本回报率（利率）r_*下降。

2. 对平均工资（单位劳动工资）w_*的影响。

求均衡状态下平均工资w_*对人口增长率n的偏导，并结合已知条件可得：

$$\frac{\partial w_*}{\partial n}=\frac{1-\alpha}{1+p\mu_w}\alpha k_*^{\alpha-1}\cdot\frac{\partial k_*}{\partial n}<0 \tag{3.88}$$

式（3.88）表明，在其他参数不变的情况下，人口增长率n上升将会使均衡状态下平均工资w_*下降，而人口增长率n下降将会使均衡状态下平均工资w_*上升。

（三）人口增长率变动对微观经济（消费者）变量——消费者福利的影响

1. 对平均（人均）养老金P_*的影响。

求均衡状态下平均养老金P_*对人口增长率n的偏导，可得：

$$\frac{\partial P_*}{\partial n}=(\mu_w+\tau)w_*+(\mu_w+\tau)(1+n)\cdot\frac{\partial w_*}{\partial n} \tag{3.89}$$

根据已知条件，在式（3.89）中，等号右边第一项大于0，而第二项小于0，无法判断均衡状态下平均养老金P_*对人口增长率n的偏导是否大于0，因此人口增长率n的变动对均衡状态下平均养老金P_*的影响不明确。

2. 对养老保险平均替代率 R_* 的影响。

求均衡状态下养老保险平均替代率 R_* 对人口增长率 n 的偏导，并结合已知条件可得：

$$\frac{\partial R_*}{\partial n}=\mu_w+\tau>0 \tag{3.90}$$

式（3.90）表明，在其他参数不变的情况下，人口增长率 n 上升将会使均衡状态下养老保险平均替代率 R_* 上升，而人口增长率 n 下降将会使均衡状态下养老保险平均替代率 R_* 下降。

3. 对工作期人均消费 c_{1*} 的影响。

求均衡状态下工作期人均消费 c_{1*} 对人口增长率 n 的偏导，可得：

$$\frac{\partial c_{1*}}{\partial n}=\frac{(1-p\tau)(1-\alpha)}{1+p\mu_w}\alpha k_*^{\alpha-1}\cdot\frac{\partial k_*}{\partial n}-k_*-(1+n)\cdot\frac{\partial k_*}{\partial n} \tag{3.91}$$

根据已知条件，在式（3.91）中，等号右边第一项小于0，第二项小于0，而第三项大于0，无法判断均衡状态下工作期人均消费 c_{1*} 对人口增长率 n 的偏导是否大于0，因此人口增长率 n 的变动对均衡状态下工作期人均消费 c_{1*} 的影响不明确。

4. 对退休期人均消费 c_{2*} 的影响。

求均衡状态下退休期人均消费 c_{2*} 对人口增长率 n 的偏导，可得：

$$\frac{\partial c_{2*}}{\partial n}=\left[\alpha+\frac{p(\mu_w+\tau)(1-\alpha)}{1+p\mu_w}\right]k_*^{\alpha}+(1+n)\left[\alpha+\frac{p(\mu_w+\tau)(1-\alpha)}{1+p\mu_w}\right]\alpha k_*^{\alpha-1}\cdot\frac{\partial k_*}{\partial n} \tag{3.92}$$

根据已知条件，在式（3.92）中，等号右边第一项大于0，而第二项小于0，无法判断均衡状态下退休期人均消费 c_{2*} 对人口增长率 n 的偏导是否大于0，因此人口增长率 n 的变动对均衡状态下退休期人均消费 c_{2*} 的影响不明确。

5. 对个人效用 U_* 的影响。

求均衡状态下个人效用 U_* 对人口增长率 n 的偏导，可得：

$$\frac{\partial U_*}{\partial n}=\frac{1}{c_{1*}}\cdot\frac{\partial c_{1*}}{\partial n}+\frac{\theta}{c_{2*}}\cdot\frac{\partial c_{2*}}{\partial n} \tag{3.93}$$

根据已知条件，在式（3.93）中，无法判断均衡状态下个人效用 U_* 对人口增长率 n 的偏导是否大于0，因此人口增长率 n 的变动对均衡状态下个人效用 U_* 的影响不明确。

综上所述，在其他参数不变的情况下，人口增长率 n 下降会导致均衡状态下的单位劳动资本 k_*、单位劳动产出 y_*、资本产出比 v_*、平均工资 w_* 上升；会导致资本回报率（利率）r_* 和养老保险平均替代率 R_* 下降；而对人均储蓄

s_*、平均养老金 P_*、工作期人均消费 c_{1*}、退休期人均消费 c_{2*} 和个人效用 U_* 的影响并不明确，需要设置参数后用模拟的办法在后文敏感性分析时加以考察。

四、城镇职工养老保险覆盖范围变动的影响

使用本节定义的变量 Z、Q 和 X 分别对养老保险覆盖范围 p 求偏导，并由其他已知条件可得：

$$\frac{\partial Z}{\partial p}=-\alpha\theta\tau(1-\alpha)<0 \tag{3.94}$$

$$\frac{\partial Q}{\partial p}=(1+n)\alpha\mu_w(1+\theta)+(1+n)(\mu_w+\tau)(1-\alpha)>0 \tag{3.95}$$

$$\frac{\partial X}{\partial p}=\frac{1}{Q}\cdot\frac{\partial Z}{\partial p}-\frac{Z}{Q^2}\cdot\frac{\partial Q}{\partial p}<0 \tag{3.96}$$

（一）养老保险覆盖范围变动对宏观经济变量的影响

1. 对单位劳动资本（资本劳动比）k_* 的影响。

求均衡状态下单位劳动资本 k_* 对养老保险覆盖范围 p 的偏导，并结合已知条件可得：

$$\frac{\partial k_*}{\partial p}=\frac{1}{1-\alpha}\cdot X^{\frac{1}{1-\alpha}-1}\cdot\frac{\partial X}{\partial p}<0 \tag{3.97}$$

式（3.97）表明，在其他参数不变的情况下，扩大养老保险覆盖范围 p 将会使均衡状态下单位劳动资本 k_* 下降，而缩小养老保险覆盖范围 p 将会使均衡状态下单位劳动资本 k_* 上升。

2. 对单位劳动产出 y_* 的影响。

求均衡状态下单位劳动产出 y_* 对养老保险覆盖范围 p 的偏导，并结合已知条件可得：

$$\frac{\partial y_*}{\partial p}=\alpha k_*^{\alpha-1}\cdot\frac{\partial k_*}{\partial p}<0 \tag{3.98}$$

式（3.98）表明，在其他参数不变的情况下，扩大养老保险覆盖范围 p 将会使均衡状态下单位劳动产出 y_* 下降，而缩小养老保险覆盖范围 p 将会使均衡状态下单位劳动产出 y_* 上升。

3. 对资本产出比 v_* 的影响。

求均衡状态下资本产出比 v_* 对养老保险覆盖范围 p 的偏导，并结合已知条

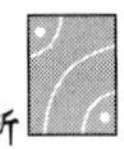

件可得：

$$\frac{\partial v_*}{\partial p}=(1-\alpha)k_*^{-\alpha}\cdot\frac{\partial k_*}{\partial p}<0 \tag{3.99}$$

式（3.99）表明，在其他参数不变的情况下，扩大养老保险覆盖范围 p 将会使均衡状态下资本产出比 v_* 下降，而缩小养老保险覆盖范围 p 将会使均衡状态下资本产出比 v_* 上升。

4. 对人均储蓄（单位劳动储蓄）s_* 的影响。

求均衡状态下人均储蓄 s_* 对养老保险覆盖范围 p 的偏导，并结合已知条件可得：

$$\frac{\partial s_*}{\partial p}=(1+n)\cdot\frac{\partial k_*}{\partial p}<0 \tag{3.100}$$

式（3.100）表明，在其他参数不变的情况下，扩大养老保险覆盖范围 p 将会使均衡状态下人均储蓄（单位劳动储蓄）s_* 下降，而缩小养老保险覆盖范围 p 将会使均衡状态下人均储蓄（单位劳动储蓄）s_* 上升。

（二）养老保险覆盖范围变动对微观经济（生产者）变量——生产要素价格的影响

1. 对资本回报率（利率）r_* 的影响。

求均衡状态下资本回报率（利率）r_* 对养老保险覆盖范围 p 的偏导，并结合已知条件可得：

$$\frac{\partial r_*}{\partial p}=\alpha(\alpha-1)k_*^{\alpha-2}\cdot\frac{\partial k_*}{\partial p}>0 \tag{3.101}$$

式（3.101）表明，在其他参数不变的情况下，扩大养老保险覆盖范围 p 将会使均衡状态下资本回报率（利率）r_* 上升，而缩小养老保险覆盖范围 p 将会使均衡状态下资本回报率（利率）r_* 下降。

2. 对平均工资（单位劳动工资）w_* 的影响。

求均衡状态下平均工资 w_* 对养老保险覆盖范围 p 的偏导，并结合已知条件可得：

$$\frac{\partial w_*}{\partial p}=\frac{1-\alpha}{1+p\mu_w}\alpha k_*^{\alpha-1}\cdot\frac{\partial k_*}{\partial p}-\frac{\mu_w(1-\alpha)}{(1+p\mu_w)^2}k_*^{\alpha}<0 \tag{3.102}$$

式（3.102）表明，在其他参数不变的情况下，扩大养老保险覆盖范围 p 将会使均衡状态下平均工资 w_* 下降，而缩小养老保险覆盖范围 p 将会使均衡状态下平均工资 w_* 上升。

（三）养老保险覆盖范围变动对微观经济（消费者）变量——消费者福利的影响

1. 对平均（人均）养老金 P_* 的影响。

求均衡状态下平均养老金 P_* 对养老保险覆盖范围 p 的偏导，可得：

$$\frac{\partial P_*}{\partial p}=(1+n)(\mu_w+\tau)\cdot\frac{\partial w_*}{\partial p}<0 \tag{3.103}$$

式（3.103）表明，在其他参数不变的情况下，扩大养老保险覆盖范围 p 将会使均衡状态下平均养老金 P_* 下降，而缩小养老保险覆盖范围 p 将会使均衡状态下平均养老金 P_* 上升。

2. 对养老保险平均替代率 R_* 的影响。

求均衡状态下养老保险平均替代率 R_* 对养老保险覆盖范围 p 的偏导，并结合已知条件可得：

$$\frac{\partial R_*}{\partial p}=0 \tag{3.104}$$

式（3.104）表明，养老保险平均替代率与城镇职工养老保险覆盖范围 p 无关，不管城镇职工养老保险覆盖范围 p 如何变动，城镇职工养老保险平均替代率均不会发生变化。

3. 对工作期人均消费 c_{1*} 的影响。

求均衡状态下工作期人均消费 c_{1*} 对养老保险覆盖范围 p 的偏导，可得：

$$\frac{\partial c_{1*}}{\partial p}=-\tau w_*+(1-p\tau)\cdot\frac{\partial w_*}{\partial p}-\frac{\partial s_*}{\partial p} \tag{3.105}$$

根据已知条件，在式（3.105）中，等号右边第一项小于0，第二项小于0，而第三项大于0，无法判断均衡状态下工作期人均消费 c_{1*} 对养老保险覆盖范围 p 的偏导是否大于0，因此养老保险覆盖范围 p 的变动对均衡状态下工作期人均消费 c_{1*} 的影响不明确。

4. 对退休期人均消费 c_{2*} 的影响。

求均衡状态下退休期人均消费 c_{2*} 对养老保险覆盖范围 p 的偏导，可得：

$$\frac{\partial c_{2*}}{\partial p}=\frac{(1+n)(1-\alpha)(\mu_w+\tau)}{(1+p\mu_w)^2}k_*^{\alpha}+(1+n)\left[\alpha+\frac{p(\mu_w+\tau)(1-\alpha)}{1+p\mu_w}\right]\alpha k_*^{\alpha-1}\cdot\frac{\partial k_*}{\partial p} \tag{3.106}$$

根据已知条件，在式（3.106）中，等号右边第一项大于0，而第二项小于0，无法判断均衡状态下退休期人均消费 c_{2*} 对养老保险覆盖范围 p 的偏导是否大于0，因此养老保险覆盖范围 p 的变动对均衡状态下退休期人均消费 c_{2*} 的影响

不明确。

5. 对个人效用 U_* 的影响。

求均衡状态下个人效用 U_* 对养老保险覆盖范围 p 的偏导，可得：

$$\frac{\partial U_*}{\partial p}=\frac{1}{c_{1*}}\cdot\frac{\partial c_{1*}}{\partial p}+\frac{\theta}{c_{2*}}\cdot\frac{\partial c_{2*}}{\partial p} \tag{3.107}$$

根据已知条件，在式（3.107）中，无法判断均衡状态下个人效用 U_* 对养老保险覆盖范围 p 的偏导是否大于0，因此养老保险覆盖范围 p 的变动对均衡状态下个人效用 U_* 的影响不明确。

综上所述，在其他参数不变的情况下，扩大养老保险覆盖范围 p 会导致均衡状态下的单位劳动资本 k_*、单位劳动产出 y_*、资本产出比 v_*、人均储蓄 s_*、平均工资 w_*、平均养老金 P_* 下降；会导致资本回报率（利率）r_* 上升；而对养老保险平均替代率 R_* 没有影响；对工作期人均消费 c_{1*}、退休期人均消费 c_{2*} 和个人效用 U_* 的影响并不明确，需要设置参数后用模拟的办法在后文敏感性分析时加以考察。

五、个人账户记账利率变动的影响

基于中国养老保险的改革现状，本章模型设定个人账户是空账即名义账户，因此还要考虑均衡状态下名义账户记账利率 i 对各个经济变量的影响。由于动态均衡方程及由其求解的定态方程中都不包含名义账户记账利率这一变量，因此可得：

$$\frac{\partial k_*}{\partial i}=0 \tag{3.108}$$

$$\frac{\partial y_*}{\partial i}=0 \tag{3.109}$$

$$\frac{\partial v_*}{\partial i}=0 \tag{3.110}$$

$$\frac{\partial s_*}{\partial i}=0 \tag{3.111}$$

$$\frac{\partial r_*}{\partial i}=0 \tag{3.112}$$

$$\frac{\partial w_*}{\partial i}=0 \tag{3.113}$$

$$\frac{\partial P_*}{\partial i}=0 \tag{3.114}$$

$$\frac{\partial R_*}{\partial i}=0 \tag{3.115}$$

$$\frac{\partial c_{1*}}{\partial i}=0 \tag{3.116}$$

$$\frac{\partial c_{2*}}{\partial i}=0 \tag{3.117}$$

$$\frac{\partial U_*}{\partial i}=0 \tag{3.118}$$

式（3.108）至式（3.118）表明，均衡状态下的单位劳动资本 k_*、单位劳动产出 y_*、资本产出比 v_*、人均储蓄 s_*、资本回报率（利率）r_*、平均工资 w_*、平均养老金 P_*、养老保险平均替代率 R_*、工作期人均消费 c_{1*}、退休期人均消费 c_{2*} 和个人效用 U_* 均不会受到名义账户记账利率变动的影响，即不管名义账户记账利率如何变动，定态下上述经济变量也不会发生改变，特别是名义账户记账利率不会影响平均养老金 P_* 和养老保险平均替代率 R_*。

虽然记账利率变动不会影响养老金和养老保险平均替代率，但却会改变养老金的结构，提高个人账户记账利率，会使个人账户养老金增加，而社会统筹（基础）养老金却会下降，总的养老金水平不会发生改变。

以上分析的政策含义是，在长期中，改变个人账户记账利率只会影响个人账户养老金和社会统筹养老金的相对结构，而对整个养老金水平和替代率不会产生影响，进而也不会影响上述各经济变量。

第四章

个人账户实账以工资为企业缴费基数的一般均衡分析

在本章模型设定中，虽然养老保险仍实行“统账结合”的模式，但个人账户由“空账”转变为“实账”，其实质是个人账户部分由现收现付转变为完全基金制。在这一转变过程中，处于工作期的个人参保以本人工资作为缴费基数且费率保持不变，个人缴费不再用于当期养老金支出，而是形成实账积累进入资本市场；但转变过程中已经处于退休期的个人，其个人账户仍然是空账，其所需个人账户养老金，仍然需要从当期养老保险缴费中支付，企业参保仍以工资总额作为缴费基数，但如果费率不变，必然会出现缺口，这一缺口就是转制成本。本书研究通过提高企业缴费率来弥补转制成本，实现个人账户由“空账”向“实账”，维持转变期间社会统筹养老保险基金的收支平衡，从而满足转轨期间的养老保险支付需求的方法。本章模型用字母 FW 表示。

第一节　模型的建立

本章采用两期代际交叠模型（OLG 模型）进行分析，假设无限存续的封闭经济体由为数众多且完全同质无差异的企业、为数众多且完全同质无差异的个人（劳动者）和一个政府组成，企业的目标是追求利润最大化，个人目标是追求效用最大化，政府实施养老保险制度。假定每个人的寿命是有限的，都经历工作期和退休期。在 t 期初，第 t 代的 L_t 个相同的个人成长为劳动者，人口增长率为 $n = L_t/L_{t-1} - 1$，则 $1 + n > 0$。

一、生产者行为的最优化分析

假设在完全竞争的市场环境中存在着数量众多且完全同质无差异的生产

者——企业，企业投入资本和劳动两种生产要素进行生产。记在 t 时期经济中的总产出为 Y_t，总的劳动供给为 L_t，总的资本存量水平为 K_t。再假定企业的生产函数是规模报酬不变的柯布—道格拉斯形式且 $\alpha \in (0, 1)$，则总产出函数为：

$$Y_t = F(K_t, L_t) = K_t^{\alpha} L_t^{1-\alpha} \tag{4.1}$$

用 k_t 表示资本劳动比（单位劳动资本）且 $k_t > 0$，用 y_t 表示产出劳动比（单位劳动产出）且 $y_t > 0$，则：

$$k_t = \frac{K_t}{L_t} \tag{4.2}$$

$$y_t = \frac{Y_t}{L_t} = f(k_t) = k_t^{\alpha} \tag{4.3}$$

由式（4.3）可知：生产函数 $y_t = f(k_t)$ 是资本的单调增函数，即 $f'(k_t) > 0$；且资本的边际产出递减，即 $f''(k_t) < 0$；此外该生产函数还满足稻田条件。

在 t 时期，记 π_t 为企业利润，r_t 为资本要素的租赁价格（利息率），σ 为资本要素的折旧率，w_t 为劳动要素的雇佣价格（工资）。在数量为 L_t 的劳动者中有比例为 p 的劳动者参加了城镇职工养老保险且 $p \in (0, 1]$，这部分劳动者获得的工资为 pw_tL_t，记能够满足个人账户由空账向实账转变期间养老保险支付需求的、以工资为缴费基数的城镇职工养老保险企业缴费率为 $\eta_w \in (0, 1)$，则企业为这部分劳动者缴费总额为 $p\eta_w w_t L_t$。至此，可以得到企业的利润函数：

$$\pi_t = Y_t - \sigma K_t - r_t K_t - (1 + p\eta_w) w_t L_t \tag{4.4}$$

假定资本折旧率 σ 为 1，在完全竞争市场中，由企业追求利润化的一阶条件可得：

$$r_t = \alpha k_t^{\alpha-1} - 1 \tag{4.5}$$

$$w_t = \frac{1-\alpha}{1+p\eta_w} k_t^{\alpha} \tag{4.6}$$

由已知条件可得：$1 + r_t > 0$，$w_t > 0$。

二、消费者行为的最优化分析

在 t 时期数量为 L_t 的 t 世代的劳动者进入工作期，其中每个人获得以同质产品计量的工资 w_t 单位，消费 c_{1t} 单位，储蓄 s_t 单位。在 $t+1$ 时期数量为 L_t 的 t 世代劳动者进入退休期，记每个人在退休期消费为 c_{2t+1}。数量为 L_t 的 t 世代的劳动者中参加城镇职工养老保险的比例为 p，则对于每个个体而言，参加城镇职工养老保险的概率为 p；如果记 τ 为职工养老保险个人缴费率且 $\tau \in (0, 1)$，则对于每个个体而言，工作期缴纳养老保险费 τw_t 的概率为 p，退休期领取基本养老金

P_{t+1}的概率为 p。

每个个体从他自己的两期消费中获得效用。为了简化计算，本模型采用可分离相加的对数效用函数。每个个体选择储蓄以使效用最大化，因而求解下列最大化问题：

$$\max_{\{s_t, c_{1t}, c_{2t+1}\}} U_t = \ln c_{1t} + \theta \ln c_{2t+1} \tag{4.7}$$

$$\text{s. t. } c_{1t} = (1 - p\tau) w_t - s_t \tag{4.8}$$

$$c_{2t+1} = (1 + r_{t+1}) s_t + pP_{t+1} \tag{4.9}$$

其中，$\theta \in (0,\ 1)$ 是效用折现率；由于效用函数采用对数函数形式，可知其是消费的单调增加函数，而且是严格的凹函数，即 $u'(\cdot) > 0$，$u''(\cdot) < 0$。约束条件的两个方程还可以写为如下方程：

$$c_{1t} + \frac{c_{2t+1}}{1 + r_{t+1}} = (1 - p\tau) w_t + \frac{pP_{t+1}}{1 + r_{t+1}} \tag{4.10}$$

等号左边是 t 时期终生消费的现值，等号右边是 t 时期终生可支配收入的现值，其经济含义是终生支出要等于终生收入。

求解效用最大化一阶条件，可得：

$$\frac{1}{c_{1t}} = \frac{\theta(1 + r_{t+1})}{c_{2t+1}} \tag{4.11}$$

即：

$$-c_{2t+1} + \theta(1 + r_{t+1}) c_{1t} = 0 \tag{4.12}$$

式（4.12）意味着：减少一单位退休期消费必然会使工作期消费增加 $\theta(1 + r_{t+1})$ 个单位，其经济含义在于，同样一单位产品无论用于工作期消费还是用于退休期消费，其边际效用必然相等。

由前文制度分析可知，基本养老金由两部分组成，一部分是个人账户养老金，另一部分是社会统筹（基础）养老金。在 $t+1$ 时期，记社会统筹养老金为 B_{t+1}，记个人账户养老金为 I_{t+1}，基本养老金为 P_{t+1}，由于劳动者完全同质无差异，领取养老金的人员也完全同质无差异，因而 P_{t+1}也是 $t+1$ 时期平均养老金。可得：

$$P_{t+1} = I_{t+1} + B_{t+1} = (1 + r_{t+1}) \tau w_t + B_{t+1} \tag{4.13}$$

由于个人账户是实账，能够形成资金积累进入资本市场获得收益，本人的个人账户养老金 I_{t+1}完全来源于本人个人账户上的资金积累，因此：

$$I_{t+1} = (1 + r_{t+1}) \tau w_t \tag{4.14}$$

三、养老保险收支平衡分析

统账结合的城镇职工养老保险由政府实施负责，由于个人账户是实账，个人缴费资金完全进入本人账户形成资金积累，用于退休后本人的个人账户养老金支付。其实质是社会统筹与个人账户完全分离运转，个人账户部分是完全基金模式，社会统筹部分是现收现付式，在某一时期，退休人员所需要的个人账户养老金完全来自本人工作期（前一时期）缴费所积累的资金，而所需要的社会统筹（基础）养老金却来自当期（同一时期）企业缴费。在 t 时期，企业缴纳的城镇职工基本养老保险费为 $p\eta_w w_t L_t$，全部用于当期数量为 pL_{t-1} 的参加城镇职工养老保险退休人员的社会统筹（基础）养老金支出为 $pB_t L_{t-1}$，因此职工养老保险收支平衡方程如下：

$$p\eta_w w_t L_t = pB_t L_{t-1} \tag{4.15}$$

进一步化简可得：

$$B_{t+1} = (1+n)\eta_w w_{t+1} \tag{4.16}$$

用 R_t 来表示职工养老保险平均替代率，可得：

$$R_t = \frac{P_t}{w_t} = \frac{(1+n)\eta_w w_t + (1+r_t)\tau w_{t-1}}{w_t} = (1+n)\eta_w + (1+r_t)\tau\frac{w_{t-1}}{w_t} \tag{4.17}$$

四、资本市场的均衡

虽然资本在当期全部折旧，但由于本章中养老保险个人账户是实账，养老保险个人缴费会形成积累，即个人账户基金进入资本市场，因此本期储蓄和养老保险个人账户基金共同构成了下一期初的资本存量，资本市场的平衡方程为：

$$s_t L_t + p\tau w_t L_t = K_{t+1} = k_{t+1} L_{t+1} \tag{4.18}$$

进一步化简可得：

$$s_t + p\tau w_t = (1+n)k_{t+1} \tag{4.19}$$

第二节　动态均衡系统及稳定均衡状态

一、动态均衡方程

设该经济是在已知初始条件（k_0）的情况下，各期变量都满足式（4.5）、式（4.6）、式（4.8）、式（4.9）、式（4.12）、式（4.16）和式（4.19）的数列 $\{c_{1t},\ c_{2t+1},\ s_t,\ w_t,\ r_{t+1},\ P_t,\ k_{t+1}\}_{t=0}^{\infty}$。

将式（4.5）、式（4.6）、式（4.8）、式（4.9）、式（4.16）和式（4.19）代入式（4.12）中整理，求解该动态均衡系统，得到如下差分方程：

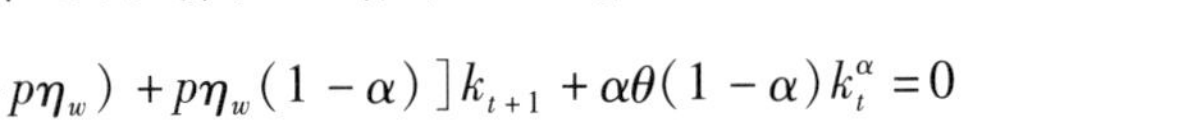

$$-(1+n)[\alpha(1+\theta)(1+p\eta_w)+p\eta_w(1-\alpha)]k_{t+1}+\alpha\theta(1-\alpha)k_t^{\alpha}=0 \tag{4.20}$$

进一步化简可得：

$$k_{t+1}=\frac{\alpha\theta(1-\alpha)}{(1+n)[\alpha(1+\theta)(1+p\eta_w)+p\eta_w(1-\alpha)]}k_t^{\alpha} \tag{4.21}$$

假设该动态系统存在唯一、稳定又无振荡的稳定均衡状态（定态均衡）k_*，为求该系统的稳定条件，将式（4.20）对 k_{t+1} 和 k_t 微分，得：

$$l\mathrm{d}k_{t+1}+m\mathrm{d}k_t=0 \tag{4.22}$$

其中，系数 l、m 是式（4.20）等号左边分别对 k_{t+1} 和 k_t 的偏导数在定态处（k_*）的值，并结合已知条件可得：

$$l=-(1+n)[\alpha(1+\theta)(1+p\eta_w)+p\eta_w(1-\alpha)]<0 \tag{4.23}$$

$$m=\alpha^2\theta(1-\alpha)k_*^{\alpha-1}>0 \tag{4.24}$$

如果存在唯一、稳定又无振荡的定态均衡，那么意味着微分 $\mathrm{d}k_{t+1}/\mathrm{d}k_t$ 在定态（k_*）处的值大于 0 而小于 1，即：

$$0<\frac{\mathrm{d}k_{t+1}}{\mathrm{d}k_t}=-\frac{l}{m}<1 \tag{4.25}$$

所以，该动态均衡系统的稳定条件为：

$$m+l<0 \tag{4.26}$$

二、稳定均衡状态

假定该动态经济系统存在唯一、稳定且无振荡的定态均衡点，根据动态均衡方程，就可以求解出稳定均衡状态下该动态经济系统中一系列重要经济变量的表达式。根据其所反映国民经济和社会生活的不同方面，将这些变量分成宏观经济变量、微观经济（生产者）变量——生产要素价格、微观经济（消费者）变量——消费者福利三组。

（一）宏观经济变量

1. 定态均衡下单位劳动资本（资本劳动比）k_*。

定态均衡下资本劳动比（每单位劳动资本）k_* 可以反映出经济处于稳定均衡状态下人均资本积累水平，并可以计算其他经济变量。k_* 越大，反映资本积累水平越高；反之，k_* 越小，反映资本积累水平越低。

$$k_*=\left\{\frac{\alpha\theta(1-\alpha)}{(1+n)[\alpha(1+\theta)(1+p\eta_w)+p\eta_w(1-\alpha)]}\right\}^{\frac{1}{1-\alpha}} \tag{4.27}$$

从式（4.27）可以看出，决定均衡状态下单位劳动资本（资本劳动比）k_*的因素可以分为三组5个：第一组是经济因素，有3个，分别为城镇职工养老保险在劳动人口中的覆盖范围p、养老保险用人单位缴费率η_w、生产函数中物质资本所得在总产出中所占份额α；第二组是折算因素，指个人效用函数中退休期效用折算到工作期时使用的折算系数θ；第三组是人口因素，即人口增长率n。

2. 定态均衡下单位劳动产出y_*。

$$y_* = k_*^{\alpha} \tag{4.28}$$

均衡状态下单位劳动产出y_*可以反映出经济处于稳定均衡状态下人均经济增长情况。由式（4.28）可以看出，稳态产出由稳态资本量决定。此外：

$$\frac{\partial y_*}{\partial k_*} = \alpha k_*^{\alpha-1} > 0 \tag{4.29}$$

式（4.29）表明，在物质资本所得在总产出中所占份额α保持不变的情况下，定态均衡下单位劳动资本k_*越大，稳态下单位劳动产出y_*越大；反之，定态均衡下单位劳动资本k_*越小，稳态下单位劳动产出y_*越小。

3. 定态均衡下资本产出比v_*。

$$v_* = \frac{k_*}{y_*} = k_*^{1-\alpha} \tag{4.30}$$

均衡状态下资本产出比v_*可以反映出经济处于稳定均衡状态时生产一单位产量需要使用多少单位资本。资本产出比越大，反映生产中使用的资本越密集。此外：

$$\frac{\partial v_*}{\partial k_*} = (1-\alpha) k_*^{-\alpha} > 0 \tag{4.31}$$

式（4.31）表明，在物质资本所得在总产出中所占份额α保持不变的情况下，稳态单位劳动资本k_*越大，稳态资本产出比v_*越大；反之，稳态单位劳动资本k_*越小，稳态资本产出比v_*越小。

4. 定态均衡下人均储蓄①（单位劳动储蓄）s_*。

$$s_* = (1+n)k_* - p\tau w_* = (1+n)k_* - \frac{p\tau(1-\alpha)}{1+p\eta_w} k_*^{\alpha} \tag{4.32}$$

式（4.32）是经济处于定态均衡时人均储蓄s_*的表达式，并且由于：

$$\frac{\partial s_*}{\partial k_*} = (1+n) - \frac{p\tau(1-\alpha)}{1+p\eta_w} \alpha k_*^{\alpha-1} \tag{4.33}$$

在式（4.33）中，等号右边第一项大于0，而第二项小于0，因此无法判断s_*对k_*的偏导是否大于0。

① 此处储蓄是指私人储蓄，不包括做实个人账户的政府强制储蓄。

（二）微观经济（生产者）变量——生产要素价格

1. 定态均衡下资本回报率（利率）r_*。

$$r_* = \alpha k_*^{\alpha-1} - 1 \tag{4.34}$$

式（4.34）是经济处于定态均衡时资本回报率（利率）r_* 的表达式，并且由于：

$$\frac{\partial r_*}{\partial k_*} = \alpha(\alpha-1)k_*^{\alpha-2} < 0 \tag{4.35}$$

所以，在物质资本所得在总产出中所占份额 α 保持不变的情况下，稳态单位劳动资本 k_* 越大，稳态资本回报率（利率）r_* 越小；反之，稳态单位劳动资本 k_* 越小，稳态资本回报率（利率）r_* 越大。

2. 定态均衡下平均工资（单位劳动工资）w_*。

$$w_* = \frac{1-\alpha}{1+p\eta_w}k_*^{\alpha} \tag{4.36}$$

式（4.36）是经济处于定态均衡时平均工资 w_* 的表达式，并且由于：

$$\frac{\partial w_*}{\partial k_*} = \frac{1-\alpha}{1+p\eta_w}\alpha k_*^{\alpha-1} > 0 \tag{4.37}$$

所以，在其他参数保持不变的情况下，稳态单位劳动资本 k_* 越大，稳态平均工资 w_* 越大；反之，稳态单位劳动资本 k_* 越小，稳态平均工资 w_* 越小。

（三）微观经济（消费者）变量——消费者福利

1. 定态均衡下平均（人均）养老金 P_*。

$$P_* = (1+n)\eta_w w_* + (1+r_*)\tau w_* = \frac{\eta_w(1+n)(1-\alpha)}{1+p\eta_w}k_*^{\alpha} + \frac{\alpha\tau(1-\alpha)}{1+p\eta_w}k_*^{2\alpha-1} \tag{4.38}$$

式（4.38）是经济处于定态均衡时平均养老金 P_* 的表达式，并且由于：

$$\frac{\partial P_*}{\partial k_*} = \frac{\eta_w(1+n)(1-\alpha)}{1+p\eta_w}\alpha k_*^{\alpha-1} + \frac{\alpha\tau(1-\alpha)}{1+p\eta_w}(2\alpha-1)k_*^{2\alpha-2} \tag{4.39}$$

当 $1>\alpha>0.5$ 时，式（4.39）大于 0，而当 $0<\alpha<0.5$ 时，无法判断式（4.39）是大于 0 还是小于 0。

2. 定态均衡下养老保险平均替代率 R_*。

$$R_* = (1+n)\eta_w + (1+r_*)\tau \tag{4.40}$$

式（4.40）是经济处于定态均衡时养老保险平均替代率 R_* 的表达式，并且由于：

$$\frac{\partial R_*}{\partial k_*} = \tau \frac{\partial r_*}{\partial k_*} < 0 \tag{4.41}$$

所以，在其他参数保持不变的情况下，稳态单位劳动资本 k_* 越大，稳态养老保险平均替代率 R_* 越小；反之，稳态单位劳动资本 k_* 越小，稳态养老保险平均替代率 R_* 越大。

3. 定态均衡下工作期人均消费 c_{1*}。

$$c_{1*} = (1 - p\tau) w_* - s_* = w_* - (1+n) k_* = \frac{1-\alpha}{1+p\eta_w} k_*^{\alpha} - (1+n) k_* \tag{4.42}$$

式（4.42）是经济处于定态均衡时工作期人均消费 c_{1*} 的表达式，求 c_{1*} 对 k_* 的偏导可得：

$$\frac{\partial c_{1*}}{\partial k_*} = \frac{1-\alpha}{1+p\eta_w} \alpha k_*^{\alpha-1} - (1+n) \tag{4.43}$$

在式（4.43）中，等号右边第一项大于0，而第二项小于0，因此无法判断 c_{1*} 对 k_* 的偏导是否大于0，也就无法得出经济处于定态均衡时资本劳动比 k_* 的变动对工作期人均消费 c_{1*} 的影响。

4. 定态均衡下退休期人均消费 c_{2*}。

$$c_{2*} = (1 + r_*) s_* + pP_* = (1+n)\left[\alpha + \frac{p\eta_w(1-\alpha)}{1+p\eta_w}\right] k_*^{\alpha} \tag{4.44}$$

式（4.44）是经济处于定态均衡时退休期人均消费 c_{2*} 的表达式，并且由于：

$$\frac{\partial c_{2*}}{\partial k_*} = (1+n)\left[\alpha + \frac{p\eta_w(1-\alpha)}{1+p\eta_w}\right] \alpha k_*^{\alpha-1} > 0 \tag{4.45}$$

所以，在其他参数保持不变的情况下，稳态单位劳动资本 k_* 越大，稳态退休期人均消费 c_{2*} 越大；反之，稳态单位劳动资本 k_* 越小，稳态退休期人均消费 c_{2*} 越小。

5. 定态均衡下个人效用 U_*。

$$U_* = \ln c_{1*} + \theta \ln c_{2*} \tag{4.46}$$

式（4.46）是经济处于定态均衡时个人效用 U_* 的表达式，求 U_* 对 k_* 的偏导可得：

$$\frac{\partial U_*}{\partial k_*} = \frac{1}{c_{1*}} \cdot \frac{\partial c_{1*}}{\partial k_*} + \frac{\theta}{c_{2*}} \cdot \frac{\partial c_{2*}}{\partial k_*} \tag{4.47}$$

在式（4.47）中，由于无法判断 c_{1*} 对 k_* 的偏导是否大于0，因此无法判断 U_* 对 k_* 的偏导是否大于0，也就无法得出稳态资本劳动比 k_* 与稳态个人效用 U_* 之间的关系。

第三节　外生变量变动的影响

为了简化计算，首先定义变量 Z、Q 和 X，令：

$$Z=\alpha\theta(1-\alpha) \tag{4.48}$$

$$Q=(1+n)[\alpha(1+\theta)(1+p\eta_w)+p\eta_w(1-\alpha)] \tag{4.49}$$

$$X=\frac{\alpha\theta(1-\alpha)}{(1+n)[\alpha(1+\theta)(1+p\eta_w)+p\eta_w(1-\alpha)]}=\frac{Z}{Q} \tag{4.50}$$

则：

$$k_*=X^{\frac{1}{1-\alpha}}=\left(\frac{Z}{Q}\right)^{\frac{1}{1-\alpha}} \tag{4.51}$$

并且由前述已知条件可得：Z、Q 和 X 均大于0。

一、个人缴费率变动的影响

动态均衡方程（4.20）中不包括个人缴费率 τ 这一参数，再结合其他已知条件可得：

$$\frac{\partial k_*}{\partial\tau}=0 \tag{4.52}$$

$$\frac{\partial y_*}{\partial\tau}=0 \tag{4.53}$$

$$\frac{\partial v_*}{\partial\tau}=0 \tag{4.54}$$

$$\frac{\partial s_*}{\partial\tau}=-pw_*<0 \tag{4.55}$$

$$\frac{\partial r_*}{\partial\tau}=\alpha(\alpha-1)k_*^{\alpha-2}\cdot\frac{\partial k_*}{\partial\tau}=0 \tag{4.56}$$

$$\frac{\partial w_*}{\partial\tau}=\frac{1-\alpha}{1+p\eta_w}\alpha k_*^{\alpha-1}\cdot\frac{\partial k_*}{\partial\tau}=0 \tag{4.57}$$

$$\frac{\partial P_*}{\partial\tau}=(1+r_*)>0 \tag{4.58}$$

$$\frac{\partial R_*}{\partial\tau}=(1+r_*)w_*>0 \tag{4.59}$$

$$\frac{\partial c_{1*}}{\partial\tau}=0 \tag{4.60}$$

$$\frac{\partial c_{2*}}{\partial \tau}=0 \tag{4.61}$$

$$\frac{\partial U_*}{\partial \tau}=\frac{1}{c_{1*}}\cdot\frac{\partial c_{1*}}{\partial \tau}+\frac{\theta}{c_{2*}}\cdot\frac{\partial c_{2*}}{\partial \tau}=0 \tag{4.62}$$

式（4.52）至式（4.62）表明，均衡状态下的单位劳动资本 k_*、单位劳动产出 y_*、资本产出比 v_*、资本回报率（利率）r_*、平均工资 w_*、工作期人均消费 c_{1*}、退休期人均消费 c_{2*} 以及个人效用 U_* 均不会受到养老保险个人缴费率 τ 变动的影响，即不管养老保险个人缴费率 τ 如何变动，定态下上述经济变量也不会发生改变。但在其他参数不变的情况下，提高养老保险个人缴费率 τ，却会导致均衡状态下人均储蓄 s_* 下降，并且会导致平均养老金 P_* 和养老保险平均替代率 R_* 上升。究其原因，在个人账户实账的情况下，提高养老保险个人缴费率虽然会使平均养老金①和养老保险平均替代率上升，但增加的个人账户本金——相当于政府强制储蓄，对私人储蓄产生了一对一的挤出效应，因而整体资本水平不会发生改变，进而其他经济变量也就不会发生变化。以上分析的政策含义为：在完全做实个人账户之后，可以通过提高养老保险个人缴费率，实现提高养老金水平和替代率的目标，而不会对其他经济变量产生影响。

二、企业缴费率变动的影响

用本节定义的变量 Z、Q 和 X 分别对企业缴费率 η_w 求偏导，并由已知条件可得：

$$\frac{\partial Z}{\partial \eta_w}=0 \tag{4.63}$$

$$\frac{\partial Q}{\partial \eta_w}=(1+n)\alpha p(1+\theta)+p(1+n)(1-\alpha)>0 \tag{4.64}$$

$$\frac{\partial X}{\partial \eta_w}=\frac{1}{Q}\cdot\frac{\partial Z}{\partial \eta_w}-\frac{Z}{Q^2}\cdot\frac{\partial Q}{\partial \eta_w}=-\frac{Z}{Q^2}\cdot\frac{\partial Q}{\partial \eta_w}<0 \tag{4.65}$$

（一）企业缴费率变动对宏观经济变量的影响

1. 对单位劳动资本（资本劳动比）k_* 的影响。

求均衡状态下单位劳动资本 k_* 对企业缴费率 η_w 的偏导，并结合已知条件可得：

---

① 在做实个人账户之后，提高养老保险个人缴费率只会增加个人账户养老金水平，而对社会统筹（基础）养老金不会产生影响。

$$\frac{\partial k_*}{\partial \eta_w}=\frac{1}{1-\alpha}\cdot X^{\frac{1}{1-\alpha}-1}\cdot \frac{\partial X}{\partial \eta_w}<0 \tag{4.66}$$

式（4.66）表明，在其他参数不变的情况下，提高企业缴费率 η_w 将会使均衡状态下单位劳动资本 k_* 下降，而降低企业缴费率 η_w 将会使均衡状态下单位劳动资本 k_* 上升。

2. 对单位劳动产出 y_* 的影响。

求均衡状态下单位劳动产出 y_* 对企业缴费率 η_w 的偏导，并结合已知条件可得：

$$\frac{\partial y_*}{\partial \eta_w}=\alpha k_*^{\alpha-1}\cdot \frac{\partial k_*}{\partial \eta_w}<0 \tag{4.67}$$

式（4.67）表明，在其他参数不变的情况下，提高企业缴费率 η_w 将会使均衡状态下单位劳动产出 y_* 下降，而降低企业缴费率 η_w 将会使均衡状态下单位劳动产出 y_* 上升。

3. 对资本产出比 v_* 的影响。

求均衡状态下资本产出比 v_* 对企业缴费率 η_w 的偏导，并结合已知条件可得：

$$\frac{\partial v_*}{\partial \eta_w}=(1-\alpha)k_*^{-\alpha}\cdot \frac{\partial k_*}{\partial \eta_w}<0 \tag{4.68}$$

式（4.68）表明，在其他参数不变的情况下，提高企业缴费率 η_w 将会使均衡状态下资本产出比 v_* 下降，而降低企业缴费率 η_w 将会使均衡状态下资本产出比 v_* 上升。

4. 对人均储蓄（单位劳动储蓄）s_* 的影响。

求均衡状态下人均储蓄 s_* 对企业缴费率 η_w 的偏导，并结合已知条件可得：

$$\frac{\partial s_*}{\partial \eta_w}=(1+n)\cdot \frac{\partial k_*}{\partial \eta_w}-p\tau\cdot \frac{\partial w_*}{\partial \eta_w} \tag{4.69}$$

根据已知条件，在式（4.69）中，等号右边第一项小于0，而第二项大于0，无法判断均衡状态下人均储蓄 s_* 对企业缴费率 η_w 的偏导是否大于0，因此企业缴费率 η_w 的变动对均衡状态下人均储蓄 s_* 的影响不明确。

（二）企业缴费率变动对微观经济（生产者）变量——生产要素价格的影响

1. 对资本回报率（利率）r_* 的影响。

求均衡状态下资本回报率（利率）r_* 对企业缴费率 η_w 的偏导，并结合已知条件可得：

$$\frac{\partial r_*}{\partial \eta_w}=\alpha(\alpha-1)k_*^{\alpha-2}\cdot \frac{\partial k_*}{\partial \eta_w}>0 \tag{4.70}$$

式（4.70）表明，在其他参数不变的情况下，提高企业缴费率 η_w 将会使均衡状态下资本回报率（利率）r_* 上升，而降低企业缴费率 η_w 将会使均衡状态下资本回报率（利率）r_* 下降。

2. 对平均工资（单位劳动工资）w_* 的影响。

求均衡状态下平均工资 w_* 对企业缴费率 η_w 的偏导，并结合已知条件可得：

$$\frac{\partial w_*}{\partial \eta_w} = -\frac{p(1-\alpha)}{(1+p\eta_w)^2}k_*^{\alpha} + \frac{1-\alpha}{1+p\eta_w}\alpha k_*^{\alpha-1} \cdot \frac{\partial k_*}{\partial \eta_w} < 0 \tag{4.71}$$

式（4.71）表明，在其他参数不变的情况下，提高企业缴费率 η_w 将会使均衡状态下平均工资 w_* 下降，而降低企业缴费率 η_w 将会使均衡状态下平均工资 w_* 上升。

（三）企业缴费率变动对微观经济（消费者）变量——消费者福利的影响

1. 对平均（人均）养老金 P_* 的影响。

求均衡状态下平均养老金 P_* 对企业缴费率 η_w 的偏导，可得：

$$\frac{\partial P_*}{\partial \eta_w} = (1+n)w_* + \eta_w(1+n) \cdot \frac{\partial w_*}{\partial \eta_w} + \tau w_* \cdot \frac{\partial r_*}{\partial \eta_w} + \tau(1+r_*) \cdot \frac{\partial w_*}{\partial \eta_w} \tag{4.72}$$

根据已知条件，在式（4.72）中，等号右边第一项和第三项大于0，而第二项和第四项小于0，无法判断均衡状态下平均养老金 P_* 对企业缴费率 η_w 的偏导是否大于0，因此企业缴费率 η_w 的变动对均衡状态下平均养老金 P_* 的影响不明确。

2. 对养老保险平均替代率 R_* 的影响。

求均衡状态下养老保险平均替代率 R_* 对企业缴费率 η_w 的偏导，并结合已知条件可得：

$$\frac{\partial R_*}{\partial \eta_w} = (1+n) + \tau \cdot \frac{\partial r_*}{\partial \eta_w} > 0 \tag{4.73}$$

式（4.73）表明，在其他参数不变的情况下，提高企业缴费率 η_w 将会使均衡状态下养老保险平均替代率 R_* 上升，而降低企业缴费率 η_w 将会使均衡状态下养老保险平均替代率 R_* 下降。

3. 对工作期人均消费 c_{1*} 的影响。

求均衡状态下工作期人均消费 c_{1*} 对企业缴费率 η_w 的偏导，可得：

$$\frac{\partial c_{1*}}{\partial \eta_w} = \frac{\partial w_*}{\partial \eta_w} - (1+n)\frac{\partial k_*}{\partial \eta_w} \tag{4.74}$$

根据已知条件，在式（4.74）中，等号右边第一项小于0，而第二项大于0，无法判断均衡状态下工作期人均消费 c_{1*} 对企业缴费率 η_w 的偏导是否大于0，因此企业缴费率 η_w 的变动对均衡状态下工作期人均消费 c_{1*} 的影响不明确。

4. 对退休期人均消费 c_{2*} 的影响。

求均衡状态下退休期人均消费 c_{2*} 对企业缴费率 η_w 的偏导，可得：

$$\frac{\partial c_{2*}}{\partial \eta_w}=\frac{p(1+n)(1-\alpha)}{(1+p\eta_w)^2}k_*^{\alpha}+(1+n)\left[\alpha+\frac{p\eta_w(1-\alpha)}{1+p\eta_w}\right]\alpha k_*^{\alpha-1}\cdot\frac{\partial k_*}{\partial \eta_w} \tag{4.75}$$

根据已知条件，在式（4.75）中，等号右边第一项大于0，而第二项小于0，无法判断均衡状态下退休期人均消费 c_{2*} 对企业缴费率 η_w 的偏导是否大于0，因此企业缴费率 η_w 的变动对均衡状态下退休期人均消费 c_{2*} 的影响不明确。

5. 对个人效用 U_* 的影响。

求均衡状态下个人效用 U_* 对企业缴费率 η_w 的偏导，可得：

$$\frac{\partial U_*}{\partial \eta_w}=\frac{1}{c_{1*}}\cdot\frac{\partial c_{1*}}{\partial \eta_w}+\frac{\theta}{c_{2*}}\cdot\frac{\partial c_{2*}}{\partial \eta_w} \tag{4.76}$$

根据已知条件，在式（4.76）中，无法判断均衡状态下个人效用 U_* 对企业缴费率 η_w 的偏导是否大于0，因此企业缴费率 η_w 的变动对均衡状态下个人效用 U_* 的影响不明确。

综上所述，在其他参数不变的情况下，提高养老保险企业缴费率 η_w 会导致均衡状态下的单位劳动资本 k_*、单位劳动产出 y_*、资本产出比 v_*、平均工资 w_* 下降；会导致资本回报率（利率）r_* 和养老保险平均替代率 R_* 上升；而对人均储蓄 s_*、平均养老金 P_*、工作期人均消费 c_{1*}、退休期人均消费 c_{2*} 和个人效用 U_* 的影响并不明确，需要设置参数后用模拟的办法在后文敏感性分析时加以考察。

三、人口增长率变动的影响

首先使用本节定义的变量 Z、Q 和 X 分别对人口增长率 n 求偏导，并由已知条件可得：

$$\frac{\partial Z}{\partial n}=0 \tag{4.77}$$

$$\frac{\partial Q}{\partial n}=\alpha(1+\theta)(1+p\eta_w)+p(\eta_w+\tau)(1-\alpha)>0 \tag{4.78}$$

$$\frac{\partial X}{\partial n}=\frac{1}{Q}\cdot\frac{\partial Z}{\partial n}-\frac{Z}{Q^2}\cdot\frac{\partial Q}{\partial n}=-\frac{Z}{Q^2}\cdot\frac{\partial Q}{\partial n}<0 \tag{4.79}$$

（一）人口增长率变动对宏观经济变量的影响

1. 对单位劳动资本（资本劳动比）k_* 的影响。

求均衡状态下单位劳动资本 k_* 对人口增长率 n 的偏导，并结合已知条件可得：

$$\frac{\partial k_*}{\partial n}=\frac{1}{1-\alpha}\cdot X^{\frac{1}{1-\alpha}-1}\cdot\frac{\partial X}{\partial n}<0 \tag{4.80}$$

式（4.80）表明，在其他参数不变的情况下，人口增长率 n 上升将会使均衡状态下单位劳动资本 k_* 下降，而人口增长率 n 下降将会使均衡状态下单位劳动资本 k_* 上升。

2. 对单位劳动产出 y_* 的影响。

求均衡状态下单位劳动产出 y_* 对人口增长率 n 的偏导，并结合已知条件可得：

$$\frac{\partial y_*}{\partial n}=\alpha k_*^{\alpha-1}\cdot\frac{\partial k_*}{\partial n}<0 \tag{4.81}$$

式（4.81）表明，在其他参数不变的情况下，人口增长率 n 上升将会使均衡状态下单位劳动产出 y_* 下降，而人口增长率 n 下降将会使均衡状态下单位劳动产出 y_* 上升。

3. 对资本产出比 v_* 的影响。

求均衡状态下资本产出比 v_* 对人口增长率 n 的偏导，并结合已知条件可得：

$$\frac{\partial v_*}{\partial n}=(1-\alpha)k_*^{-\alpha}\cdot\frac{\partial k_*}{\partial n}<0 \tag{4.82}$$

式（4.82）表明，在其他参数不变的情况下，人口增长率 n 上升将会使均衡状态下资本产出比 v_* 下降，而人口增长率 n 下降将会使均衡状态下资本产出比 v_* 上升。

4. 对人均储蓄（单位劳动储蓄）s_* 的影响。

求均衡状态下人均储蓄 s_* 对人口增长率 n 的偏导，并结合已知条件可得：

$$\frac{\partial s_*}{\partial n}=k_*+(1+n)\cdot\frac{\partial k_*}{\partial n}-\frac{p\tau(1-\alpha)}{1+p\eta_w}\alpha k_*^{\alpha-1}\cdot\frac{\partial k_*}{\partial n} \tag{4.83}$$

根据已知条件，在式（4.83）中，等号右边第一项和第三项大于0，而第二项小于0，无法判断均衡状态下人均储蓄 s_* 对人口增长率 n 的偏导是否大于0，因此人口增长率 n 的变动对均衡状态下人均储蓄 s_* 的影响不明确。

（二）人口增长率变动对微观经济（生产者）变量——生产要素价格的影响

1. 对资本回报率（利率）r_* 的影响。

求均衡状态下资本回报率（利率）r_* 对人口增长率 n 的偏导，并结合已知条件可得：

$$\frac{\partial r_*}{\partial n}=\alpha(\alpha-1)k_*^{\alpha-2}\cdot\frac{\partial k_*}{\partial n}>0 \tag{4.84}$$

式（4.84）表明，在其他参数不变的情况下，人口增长率 n 上升将会使均衡状态下资本回报率（利率）r_* 上升，而人口增长率 n 下降将会使均衡状态下资本回报率（利率）r_* 下降。

2. 对平均工资（单位劳动工资）w_* 的影响。

求均衡状态下平均工资 w_* 对人口增长率 n 的偏导，并结合已知条件可得：

$$\frac{\partial w_*}{\partial n} = \frac{1-\alpha}{1+p\eta_w}\alpha k_*^{\alpha-1} \cdot \frac{\partial k_*}{\partial n} < 0 \tag{4.85}$$

式（4.85）表明，在其他参数不变的情况下，人口增长率 n 上升将会使均衡状态下平均工资 w_* 下降，而人口增长率 n 下降将会使均衡状态下平均工资 w_* 上升。

（三）人口增长率变动对微观经济（消费者）变量——消费者福利的影响

1. 对平均（人均）养老金 P_* 的影响。

求均衡状态下平均养老金 P_* 对人口增长率 n 的偏导，可得：

$$\frac{\partial P_*}{\partial n} = \frac{\eta_w(1-\alpha)}{1+p\eta_w}k_*^{\alpha} + \frac{\eta_w(1+n)(1-\alpha)}{1+p\eta_w}\alpha k_*^{\alpha-1} \cdot \frac{\partial k_*}{\partial n} + \frac{\alpha\tau(1-\alpha)}{1+p\eta_w}(2\alpha-1)k_*^{2\alpha-2} \cdot \frac{\partial k_*}{\partial n} \tag{4.86}$$

根据已知条件，在式（4.86）中，等号右边第一项大于0，而第二项小于0，第三项无法判断是否大于0，无法判断均衡状态下平均养老金 P_* 对人口增长率 n 的偏导是否大于0，因此人口增长率 n 的变动对均衡状态下平均养老金 P_* 的影响不明确。

2. 对养老保险平均替代率 R_* 的影响。

求均衡状态下养老保险平均替代率 R_* 对人口增长率 n 的偏导，并结合已知条件可得：

$$\frac{\partial R_*}{\partial n} = \eta_w + \tau\frac{\partial r_*}{\partial n} > 0 \tag{4.87}$$

式（4.87）表明，在其他参数不变的情况下，人口增长率 n 上升将会使均衡状态下养老保险平均替代率 R_* 上升，而人口增长率 n 下降将会使均衡状态下养老保险平均替代率 R_* 下降。

3. 对工作期人均消费 c_{1*} 的影响。

求均衡状态下工作期人均消费 c_{1*} 对人口增长率 n 的偏导，可得：

$$\frac{\partial c_{1*}}{\partial n} = \frac{1-\alpha}{1+p\eta_w}\alpha k_*^{\alpha-1} \cdot \frac{\partial k_*}{\partial n} - k_* - (1+n) \cdot \frac{\partial k_*}{\partial n} \tag{4.88}$$

根据已知条件，在式（4.88）中，等号右边第一项小于0，第二项小于0，而第三项大于0，无法判断均衡状态下工作期人均消费 c_{1*} 对人口增长率 n 的偏导是否大于0，因此人口增长率 n 的变动对均衡状态下工作期人均消费 c_{1*} 的影响不明确。

4. 对退休期人均消费 c_{2*} 的影响。

求均衡状态下退休期人均消费 c_{2*} 对人口增长率 n 的偏导，可得：

$$\frac{\partial c_{2*}}{\partial n}=\left[\alpha+\frac{p\eta_w(1-\alpha)}{1+p\eta_w}\right]k_*^{\alpha}+(1+n)\left[\alpha+\frac{p\eta_w(1-\alpha)}{1+p\eta_w}\right]\alpha k_*^{\alpha-1}\cdot\frac{\partial k_*}{\partial n} \tag{4.89}$$

根据已知条件，在式（4.89）中，等号右边第一项大于0，而第二项小于0，无法判断均衡状态下退休期人均消费 c_{2*} 对人口增长率 n 的偏导是否大于0，因此人口增长率 n 的变动对均衡状态下退休期人均消费 c_{2*} 的影响不明确。

5. 对个人效用 U_* 的影响。

求均衡状态下个人效用 U_* 对人口增长率 n 的偏导，可得：

$$\frac{\partial U_*}{\partial n}=\frac{1}{c_{1*}}\cdot\frac{\partial c_{1*}}{\partial n}+\frac{\theta}{c_{2*}}\cdot\frac{\partial c_{2*}}{\partial n} \tag{4.90}$$

根据已知条件，在式（4.90）中，无法判断均衡状态下个人效用 U_* 对人口增长率 n 的偏导是否大于0，因此人口增长率 n 的变动对均衡状态下个人效用 U_* 的影响不明确。

综上所述，在其他参数不变的情况下，人口增长率 n 下降，会导致均衡状态下的单位劳动资本 k_*、单位劳动产出 y_*、资本产出比 v_*、平均工资 w_* 上升；会导致资本回报率（利率）r_* 和养老保险平均替代率 R_* 下降；而对人均储蓄 s_*、平均养老金 P_*、工作期人均消费 c_{1*}、退休期人均消费 c_{2*} 和个人效用 U_* 的影响并不明确，需要设置参数后用模拟的办法在后文敏感性分析时加以考察。

四、城镇职工养老保险覆盖范围变动的影响

首先使用之前定义的变量 Z、Q 和 X 分别对养老保险覆盖范围 p 求偏导，并由其他已知条件可得：

$$\frac{\partial Z}{\partial p}=0 \tag{4.91}$$

$$\frac{\partial Q}{\partial p}=(1+n)\left[\alpha(1+\theta)\eta_w+\eta_w(1-\alpha)\right]>0 \tag{4.92}$$

$$\frac{\partial X}{\partial p}=\frac{1}{Q}\cdot\frac{\partial Z}{\partial p}-\frac{Z}{Q^2}\cdot\frac{\partial Q}{\partial p}=-\frac{Z}{Q^2}\cdot\frac{\partial Q}{\partial p}<0 \tag{4.93}$$

（一）养老保险覆盖范围变动对宏观经济变量的影响

1. 对单位劳动资本（资本劳动比）k_*的影响。

求均衡状态下单位劳动资本k_*对养老保险覆盖范围p的偏导，并结合已知条件可得：

$$\frac{\partial k_*}{\partial p}=\frac{1}{1-\alpha}\cdot X^{\frac{1}{1-\alpha}-1}\cdot\frac{\partial X}{\partial p}<0 \tag{4.94}$$

式（4.94）表明，在其他参数不变的情况下，扩大养老保险覆盖范围p将会使均衡状态下单位劳动资本k_*下降，而缩小养老保险覆盖范围p将会使均衡状态下单位劳动资本k_*上升。

2. 对单位劳动产出y_*的影响。

求均衡状态下单位劳动产出y_*对养老保险覆盖范围p的偏导，并结合已知条件可得：

$$\frac{\partial y_*}{\partial p}=\alpha k_*^{\alpha-1}\cdot\frac{\partial k_*}{\partial p}<0 \tag{4.95}$$

式（4.95）表明，在其他参数不变的情况下，扩大养老保险覆盖范围p将会使均衡状态下单位劳动产出y_*下降，而缩小养老保险覆盖范围p将会使均衡状态下单位劳动产出y_*上升。

3. 对资本产出比v_*的影响。

求均衡状态下资本产出比v_*对养老保险覆盖范围p的偏导，并结合已知条件可得：

$$\frac{\partial v_*}{\partial p}=(1-\alpha)k_*^{-\alpha}\cdot\frac{\partial k_*}{\partial p}<0 \tag{4.96}$$

式（4.96）表明，在其他参数不变的情况下，扩大养老保险覆盖范围p将会使均衡状态下资本产出比v_*下降，而缩小养老保险覆盖范围p将会使均衡状态下资本产出比v_*上升。

4. 对人均储蓄（单位劳动储蓄）s_*的影响。

求均衡状态下人均储蓄s_*对养老保险覆盖范围p的偏导，并结合已知条件可得：

$$\frac{\partial s_*}{\partial p}=(1+n)\cdot\frac{\partial k_*}{\partial p}-\tau w_*-p\tau\frac{\partial w_*}{\partial p} \tag{4.97}$$

根据已知条件，在式（4.97）中，等号右边第一项小于0，第二项小于0，而第三项大于0，无法判断均衡状态下人均储蓄s_*对养老保险覆盖范围p的偏导是否大于0，因此养老保险覆盖范围p的变动对均衡状态下人均储蓄s_*的影响不明确。

（二）养老保险覆盖范围变动对微观经济（生产者）变量——生产要素价格的影响

1. 对资本回报率（利率）r_* 的影响。

求均衡状态下资本回报率（利率）r_* 对养老保险覆盖范围 p 的偏导，并结合已知条件可得：

$$\frac{\partial r_*}{\partial p}=\alpha(\alpha-1)k_*^{\alpha-2}\cdot\frac{\partial k_*}{\partial p}>0 \tag{4.98}$$

式（4.98）表明，在其他参数不变的情况下，扩大养老保险覆盖范围 p 将会使均衡状态下资本回报率（利率）r_* 上升，而缩小养老保险覆盖范围 p 将会使均衡状态下资本回报率（利率）r_* 下降。

2. 对平均工资（单位劳动工资）w_* 的影响。

求均衡状态下平均工资 w_* 对养老保险覆盖范围 p 的偏导，并结合已知条件可得：

$$\frac{\partial w_*}{\partial p}=\frac{1-\alpha}{1+p\eta_w}\alpha k_*^{\alpha-1}\cdot\frac{\partial k_*}{\partial p}-\frac{\eta_w(1-\alpha)}{(1+p\eta_w)^2}k_*^{\alpha}<0 \tag{4.99}$$

式（4.99）表明，在其他参数不变的情况下，扩大养老保险覆盖范围 p 将会使均衡状态下平均工资 w_* 下降，而缩小养老保险覆盖范围 p 将会使均衡状态下平均工资 w_* 上升。

（三）养老保险覆盖范围变动对微观经济（消费者）变量——消费者福利的影响

1. 对平均（人均）养老金 P_* 的影响。

求均衡状态下平均养老金 P_* 对养老保险覆盖范围 p 的偏导，可得：

$$\begin{aligned}\frac{\partial P_*}{\partial p}=&\frac{\eta_w(1+n)(1-\alpha)}{1+p\eta_w}\alpha k_*^{\alpha-1}\cdot\frac{\partial k_*}{\partial p}-\frac{\eta_w^{\ 2}(1+n)(1-\alpha)}{(1+p\eta_w)^2}k_*^{\alpha}\\&+\frac{\alpha\tau(1-\alpha)}{1+p\eta_w}(2\alpha-1)k_*^{2\alpha-2}\cdot\frac{\partial k_*}{\partial p}-\frac{\eta_w\alpha\tau(1-\alpha)}{1+p\eta_w}k_*^{2\alpha-1}\end{aligned} \tag{4.100}$$

根据已知条件，当 $\alpha\geqslant0.5$ 时，式（4.100）小于 0，即在其他参数不变的情况下，扩大养老保险覆盖范围 p 将会使均衡状态下平均养老金 P_* 下降，而缩小养老保险覆盖范围 p 将会使均衡状态下平均养老金 P_* 上升。而当 $\alpha<0.5$ 时，无法判断式（4.100）是否大于 0，因而也就无法判断养老保险覆盖范围 p 的变动对均衡状态下平均养老金 P_* 的影响。

2. 对养老保险平均替代率 R_* 的影响。

求均衡状态下养老保险平均替代率 R_* 对养老保险覆盖范围 p 的偏导，并结合已知条件可得：

$$\frac{\partial R_*}{\partial p}=\tau\frac{\partial r_*}{\partial p}>0 \tag{4.101}$$

式（4.101）表明，在其他参数不变的情况下，扩大养老保险覆盖范围 p 将会使均衡状态下养老保险平均替代率 R_* 上升，而缩小养老保险覆盖范围 p 将会使均衡状态下养老保险平均替代率 R_* 下降。

3. 对工作期人均消费 c_{1*} 的影响。

求均衡状态下工作期人均消费 c_{1*} 对养老保险覆盖范围 p 的偏导，可得：

$$\frac{\partial c_{1*}}{\partial p}=\frac{\partial w_*}{\partial p}-(1+n)\cdot\frac{\partial k_*}{\partial p} \tag{4.102}$$

根据已知条件，在式（4.102）中，等号右边第一项小于0，而第二项大于0，无法判断均衡状态下工作期人均消费 c_{1*} 对养老保险覆盖范围 p 的偏导是否大于0，因此养老保险覆盖范围 p 的变动对均衡状态下工作期人均消费 c_{1*} 的影响不明确。

4. 对退休期人均消费 c_{2*} 的影响。

求均衡状态下退休期人均消费 c_{2*} 对养老保险覆盖范围 p 的偏导，可得：

$$\frac{\partial c_{2*}}{\partial p}=\frac{\eta_w(1+n)(1-\alpha)(1+p\eta_w-\eta_w)}{(1+p\eta_w)^2}k_*^{\alpha}+(1+n)\left[\alpha+\frac{p\eta_w(1-\alpha)}{1+p\eta_w}\right]\alpha k_*^{\alpha-1}\cdot\frac{\partial k_*}{\partial p} \tag{4.103}$$

根据已知条件，在式（4.103）中，等号右边第一项大于0，而第二项小于0，无法判断均衡状态下退休期人均消费 c_{2*} 对养老保险覆盖范围 p 的偏导是否大于0，因此养老保险覆盖范围 p 的变动对均衡状态下退休期人均消费 c_{2*} 的影响不明确。

5. 对个人效用 U_* 的影响。

求均衡状态下个人效用 U_* 对养老保险覆盖范围 p 的偏导，可得：

$$\frac{\partial U_*}{\partial p}=\frac{1}{c_{1*}}\cdot\frac{\partial c_{1*}}{\partial p}+\frac{\theta}{c_{2*}}\cdot\frac{\partial c_{2*}}{\partial p} \tag{4.104}$$

根据已知条件，在式（4.104）中，无法判断均衡状态下个人效用 U_* 对养老保险覆盖范围 p 的偏导是否大于0，因此养老保险覆盖范围 p 的变动对均衡状态下个人效用 U_* 的影响不明确。

综上所述，在其他参数不变的情况下，扩大养老保险覆盖范围 p，会导致均衡状态下的单位劳动资本 k_*、单位劳动产出 y_*、资本产出比 v_*、平均工资 w_*

下降；会导致资本回报率（利率）r_* 和养老保险平均替代率 R_* 上升；而对人均储蓄 s_*、工作期人均消费 c_{1*}、退休期人均消费 c_{2*} 和个人效用 U_* 的影响并不明确，需要设置参数后用模拟的办法在后文敏感性分析时加以考察。此外，当 $\alpha \geq 0.5$ 时，扩大养老保险覆盖范围 p 将会使均衡状态下平均养老金 P_* 下降，而缩小养老保险覆盖范围 p 将会使均衡状态下平均养老金 P_* 上升。而当 $\alpha < 0.5$ 时，无法判断养老保险覆盖范围 p 的变动对均衡状态下平均养老金 P_* 的影响。

第五章

个人账户空账以收入为企业缴费基数的一般均衡分析

在本章模型设定中，养老保险实行“统账结合”的模式，个人参保以本人工资作为缴费基数，企业参保不再以工资作为缴费基数，而是以收入作为参保缴费基数，个人账户是空账——名义账户，只是作为计发工具并没有形成实际资金积累，支付个人账户养老金所需资金和社会统筹养老金一样，完全来自当期企业和个人共同缴纳的养老保险费。本章模型用字母 NY 表示。

第一节　模型的建立

本章采用两期代际交叠模型（OLG 模型）进行分析，假设无限存续的封闭经济体由为数众多且完全同质无差异的企业、为数众多且完全同质无差异的个人（劳动者）和一个政府组成，企业的目标是追求利润最大化，个人目标是追求效用最大化，政府实施养老保险制度。假定每个人的寿命是有限的，都经历工作期和退休期。在 t 期初，第 t 代的 L_t 个相同的个人成长为劳动者，人口增长率为 $n=L_t/L_{t-1}-1$，则 $1+n>0$。

一、生产者行为的最优化分析

假设在完全竞争的市场环境中存在着数量众多且完全同质无差异的生产者——企业，企业投入资本和劳动两种生产要素进行生产。记在 t 时期经济中的总产出为 Y_t，总的劳动供给为 L_t，总的资本存量水平为 K_t。由于假设产品市场是出清的，所以 t 时期经济中的总产出 Y_t 也是 t 时期经济中所有企业获得的收入。再假定企业的生产函数是规模报酬不变的柯布—道格拉斯形式且 $\alpha\in(0,\ 1)$，则总产出函数为：

$$Y_t = F(K_t,\ L_t) = K_t^{\alpha} L_t^{1-\alpha} \tag{5.1}$$

用 k_t 表示资本劳动比（单位劳动资本）且 $k_t > 0$，用 y_t 表示产出劳动比（单位劳动产出）且 $y_t > 0$，则：

$$k_t = \frac{K_t}{L_t} \tag{5.2}$$

$$y_t = \frac{Y_t}{L_t} = f(k_t) = k_t^{\alpha} \tag{5.3}$$

由式（5.3）可知，生产函数 $y_t = f(k_t)$ 是资本的单调增函数，即 $f'(k_t) > 0$；且资本的边际产出递减，即 $f''(k_t) < 0$；此外该生产函数还满足稻田条件。

在 t 时期，记 π_t 为企业利润，r_t 为资本要素的租赁价格（利息率），σ 为资本要素的折旧率，w_t 为劳动要素的雇佣价格（工资）。在数量为 L_t 的劳动者中有比例为 p 的劳动者参加了城镇职工养老保险且 $p \in (0,\ 1]$，这部分劳动者获得的工资为 pw_tL_t；设参加养老保险企业的产出占社会总产出的比重为 $q \in (0,\ 1]$，则参加养老保险企业的收入总额为 qY_t，记 μ_Y 为个人账户空账情况下以收入为缴费基数的城镇职工养老保险企业缴费率 $\mu_Y \in (0,\ 1)$，则参加养老保险企业的缴费总额为 $q\mu_Y Y_t$。至此，可以得到企业的利润函数：

$$\pi_t = Y_t - q\mu_Y Y_t - \sigma K_t - r_t K_t - w_t L_t \tag{5.4}$$

假定资本折旧率 σ 为 1，在完全竞争市场中，由企业追求利润化的一阶条件可得：

$$r_t = (1 - q\mu_Y)\alpha k_t^{\alpha-1} - 1 \tag{5.5}$$

$$w_t = (1-\alpha)(1 - q\mu_Y) k_t^{\alpha} \tag{5.6}$$

由已知条件可得：$1 + r_t > 0$，$w_t > 0$。

二、消费者行为的最优化分析

在 t 时期数量为 L_t 的 t 世代的劳动者进入工作期，其中每个人获得以同质产品计量的工资 w_t 单位，消费 c_{1t} 单位，储蓄 s_t 单位。在 $t+1$ 时期数量为 L_t 的 t 世代劳动者进入退休期，记每个人在退休期消费为 c_{2t+1}。数量为 L_t 的 t 世代的劳动者中参加城镇职工养老保险的比例为 p，则对于每个个体而言，参加城镇职工养老保险的概率为 p；如果记 τ 为职工养老保险个人缴费率且 $\tau \in (0,\ 1)$，则对于每个个体而言，工作期缴纳养老保险费 τw_t 的概率为 p，退休期领取基本养老金 P_{t+1} 的概率为 p。

每个个体从他自己的两期消费中获得效用。为了简化计算，本模型采用可分

离相加的对数效用函数。每个个体选择储蓄以使效用最大化，因而求解下列最大化问题：

$$\max_{\{s_t, c_{1t}, c_{2t+1}\}} U_t = \ln c_{1t} + \theta \ln c_{2t+1} \tag{5.7}$$

$$\text{s.t. } c_{1t} = (1 - p\tau) w_t - s_t \tag{5.8}$$

$$c_{2t+1} = (1 + r_{t+1}) s_t + pP_{t+1} \tag{5.9}$$

其中，$\theta \in (0, 1)$ 是效用折现率；由于效用函数采用对数函数形式，可知其是消费的单调增加函数，而且是严格的凹函数，即 $u'(\cdot) > 0$，$u''(\cdot) < 0$。约束条件的两个方程还可以写为如下方程：

$$c_{1t} + \frac{c_{2t+1}}{1 + r_{t+1}} = (1 - p\tau) w_t + \frac{pP_{t+1}}{1 + r_{t+1}} \tag{5.10}$$

等号左边是 t 时期终生消费的现值，等号右边是 t 时期终生可支配收入的现值，其经济含义是终生支出要等于终生收入。

求解效用最大化一阶条件，可得：

$$\frac{1}{c_{1t}} = \frac{\theta(1 + r_{t+1})}{c_{2t+1}} \tag{5.11}$$

即：

$$-c_{2t+1} + \theta(1 + r_{t+1}) c_{1t} = 0 \tag{5.12}$$

式（5.12）意味着：减少一单位退休期消费必然会使工作期消费增加 $\theta(1 + r_{t+1})$ 个单位，其经济含义在于同样一单位产品无论用于工作期消费还是用于退休期消费，其边际效用必然相等。

基本养老金由两部分组成，一部分是个人账户养老金，另一部分是社会统筹（基础）养老金。在 $t+1$ 时期，记社会统筹养老金为 B_{t+1}，记个人账户养老金为 I_{t+1}，基本养老金为 P_{t+1}，由于劳动者完全同质无差异，领取养老金的人员也完全同质无差异，因而 P_{t+1} 也是 $t+1$ 时期平均养老金。可得：

$$P_{t+1} = I_{t+1} + B_{t+1} = (1 + i_{t+1}) \tau w_t + B_{t+1} \tag{5.13}$$

由于个人账户是空账，无法进入资本市场获得收益，但政府设定记账利率，记 $t+1$ 时期个人账户记账利率为 i_{t+1}，则个人账户养老金 I_{t+1} 为：

$$I_{t+1} = (1 + i_{t+1}) \tau w_t \tag{5.14}$$

三、养老保险收支平衡分析

统账结合的城镇职工养老保险由政府实施负责，在 t 时期，城镇职工养老保险缴费收入总额为 $q\mu_Y Y_t + p\tau w_t L_t$，由于个人账户是空账，即名义账户，企业缴纳的养老保险费 $q\mu_Y Y_t$ 和个人缴纳的养老保险费 $p\tau w_t L_t$，全部用于当期数量为 pL_{t-1} 的参加城镇职工养老保险退休人员的养老金支出 $pP_t L_{t-1}$；每个退休人员的个人

账户养老金 I_t 与社会统筹养老金 B_t 一样，全部来自当期的缴费收入，是一种本质上的现收现付制度；因此职工养老保险收支平衡方程如下：

$$q\mu_Y Y_t + p\tau w_t L_t = pP_t L_{t-1} = p(I_t + B_t)L_{t-1} = p[(1+i_t)\tau w_{t-1} + B_t]L_{t-1} \tag{5.15}$$

进一步化简可得：

$$P_{t+1} = I_{t+1} + B_{t+1} = (1+i_{t+1})\tau w_t + B_{t+1} = \frac{(1+n)q\mu_Y}{p}k_{t+1}^{\alpha} + (1+n)\tau w_{t+1} \tag{5.16}$$

用 R_t 来表示职工养老保险平均替代率，可得：

$$R_t = \frac{P_t}{w_t} = \frac{(1+n)q\mu_Y}{p(1-\alpha)(1-q\mu_Y)} + \tau(1+n) \tag{5.17}$$

由式（5.16）和式（5.17）可以看出，在本模型中基本养老金（平均养老金）和养老保险平均替代率与个人账户记账利率没有关系，不管如何设定个人账户记账利率，平均养老金和养老保险平均替代率都不会发生变化。此外养老保险平均替代率与资本的产出弹性系数、企业缴费率、个人缴费率、劳动人口增长率、养老保险在劳动者中覆盖范围和参加养老保险企业的产出占社会总产出的比重六个外生变量有关系，而与模型中的内生变量无关。

四、资本市场的均衡

由于本章中养老保险个人账户是空账——名义账户，养老保险个人缴费也全部用于当期养老金支出，没有形成积累，再加上资本在当期全部折旧，因此下一期初的资本存量全部来自本期储蓄，资本市场的平衡方程为：

$$s_t L_t = K_{t+1} = k_{t+1}L_{t+1} \tag{5.18}$$

进一步化简可得：

$$s_t = (1+n)k_{t+1} \tag{5.19}$$

第二节　动态均衡系统及稳定均衡状态

一、动态均衡方程

设该经济是在已知初始条件（k_0）的情况下，各期变量都满足式（5.5）、式

(5.6)、式(5.8)、式(5.9)、式(5.12)、式(5.16)和式(5.19)的数列 $\{c_{1t}, c_{2t+1}, s_t, w_t, r_{t+1}, P_t, k_{t+1}\}_{t=0}^{\infty}$。

将式(5.5)、式(5.6)、式(5.8)、式(5.9)、式(5.16)和式(5.19)代入式(5.12)中整理，求解该动态均衡系统，得到如下差分方程：

$$-(1+n)[\alpha(1+\theta)(1-q\mu_Y)+q\mu_Y+p\tau(1-\alpha)(1-q\mu_Y)]k_{t+1} + \alpha\theta(1-q\mu_Y)^2(1-p\tau)(1-\alpha)k_t^{\alpha}=0 \tag{5.20}$$

进一步化简可得：

$$k_{t+1}=\frac{\alpha\theta(1-q\mu_Y)^2(1-p\tau)(1-\alpha)}{(1+n)[\alpha(1+\theta)(1-q\mu_Y)+q\mu_Y+p\tau(1-\alpha)(1-q\mu_Y)]}k_t^{\alpha} \tag{5.21}$$

假设该动态系统存在唯一、稳定又无振荡的稳定均衡状态(定态均衡) k_*，为求该系统的稳定条件，将式(5.20)对 k_{t+1} 和 k_t 微分，得：

$$l\mathrm{d}k_{t+1}+m\mathrm{d}k_t=0 \tag{5.22}$$

其中，系数 l、m 是式(5.20)等号左边分别对 k_{t+1} 和 k_t 的偏导数在定态处(k_*)的值，并结合已知条件可得：

$$l=-(1+n)[\alpha(1+\theta)(1-q\mu_Y)+q\mu_Y+p\tau(1-\alpha)(1-q\mu_Y)]<0 \tag{5.23}$$

$$m=\alpha^2\theta(1-q\mu_Y)^2(1-p\tau)(1-\alpha)k_*^{\alpha-1}>0 \tag{5.24}$$

如果存在唯一、稳定又无振荡的定态均衡，那么意味着微分 $\mathrm{d}k_{t+1}/\mathrm{d}k_t$ 在定态(k_*)处的值大于0而小于1，即：

$$0<\frac{\mathrm{d}k_{t+1}}{\mathrm{d}k_t}=-\frac{l}{m}<1 \tag{5.25}$$

所以，该动态均衡系统的稳定条件为：

$$m+l<0 \tag{5.26}$$

二、稳定均衡状态

假定该动态经济系统存在唯一、稳定且无振荡的定态均衡点，根据动态均衡方程，就可以求解出稳定均衡状态下该动态经济系统中一系列重要经济变量的表达式。根据其所反映国民经济和社会生活的不同方面，将这些变量分成宏观经济变量、微观经济（生产者）变量——生产要素价格、微观经济（消费者）变量——消费者福利三组。

（一）宏观经济变量

1. 定态均衡下单位劳动资本（资本劳动比）k_*。

定态均衡下资本劳动比（每单位劳动资本）k_* 可以反映出经济处于稳定均

衡状态下人均资本积累水平，并可以计算其他经济变量。k_*越大，反映资本积累水平越高；反之，k_*越小，反映资本积累水平越低。

$$k_* = \left\{ \frac{\alpha\theta(1-q\mu_Y)^2(1-p\tau)(1-\alpha)}{(1+n)[\alpha(1+\theta)(1-q\mu_Y)+q\mu_Y+p\tau(1-\alpha)(1-q\mu_Y)]} \right\}^{\frac{1}{1-\alpha}} \quad (5.27)$$

从式（5.27）可以看出，决定均衡状态下单位劳动资本（资本劳动比）k_*的因素可以分为三组7个：第一组是经济因素，有5个，分别为城镇职工养老保险在劳动人口中的覆盖范围p、参加养老保险企业的产出占社会总产出的比重q、养老保险个人缴费率τ、以收入为基数的企业缴费率μ_Y以及生产函数中物质资本所得在总产出中所占份额α；第二组是折算因素，指个人效用函数中退休期效用折算到工作期时使用的折算系数θ；第三组是人口因素，即人口增长率n。

2. 定态均衡下单位劳动产出y_*。

$$y_* = k_*^{\alpha} \quad (5.28)$$

均衡状态下单位劳动产出y_*可以反映出经济处于稳定均衡状态下人均经济增长情况。由式（5.28）可以看出，稳态产出由稳态资本量决定。此外：

$$\frac{\partial y_*}{\partial k_*} = \alpha k_*^{\alpha-1} > 0 \quad (5.29)$$

式（5.29）表明，在物质资本所得在总产出中所占份额α保持不变的情况下，定态均衡下单位劳动资本k_*越大，稳态下单位劳动产出y_*越大；反之，定态均衡下单位劳动资本k_*越小，稳态下单位劳动产出y_*越小。

3. 定态均衡下资本产出比v_*。

$$v_* = \frac{k_*}{y_*} = k_*^{1-\alpha} \quad (5.30)$$

均衡状态下资本产出比v_*可以反映出经济处于稳定均衡状态时生产一单位产量需要使用多少单位资本。资本产出比越大，反映生产中使用的资本越密集。此外：

$$\frac{\partial v_*}{\partial k_*} = (1-\alpha)k_*^{-\alpha} > 0 \quad (5.31)$$

式（5.31）表明，在物质资本所得在总产出中所占份额α保持不变的情况下，稳态单位劳动资本k_*越大，稳态资本产出比v_*越大；反之，稳态单位劳动资本k_*越小，稳态资本产出比v_*越小。

4. 定态均衡下人均储蓄（单位劳动储蓄）s_*。

$$s_* = (1+n)k_* \quad (5.32)$$

式（5.32）是经济处于定态均衡时人均储蓄s_*的表达式，并且由于：

$$\frac{\partial s_*}{\partial k_*} = (1+n) > 0 \quad (5.33)$$

式（5.33）表明，人均储蓄越高，单位劳动资本越大，资本积累水平越高；人均储蓄越低，资本劳动比越小，资本积累水平越低。

（二）微观经济（生产者）变量——生产要素价格

1. 定态均衡下资本回报率（利率）r_*。

$$r_* = (1 - q\mu_Y)\alpha k_*^{\alpha-1} - 1 \tag{5.34}$$

式（5.34）是经济处于定态均衡时资本回报率（利率）r_* 的表达式，并且由于：

$$\frac{\partial r_*}{\partial k_*} = (1 - q\mu_Y)\alpha(\alpha - 1)k_*^{\alpha-2} < 0 \tag{5.35}$$

所以，在其他参数保持不变的情况下，稳态单位劳动资本 k_* 越大，稳态资本回报率（利率）r_* 越小；反之，稳态单位劳动资本 k_* 越小，稳态资本回报率（利率）r_* 越大。

2. 定态均衡下平均工资（单位劳动工资）w_*。

$$w_* = (1 - \alpha)(1 - q\mu_Y)k_*^{\alpha} \tag{5.36}$$

式（5.36）是经济处于定态均衡时平均工资 w_* 的表达式，并且由于：

$$\frac{\partial w_*}{\partial k_*} = (1 - \alpha)(1 - q\mu_Y)\alpha k_*^{\alpha-1} > 0 \tag{5.37}$$

所以，在其他参数保持不变的情况下，稳态单位劳动资本 k_* 越大，稳态平均工资 w_* 越大；反之，稳态单位劳动资本 k_* 越小，稳态平均工资 w_* 越小。

（三）微观经济（消费者）变量——消费者福利

1. 定态均衡下平均（人均）养老金 P_*。

$$P_* = (1 + n)\left[\frac{q\mu_Y}{p} + \tau(1 - \alpha)(1 - q\mu_Y)\right]k_*^{\alpha} \tag{5.38}$$

式（5.38）是经济处于定态均衡时平均养老金 P_* 的表达式，并且由于：

$$\frac{\partial P_*}{\partial k_*} = (1 + n)\left[\frac{q\mu_Y}{p} + \tau(1 - \alpha)(1 - q\mu_Y)\right]\alpha k_*^{\alpha-1} > 0 \tag{5.39}$$

所以，在其他参数保持不变的情况下，稳态单位劳动资本 k_* 越大，稳态平均养老金 P_* 越大；反之，稳态单位劳动资本 k_* 越小，稳态平均养老金 P_* 越小。

2. 定态均衡下养老保险平均替代率 R_*。

$$R_* = \frac{(1 + n)q\mu_Y}{p(1 - \alpha)(1 - q\mu_Y)} + \tau(1 + n) \tag{5.40}$$

式（5.40）是经济处于定态均衡时养老保险平均替代率 R_* 的表达式，其中

不含资本劳动比 k_*，因此：

$$\frac{\partial R_*}{\partial k_*}=0 \tag{5.41}$$

由此表明，养老保险平均替代率与稳态条件下的资本劳动比 k_* 无关。

3. 定态均衡下工作期人均消费 c_{1*}。

$$c_{1*}=(1-p\tau)w_*-s_*=(1-p\tau)(1-\alpha)(1-q\mu_Y)k_*^{\alpha}-(1+n)k_* \tag{5.42}$$

式（5.42）是经济处于定态均衡时工作期人均消费 c_{1*} 的表达式，求 c_{1*} 对 k_* 的偏导可得：

$$\frac{\partial c_{1*}}{\partial k_*}=(1-p\tau)(1-\alpha)(1-q\mu_Y)\alpha k_*^{\alpha-1}-(1+n) \tag{5.43}$$

在式（5.43）中，等号右边第一项大于0，而第二项小于0，因此无法判断 c_{1*} 对 k_* 的偏导是否大于0，也就无法得出经济处于定态均衡时资本劳动比 k_* 的变动对工作期人均消费 c_{1*} 的影响。

4. 定态均衡下退休期人均消费 c_{2*}。

$$c_{2*}=(1+r_*)s_*+pP_*=(1+n)[\alpha(1-q\mu_Y)+q\mu_Y+p\tau(1-\alpha)(1-q\mu_Y)]k_*^{\alpha} \tag{5.44}$$

式（5.44）是经济处于定态均衡时退休期人均消费 c_{2*} 的表达式，并且由于：

$$\frac{\partial c_{2*}}{\partial k_*}=(1+n)[\alpha(1-q\mu_Y)+q\mu_Y+p\tau(1-\alpha)(1-q\mu_Y)]\alpha k_*^{\alpha-1}>0 \tag{5.45}$$

所以，在其他参数保持不变的情况下，稳态单位劳动资本 k_* 越大，稳态退休期人均消费 c_{2*} 越大；反之，稳态单位劳动资本 k_* 越小，稳态退休期人均消费 c_{2*} 越小。

5. 定态均衡下个人效用 U_*。

$$U_*=\ln c_{1*}+\theta\ln c_{2*} \tag{5.46}$$

式（5.46）是经济处于定态均衡时个人效用 U_* 的表达式，求 U_* 对 k_* 的偏导可得：

$$\frac{\partial U_*}{\partial k_*}=\frac{1}{c_{1*}}\cdot\frac{\partial c_{1*}}{\partial k_*}+\frac{\theta}{c_{2*}}\cdot\frac{\partial c_{2*}}{\partial k_*} \tag{5.47}$$

在式（5.47）中，由于无法判断 c_{1*} 对 k_* 的偏导是否大于0，因而无法判断 U_* 对 k_* 的偏导是否大于0，也就无法得出稳态资本劳动比 k_* 与稳态个人效用 U_* 之间的关系。

第三节　外生变量变动的影响

为了简化计算，定义变量 Z、Q 和 X，令：

$$Z=\alpha\theta(1-q\mu_Y)^2(1-p\tau)(1-\alpha) \tag{5.48}$$

$$Q=(1+n)[\alpha(1+\theta)(1-q\mu_Y)+q\mu_Y+p\tau(1-\alpha)(1-q\mu_Y)] \tag{5.49}$$

$$X=\frac{\alpha\theta(1-q\mu_Y)^2(1-p\tau)(1-\alpha)}{(1+n)[\alpha(1+\theta)(1-q\mu_Y)+q\mu_Y+p\tau(1-\alpha)(1-q\mu_Y)]}=\frac{Z}{Q} \tag{5.50}$$

则：

$$k_*=X^{\frac{1}{1-\alpha}}=\left(\frac{Z}{Q}\right)^{\frac{1}{1-\alpha}} \tag{5.51}$$

并且由前述已知条件可得：Z、Q 和 X 均大于 0。

一、个人缴费率变动的影响

使用本节定义的变量 Z、Q 和 X 分别对个人缴费率 τ 求偏导，并由已知条件可得：

$$\frac{\partial Z}{\partial\tau}=-\alpha\theta p(1-\alpha)(1-q\mu_Y)^2<0 \tag{5.52}$$

$$\frac{\partial Q}{\partial\tau}=p(1+n)(1-\alpha)(1-q\mu_Y)>0 \tag{5.53}$$

$$\frac{\partial X}{\partial\tau}=\frac{1}{Q}\cdot\frac{\partial Z}{\partial\tau}-\frac{Z}{Q^2}\cdot\frac{\partial Q}{\partial\tau}<0 \tag{5.54}$$

（一）个人缴费率变动对宏观经济变量的影响

1. 对单位劳动资本（资本劳动比）k_* 的影响。

求均衡状态下单位劳动资本 k_* 对个人缴费率 τ 的偏导，并结合已知条件可得：

$$\frac{\partial k_*}{\partial\tau}=\frac{1}{1-\alpha}\cdot X^{\frac{1}{1-\alpha}-1}\cdot\frac{\partial X}{\partial\tau}<0 \tag{5.55}$$

式（5.55）表明，在其他参数不变的情况下，提高个人缴费率 τ 将会使均衡状态下单位劳动资本 k_* 下降，而降低个人缴费率 τ 将会使均衡状态下单位劳动资本 k_* 上升。

2. 对单位劳动产出 y_* 的影响。

求均衡状态下单位劳动产出 y_* 对个人缴费率 τ 的偏导，并结合已知条件可得：

$$\frac{\partial y_*}{\partial \tau}=\alpha k_*^{\alpha-1}\cdot\frac{\partial k_*}{\partial \tau}<0 \tag{5.56}$$

式（5.56）表明，在其他参数不变的情况下，提高个人缴费率 τ 将会使均衡状态下单位劳动产出 y_* 下降，而降低个人缴费率 τ 将会使均衡状态下单位劳动产出 y_* 上升。

3. 对资本产出比 v_* 的影响。

求均衡状态下资本产出比 v_* 对个人缴费率 τ 的偏导，并结合已知条件可得：

$$\frac{\partial v_*}{\partial \tau}=(1-\alpha)k_*^{-\alpha}\cdot\frac{\partial k_*}{\partial \tau}<0 \tag{5.57}$$

式（5.57）表明，在其他参数不变的情况下，提高个人缴费率 τ 将会使均衡状态下资本产出比 v_* 下降，而降低个人缴费率 τ 将会使均衡状态下资本产出比 v_* 上升。

4. 对人均储蓄（单位劳动储蓄）s_* 的影响。

求均衡状态下人均储蓄 s_* 对个人缴费率 τ 的偏导，并结合已知条件可得：

$$\frac{\partial s_*}{\partial \tau}=(1+n)\cdot\frac{\partial k_*}{\partial \tau}<0 \tag{5.58}$$

式（5.58）表明，在其他参数不变的情况下，提高个人缴费率 τ 将会使均衡状态下人均储蓄（单位劳动储蓄）s_* 下降，而降低个人缴费率 τ 将会使均衡状态下人均储蓄（单位劳动储蓄）s_* 上升。

（二）个人缴费率变动对微观经济（生产者）变量——生产要素价格的影响

1. 对资本回报率（利率）r_* 的影响。

求均衡状态下资本回报率（利率）r_* 对个人缴费率 τ 的偏导，并结合已知条件可得：

$$\frac{\partial r_*}{\partial \tau}=(1-q\mu_Y)\alpha(\alpha-1)k_*^{\alpha-2}\cdot\frac{\partial k_*}{\partial \tau}>0 \tag{5.59}$$

式（5.59）表明，在其他参数不变的情况下，提高个人缴费率 τ 将会使均衡状态下资本回报率（利率）r_* 上升，而降低个人缴费率 τ 将会使均衡状态下资本回报率（利率）r_* 下降。

2. 对平均工资（单位劳动工资）w_* 的影响。

求均衡状态下平均工资 w_* 对个人缴费率 τ 的偏导，并结合已知条件可得：

$$\frac{\partial w_*}{\partial \tau}=(1-\alpha)(1-q\mu_Y)\alpha k_*^{\alpha-1}\cdot\frac{\partial k_*}{\partial \tau}<0 \tag{5.60}$$

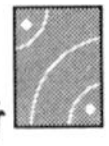

式（5.60）表明，在其他参数不变的情况下，提高个人缴费率 τ 将会使均衡状态下平均工资 w_* 下降，而降低个人缴费率 τ 将会使均衡状态下平均工资 w_* 上升。

（三）个人缴费率变动对微观经济（消费者）变量——消费者福利的影响

1. 对平均（人均）养老金 P_* 的影响。

求均衡状态下平均养老金 P_* 对个人缴费率 τ 的偏导，可得：

$$\frac{\partial P_*}{\partial \tau}=(1+n)(1-\alpha)(1-q\mu_Y)k_*^{\alpha}+(1+n)\left[\frac{q\mu_Y}{p}+\tau(1-\alpha)(1-q\mu_Y)\right]\alpha k_*^{\alpha-1}\cdot\frac{\partial k_*}{\partial \tau} \tag{5.61}$$

根据已知条件，在式（5.61）中，等号右边第一项大于0，而第二项小于0，无法判断均衡状态下平均养老金 P_* 对个人缴费率 τ 的偏导是否大于0，因此个人缴费率 τ 的变动对均衡状态下平均养老金 P_* 的影响不明确。

2. 对养老保险平均替代率 R_* 的影响。

求均衡状态下养老保险平均替代率 R_* 对个人缴费率 τ 的偏导，并结合已知条件可得：

$$\frac{\partial R_*}{\partial \tau}=(1+n)>0 \tag{5.62}$$

式（5.62）表明，在其他参数不变的情况下，提高个人缴费率 τ 将会使均衡状态下养老保险平均替代率 R_* 上升，而降低个人缴费率 τ 将会使均衡状态下养老保险平均替代率 R_* 下降。

3. 对工作期人均消费 c_{1*} 的影响。

求均衡状态下工作期人均消费 c_{1*} 对个人缴费率 τ 的偏导，可得：

$$\frac{\partial c_{1*}}{\partial \tau}=-p(1-\alpha)(1-q\mu_Y)k_*^{\alpha}+(1-p\tau)(1-\alpha)(1-q\mu_Y)\alpha k_*^{\alpha-1}\cdot\frac{\partial k_*}{\partial \tau}-(1+n)\cdot\frac{\partial k_*}{\partial \tau} \tag{5.63}$$

根据已知条件，在式（5.63）中，等号右边第一项小于0，第二项小于0，而第三项大于0，无法判断均衡状态下工作期人均消费 c_{1*} 对个人缴费率 τ 的偏导是否大于0，因此个人缴费率 τ 的变动对均衡状态下工作期人均消费 c_{1*} 的影响不明确。

4. 对退休期人均消费 c_{2*} 的影响。

求均衡状态下退休期人均消费 c_{2*} 对个人缴费率 τ 的偏导，可得：

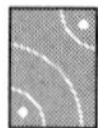

$$\frac{\partial c_{2*}}{\partial \tau}=p(1+n)(1-\alpha)(1-q\mu_Y)k_*^{\alpha}$$

$$+(1+n)[\alpha(1-q\mu_Y)+q\mu_Y+p\tau(1-\alpha)(1-q\mu_Y)]\alpha k_*^{\alpha-1}\cdot\frac{\partial k_*}{\partial \tau} \quad (5.64)$$

根据已知条件，在式（5.64）中，等号右边第一项大于0，而第二项小于0，无法判断均衡状态下退休期人均消费 c_{2*} 对个人缴费率 τ 的偏导是否大于0，因此个人缴费率 τ 的变动对均衡状态下退休期人均消费 c_{2*} 的影响不明确。

5. 对个人效用 U_* 的影响。

求均衡状态下个人效用 U_* 对个人缴费率 τ 的偏导，可得：

$$\frac{\partial U_*}{\partial \tau}=\frac{1}{c_{1*}}\cdot\frac{\partial c_{1*}}{\partial \tau}+\frac{\theta}{c_{2*}}\cdot\frac{\partial c_{2*}}{\partial \tau} \quad (5.65)$$

根据已知条件，在式（5.65）中，无法判断均衡状态下个人效用 U_* 对个人缴费率 τ 的偏导是否大于0，因此个人缴费率 τ 的变动对均衡状态下个人效用 U_* 的影响不明确。

综上所述，在其他参数不变的情况下，提高养老保险个人缴费率 τ 会导致均衡状态下的单位劳动资本 k_*、单位劳动产出 y_*、资本产出比 v_*、人均储蓄 s_*、平均工资 w_* 下降；会导致资本回报率（利率）r_* 和养老保险平均替代率 R_* 上升；而对平均养老金 P_*、工作期人均消费 c_{1*}、退休期人均消费 c_{2*} 和个人效用 U_* 的影响并不明确，需要设置参数后用模拟的办法在后文敏感性分析时加以考察。

二、企业缴费率变动的影响

用本节定义的变量 Z、Q 和 X 分别对企业缴费率 μ_Y 求偏导，并由已知条件可得：

$$\frac{\partial Z}{\partial \mu_Y}=-2\alpha\theta q(1-q\mu_Y)(1-p\tau)(1-\alpha)<0 \quad (5.66)$$

$$\frac{\partial Q}{\partial \mu_Y}=q(1+n)[1-\alpha(1+\theta)-p\tau(1-\alpha)] \quad (5.67)$$

$$\frac{\partial X}{\partial \mu_Y}=\frac{1}{Q}\cdot\frac{\partial Z}{\partial \mu_Y}-\frac{Z}{Q^2}\cdot\frac{\partial Q}{\partial \mu_Y} \quad (5.68)$$

当 $1-\alpha(1+\theta)-p\tau(1-\alpha)\geqslant 0$ 时，$\frac{\partial Q}{\partial \mu_Y}\geqslant 0$，则 $\frac{\partial X}{\partial \mu_Y}<0$；而当 $1-\alpha(1+\theta)-p\tau(1-\alpha)<0$ 时，$\frac{\partial Q}{\partial \mu_Y}<0$，则无法判断 $\frac{\partial X}{\partial \mu_Y}$ 是否大于0，也就无法得出相关经济变

量对μ_Y求得的偏导数是否大于0，因此本部分只讨论当$1-\alpha(1+\theta)-p\tau(1-\alpha)\geqslant 0$时企业缴费率变动对相关经济变量的影响。

（一）企业缴费率变动对宏观经济变量的影响

1. 对单位劳动资本（资本劳动比）k_*的影响。

求均衡状态下单位劳动资本k_*对企业缴费率μ_Y的偏导，当$1-\alpha(1+\theta)-p\tau(1-\alpha)\geqslant 0$时，并结合已知条件可得：

$$\frac{\partial k_*}{\partial \mu_Y}=\frac{1}{1-\alpha}\cdot X^{\frac{1}{1-\alpha}-1}\cdot\frac{\partial X}{\partial \mu_Y}<0 \tag{5.69}$$

式（5.69）表明，当$1-\alpha(1+\theta)-p\tau(1-\alpha)\geqslant 0$时，在其他参数不变的情况下，提高企业缴费率$\mu_Y$将会使均衡状态下单位劳动资本$k_*$下降，而降低企业缴费率$\mu_Y$将会使均衡状态下单位劳动资本$k_*$上升。

2. 对单位劳动产出y_*的影响。

求均衡状态下单位劳动产出y_*对企业缴费率μ_Y的偏导，当$1-\alpha(1+\theta)-p\tau(1-\alpha)\geqslant 0$时，并结合已知条件可得：

$$\frac{\partial y_*}{\partial \mu_Y}=\alpha k_*^{\alpha-1}\cdot\frac{\partial k_*}{\partial \mu_Y}<0 \tag{5.70}$$

式（5.70）表明，当$1-\alpha(1+\theta)-p\tau(1-\alpha)\geqslant 0$时，在其他参数不变的情况下，提高企业缴费率$\mu_Y$将会使均衡状态下单位劳动产出$y_*$下降，而降低企业缴费率$\mu_Y$将会使均衡状态下单位劳动产出$y_*$上升。

3. 对资本产出比v_*的影响。

求均衡状态下资本产出比v_*对企业缴费率μ_Y的偏导，当$1-\alpha(1+\theta)-p\tau(1-\alpha)\geqslant 0$时，并结合已知条件可得：

$$\frac{\partial v_*}{\partial \mu_Y}=(1-\alpha)k_*^{-\alpha}\cdot\frac{\partial k_*}{\partial \mu_Y}<0 \tag{5.71}$$

式（5.71）表明，当$1-\alpha(1+\theta)-p\tau(1-\alpha)\geqslant 0$时，在其他参数不变的情况下，提高企业缴费率$\mu_Y$将会使均衡状态下资本产出比$v_*$下降，而降低企业缴费率$\mu_Y$将会使均衡状态下资本产出比$v_*$上升。

4. 对人均储蓄（单位劳动储蓄）s_*的影响。

求均衡状态下人均储蓄s_*对企业缴费率μ_Y的偏导，当$1-\alpha(1+\theta)-p\tau(1-\alpha)\geqslant 0$时，并结合已知条件可得：

$$\frac{\partial s_*}{\partial \mu_Y}=(1+n)\cdot\frac{\partial k_*}{\partial \mu_Y}<0 \tag{5.72}$$

式（5.72）表明，当$1-\alpha(1+\theta)-p\tau(1-\alpha)\geqslant 0$时，在其他参数不变的情

况下，提高企业缴费率μ_Y将会使均衡状态下人均储蓄（单位劳动储蓄）s_*下降，而降低企业缴费率μ_Y将会使均衡状态下人均储蓄（单位劳动储蓄）s_*上升。

（二）企业缴费率变动对微观经济（生产者）变量——生产要素价格的影响

1. 对资本回报率（利率）r_*的影响。

求均衡状态下资本回报率（利率）r_*对企业缴费率μ_Y的偏导，当$1-\alpha(1+\theta)-p\tau(1-\alpha)\geqslant 0$时，并结合已知条件可得：

$$\frac{\partial r_*}{\partial \mu_Y}=-\alpha q k_*^{\alpha-1}+\alpha(\alpha-1)(1-q\mu_Y)k_*^{\alpha-2}\cdot\frac{\partial k_*}{\partial \mu_Y} \tag{5.73}$$

根据已知条件，当$1-\alpha(1+\theta)-p\tau(1-\alpha)\geqslant 0$时，在式（5.73）中，等号右边第一项小于0，而第二项大于0，无法判断均衡状态下资本回报率（利率）r_*对企业缴费率μ_Y的偏导是否大于0，因此企业缴费率μ_Y的变动对资本回报率（利率）r_*的影响并不明确。

2. 对平均工资（单位劳动工资）w_*的影响。

求均衡状态下平均工资w_*对企业缴费率μ_Y的偏导，当$1-\alpha(1+\theta)-p\tau(1-\alpha)\geqslant 0$时，并结合已知条件可得：

$$\frac{\partial w_*}{\partial \mu_Y}=-q(1-\alpha)k_*^{\alpha}+(1-\alpha)(1-q\mu_Y)\alpha k_*^{\alpha-1}\cdot\frac{\partial k_*}{\partial \mu_Y}<0 \tag{5.74}$$

式（5.74）表明，当$1-\alpha(1+\theta)-p\tau(1-\alpha)\geqslant 0$时，在其他参数不变的情况下，提高企业缴费率$\mu_Y$将会使均衡状态下平均工资$w_*$下降，而降低企业缴费率$\mu_Y$将会使均衡状态下平均工资$w_*$上升。

（三）企业缴费率变动对微观经济（消费者）变量——消费者福利的影响

1. 对平均（人均）养老金P_*的影响。

求均衡状态下平均养老金P_*对企业缴费率μ_Y的偏导，可得：

$$\frac{\partial P_*}{\partial \mu_Y}=q(1+n)\left[\frac{1}{p}-\tau(1-\alpha)\right]k_*^{\alpha}+(1+n)\left[\frac{q\mu_Y}{p}+\tau(1-\alpha)(1-q\mu_Y)\right]\alpha k_*^{\alpha-1}\cdot\frac{\partial k_*}{\partial \mu_Y} \tag{5.75}$$

根据已知条件，当$1-\alpha(1+\theta)-p\tau(1-\alpha)\geqslant 0$时，在式（5.75）中，等号右边第一项大于0，而第二项小于0，无法判断均衡状态下平均养老金P_*对企业缴费率μ_Y的偏导是否大于0，因此企业缴费率μ_Y的变动对均衡状态下平均养老金P_*的影响不明确。

2. 对养老保险平均替代率R_*的影响。

求均衡状态下养老保险平均替代率R_*对企业缴费率μ_Y的偏导，并结合已知

条件可得：

$$\frac{\partial R_*}{\partial \mu_Y}=\frac{(1+n)q}{p(1-\alpha)(1-q\mu_Y)}+\frac{(1-\alpha)(1+n)pq^2\mu_Y}{[p(1-\alpha)(1-q\mu_Y)]^2}>0 \tag{5.76}$$

式（5.76）表明，在其他参数不变的情况下，提高企业缴费率 μ_Y 将会使均衡状态下养老保险平均替代率 R_* 上升，而降低企业缴费率 μ_Y 将会使均衡状态下养老保险平均替代率 R_* 下降。

3. 对工作期人均消费 c_{1*} 的影响。

求均衡状态下工作期人均消费 c_{1*} 对企业缴费率 μ_Y 的偏导，可得：

$$\frac{\partial c_{1*}}{\partial \mu_Y}=(1-p\tau)\cdot\frac{\partial w_*}{\partial \mu_Y}-\frac{\partial s_*}{\partial \mu_Y} \tag{5.77}$$

根据已知条件，当 $1-\alpha(1+\theta)-p\tau(1-\alpha)\geqslant 0$ 时，在式（5.77）中，等号右边第一项小于0，而第二项大于0，无法判断均衡状态下工作期人均消费 c_{1*} 对企业缴费率 μ_Y 的偏导是否大于0，因此企业缴费率 μ_Y 的变动对均衡状态下工作期人均消费 c_{1*} 的影响不明确。

4. 对退休期人均消费 c_{2*} 的影响。

求均衡状态下退休期人均消费 c_{2*} 对企业缴费率 μ_Y 的偏导，可得：

$$\frac{\partial c_{2*}}{\partial \mu_Y}=q(1+n)[1-\alpha-p\tau(1-\alpha)]k_*^{\alpha}$$
$$+(1+n)[\alpha(1-q\mu_Y)+q\mu_Y+p\tau(1-\alpha)(1-q\mu_Y)]\alpha k_*^{\alpha-1}\cdot\frac{\partial k_*}{\partial \mu_Y} \tag{5.78}$$

根据已知条件，当 $1-\alpha(1+\theta)-p\tau(1-\alpha)\geqslant 0$ 时，在式（5.78）中，等号右边第一项大于0，而第二项小于0，无法判断均衡状态下退休期人均消费 c_{2*} 对企业缴费率 μ_Y 的偏导是否大于0，因此企业缴费率 μ_Y 的变动对均衡状态下退休期人均消费 c_{2*} 的影响不明确。

5. 对个人效用 U_* 的影响。

求均衡状态下个人效用 U_* 对企业缴费率 μ_Y 的偏导，可得：

$$\frac{\partial U_*}{\partial \mu_Y}=\frac{1}{c_{1*}}\cdot\frac{\partial c_{1*}}{\partial \mu_Y}+\frac{\theta}{c_{2*}}\cdot\frac{\partial c_{2*}}{\partial \mu_Y} \tag{5.79}$$

根据已知条件，在式（5.79）中，无法判断均衡状态下个人效用 U_* 对企业缴费率 μ_Y 的偏导是否大于0，因此企业缴费率 μ_Y 的变动对均衡状态下个人效用 U_* 的影响不明确。

综上所述，当 $1-\alpha(1+\theta)-p\tau(1-\alpha)\geqslant 0$ 时，在其他参数不变的情况下，提高养老保险企业缴费率 μ_Y 会导致均衡状态下的单位劳动资本 k_*、单位劳动产出 y_*、资本产出比 v_*、人均储蓄 s_*、平均工资 w_* 下降；会导致养老保险平均

替代率 R_* 上升；而对资本回报率（利率）r_*、平均养老金 P_*、工作期人均消费 c_{1*}、退休期人均消费 c_{2*} 和个人效用 U_* 的影响并不明确。而当 $1-\alpha(1+\theta)-p\tau(1-\alpha)<0$ 时，提高养老保险企业缴费率 μ_Y 除了会导致养老保险平均替代率 R_* 上升外，对其他经济变量的影响均不明确，需要设置参数后用模拟的办法在后文敏感性分析时加以考察。

三、人口增长率变动的影响

使用本节定义的变量 Z、Q 和 X 分别对人口增长率 n 求偏导，并由已知条件可得：

$$\frac{\partial Z}{\partial n}=0 \tag{5.80}$$

$$\frac{\partial Q}{\partial n}=\alpha(1+\theta)(1-q\mu_Y)+q\mu_Y+p\tau(1-\alpha)(1-q\mu_Y)>0 \tag{5.81}$$

$$\frac{\partial X}{\partial n}=\frac{1}{Q}\cdot\frac{\partial Z}{\partial n}-\frac{Z}{Q^2}\cdot\frac{\partial Q}{\partial n}=-\frac{Z}{Q^2}\cdot\frac{\partial Q}{\partial n}<0 \tag{5.82}$$

（一）人口增长率变动对宏观经济变量的影响

1. 对单位劳动资本（资本劳动比）k_* 的影响。

求均衡状态下单位劳动资本 k_* 对人口增长率 n 的偏导，并结合已知条件可得：

$$\frac{\partial k_*}{\partial n}=\frac{1}{1-\alpha}\cdot X^{\frac{1}{1-\alpha}-1}\cdot\frac{\partial X}{\partial n}<0 \tag{5.83}$$

式（5.83）表明，在其他参数不变的情况下，人口增长率 n 上升将会使均衡状态下单位劳动资本 k_* 下降，而人口增长率 n 下降将会使均衡状态下单位劳动资本 k_* 上升。

2. 对单位劳动产出 y_* 的影响。

求均衡状态下单位劳动产出 y_* 对人口增长率 n 的偏导，并结合已知条件可得：

$$\frac{\partial y_*}{\partial n}=\alpha k_*^{\alpha-1}\cdot\frac{\partial k_*}{\partial n}<0 \tag{5.84}$$

式（5.84）表明，在其他参数不变的情况下，人口增长率 n 上升将会使均衡状态下单位劳动产出 y_* 下降，而人口增长率 n 下降将会使均衡状态下单位劳动产出 y_* 上升。

3. 对资本产出比 v_* 的影响。

求均衡状态下资本产出比 v_* 对人口增长率 n 的偏导，并结合已知条件可得：

$$\frac{\partial v_*}{\partial n}=(1-\alpha)k_*^{-\alpha}\cdot\frac{\partial k_*}{\partial n}<0 \tag{5.85}$$

式（5.85）表明，在其他参数不变的情况下，人口增长率 n 上升将会使均衡状态下资本产出比 v_* 下降，而人口增长率 n 下降将会使均衡状态下资本产出比 v_* 上升。

4. 对人均储蓄（单位劳动储蓄）s_* 的影响。

求均衡状态下人均储蓄 s_* 对人口增长率 n 的偏导，并结合已知条件可得：

$$\frac{\partial s_*}{\partial n}=k_*+(1+n)\cdot\frac{\partial k_*}{\partial n} \tag{5.86}$$

根据已知条件，在式（5.86）中，等号右边第一项大于0，而第二项小于0，无法判断均衡状态下人均储蓄 s_* 对人口增长率 n 的偏导是否大于0，因此人口增长率 n 的变动对均衡状态下人均储蓄 s_* 的影响不明确。

（二）人口增长率变动对微观经济（生产者）变量——生产要素价格的影响

1. 对资本回报率（利率）r_* 的影响。

求均衡状态下资本回报率（利率）r_* 对人口增长率 n 的偏导，并结合已知条件可得：

$$\frac{\partial r_*}{\partial n}=(1-q\mu_Y)\alpha(\alpha-1)k_*^{\alpha-2}\cdot\frac{\partial k_*}{\partial n}>0 \tag{5.87}$$

式（5.87）表明，在其他参数不变的情况下，人口增长率 n 上升将会使均衡状态下资本回报率（利率）r_* 上升，而人口增长率 n 下降将会使均衡状态下资本回报率（利率）r_* 下降。

2. 对平均工资（单位劳动工资）w_* 的影响。

求均衡状态下平均工资 w_* 对人口增长率 n 的偏导，并结合已知条件可得：

$$\frac{\partial w_*}{\partial n}=(1-\alpha)(1-q\mu_Y)\alpha k_*^{\alpha-1}\cdot\frac{\partial k_*}{\partial n}<0 \tag{5.88}$$

式（5.88）表明，在其他参数不变的情况下，人口增长率 n 上升将会使均衡状态下平均工资 w_* 下降，而人口增长率 n 下降将会使均衡状态下平均工资 w_* 上升。

（三）人口增长率变动对微观经济（消费者）变量——消费者福利的影响

1. 对平均（人均）养老金 P_* 的影响。

求均衡状态下平均养老金 P_* 对人口增长率 n 的偏导，可得：

$$\frac{\partial P_*}{\partial n}=\left[\frac{q\mu_Y}{p}+\tau(1-\alpha)(1-q\mu_Y)\right]k_*^{\alpha}+(1+n)\left[\frac{q\mu_Y}{p}+\tau(1-\alpha)(1-q\mu_Y)\right]\alpha k_*^{\alpha-1}\cdot\frac{\partial k_*}{\partial n} \tag{5.89}$$

根据已知条件，在式（5.89）中，等号右边第一项大于0，而第二项小于0，无法判断均衡状态下平均养老金 P_* 对人口增长率 n 的偏导是否大于0，因此人口增长率 n 的变动对均衡状态下平均养老金 P_* 的影响不明确。

2. 对养老保险平均替代率 R_* 的影响。

求均衡状态下养老保险平均替代率 R_* 对人口增长率 n 的偏导，并结合已知条件可得：

$$\frac{\partial R_*}{\partial n}=\frac{q\mu_Y}{p(1-\alpha)(1-q\mu_Y)}+\tau>0 \tag{5.90}$$

式（5.90）表明，在其他参数不变的情况下，人口增长率 n 上升将会使均衡状态下养老保险平均替代率 R_* 上升，而人口增长率 n 下降将会使均衡状态下养老保险平均替代率 R_* 下降。

3. 对工作期人均消费 c_{1*} 的影响。

求均衡状态下工作期人均消费 c_{1*} 对人口增长率 n 的偏导，可得：

$$\frac{\partial c_{1*}}{\partial n}=(1-p\tau)(1-\alpha)(1-q\mu_Y)\alpha k_*^{\alpha-1}\cdot\frac{\partial k_*}{\partial n}-k_*-(1+n)\cdot\frac{\partial k_*}{\partial n} \tag{5.91}$$

根据已知条件，在式（5.91）中，等号右边第一项小于0，第二项小于0，而第三项大于0，无法判断均衡状态下工作期人均消费 c_{1*} 对人口增长率 n 的偏导是否大于0，因此人口增长率 n 的变动对均衡状态下工作期人均消费 c_{1*} 的影响不明确。

4. 对退休期人均消费 c_{2*} 的影响。

求均衡状态下退休期人均消费 c_{2*} 对人口增长率 n 的偏导，可得：

$$\begin{aligned}\frac{\partial c_{2*}}{\partial n}&=[\alpha(1-q\mu_Y)+q\mu_Y+p\tau(1-\alpha)(1-q\mu_Y)]k_*^{\alpha}\\&\quad+(1+n)[\alpha(1-q\mu_Y)+q\mu_Y+p\tau(1-\alpha)(1-q\mu_Y)]\alpha k_*^{\alpha-1}\cdot\frac{\partial k_*}{\partial n}\end{aligned} \tag{5.92}$$

根据已知条件，在式（5.92）中，等号右边第一项大于0，而第二项小于0，无法判断均衡状态下退休期人均消费 c_{2*} 对人口增长率 n 的偏导是否大于0，因此人口增长率 n 的变动对均衡状态下退休期人均消费 c_{2*} 的影响不明确。

5. 对个人效用 U_* 的影响。

求均衡状态下个人效用 U_* 对人口增长率 n 的偏导，可得：

$$\frac{\partial U_*}{\partial n}=\frac{1}{c_{1*}}\cdot\frac{\partial c_{1*}}{\partial n}+\frac{\theta}{c_{2*}}\cdot\frac{\partial c_{2*}}{\partial n} \tag{5.93}$$

根据已知条件，在式（5.93）中，无法判断均衡状态下个人效用 U_* 对人口增长率 n 的偏导是否大于0，因此人口增长率 n 的变动对均衡状态下个人效用 U_* 的影响不明确。

综上所述，在其他参数不变的情况下，人口增长率 n 下降会导致均衡状态下的单位劳动资本 k_*、单位劳动产出 y_*、资本产出比 v_*、平均工资 w_* 上升；会导致资本回报率（利率）r_* 和养老保险平均替代率 R_* 下降；而对人均储蓄 s_*、平均养老金 P_*、工作期人均消费 c_{1*}、退休期人均消费 c_{2*} 和个人效用 U_* 的影响并不明确，需要设置参数后用模拟的办法在后文敏感性分析时加以考察。

四、城镇职工养老保险覆盖范围变动的影响

使用本节定义的变量 Z、Q 和 X 分别对养老保险覆盖范围 p 求偏导，并由其他已知条件可得：

$$\frac{\partial Z}{\partial p} = -\alpha\theta\tau(1-\alpha)(1-q\mu_Y)^2 < 0 \tag{5.94}$$

$$\frac{\partial Q}{\partial p} = (1+n)\tau(1-\alpha)(1-q\mu_Y) > 0 \tag{5.95}$$

$$\frac{\partial X}{\partial p} = \frac{1}{Q}\cdot\frac{\partial Z}{\partial p} - \frac{Z}{Q^2}\cdot\frac{\partial Q}{\partial p} < 0 \tag{5.96}$$

（一）养老保险覆盖范围变动对宏观经济变量的影响

1. 对单位劳动资本（资本劳动比）k_* 的影响。

求均衡状态下单位劳动资本 k_* 对养老保险覆盖范围 p 的偏导，并结合已知条件可得：

$$\frac{\partial k_*}{\partial p} = \frac{1}{1-\alpha}\cdot X^{\frac{1}{1-\alpha}-1}\cdot\frac{\partial X}{\partial p} < 0 \tag{5.97}$$

式（5.97）表明，在其他参数不变的情况下，扩大养老保险覆盖范围 p 将会使均衡状态下单位劳动资本 k_* 下降，而缩小养老保险覆盖范围 p 将会使均衡状态下单位劳动资本 k_* 上升。

2. 对单位劳动产出 y_* 的影响。

求均衡状态下单位劳动产出 y_* 对养老保险覆盖范围 p 的偏导，并结合已知条件可得：

$$\frac{\partial y_*}{\partial p} = \alpha k_*^{\alpha-1}\cdot\frac{\partial k_*}{\partial p} < 0 \tag{5.98}$$

式（5.98）表明，在其他参数不变的情况下，扩大养老保险覆盖范围 p 将会

使均衡状态下单位劳动产出 y_* 下降，而缩小养老保险覆盖范围 p 将会使均衡状态下单位劳动产出 y_* 上升。

3. 对资本产出比 v_* 的影响。

求均衡状态下资本产出比 v_* 对养老保险覆盖范围 p 的偏导，并结合已知条件可得：

$$\frac{\partial v_*}{\partial p}=(1-\alpha)k_*^{-\alpha}\cdot\frac{\partial k_*}{\partial p}<0 \tag{5.99}$$

式（5.99）表明，在其他参数不变的情况下，扩大养老保险覆盖范围 p 将会使均衡状态下资本产出比 v_* 下降，而缩小养老保险覆盖范围 p 将会使均衡状态下资本产出比 v_* 上升。

4. 对人均储蓄（单位劳动储蓄）s_* 的影响。

求均衡状态下人均储蓄 s_* 对养老保险覆盖范围 p 的偏导，并结合已知条件可得：

$$\frac{\partial s_*}{\partial p}=(1+n)\cdot\frac{\partial k_*}{\partial p}<0 \tag{5.100}$$

式（5.100）表明，在其他参数不变的情况下，扩大养老保险覆盖范围 p 将会使均衡状态下人均储蓄（单位劳动储蓄）s_* 下降，而缩小养老保险覆盖范围 p 将会使均衡状态下人均储蓄（单位劳动储蓄）s_* 上升。

（二）养老保险覆盖范围变动对微观经济（生产者）变量——生产要素价格的影响

1. 对资本回报率（利率）r_* 的影响。

求均衡状态下资本回报率（利率）r_* 对养老保险覆盖范围 p 的偏导，并结合已知条件可得：

$$\frac{\partial r_*}{\partial p}=(1-q\mu_Y)\alpha(\alpha-1)k_*^{\alpha-2}\cdot\frac{\partial k_*}{\partial p}>0 \tag{5.101}$$

式（5.101）表明，在其他参数不变的情况下，扩大养老保险覆盖范围 p 将会使均衡状态下资本回报率（利率）r_* 上升，而缩小养老保险覆盖范围 p 将会使均衡状态下资本回报率（利率）r_* 下降。

2. 对平均工资（单位劳动工资）w_* 的影响。

求均衡状态下平均工资 w_* 对养老保险覆盖范围 p 的偏导，并结合已知条件可得：

$$\frac{\partial w_*}{\partial p}=(1-\alpha)(1-q\mu_Y)\alpha k_*^{\alpha-1}\cdot\frac{\partial k_*}{\partial p}<0 \tag{5.102}$$

式（5.102）表明，在其他参数不变的情况下，扩大养老保险覆盖范围 p 将会使均衡状态下平均工资 w_* 下降，而缩小养老保险覆盖范围 p 将会使均衡状态下平均工资 w_* 上升。

（三）养老保险覆盖范围变动对微观经济（消费者）变量——消费者福利的影响

1. 对平均（人均）养老金 P_* 的影响。

求均衡状态下平均养老金 P_* 对养老保险覆盖范围 p 的偏导，可得：

$$\frac{\partial P_*}{\partial p}=(1+n)\left[\frac{q\mu_Y}{p}+\tau(1-\alpha)(1-q\mu_Y)\right]\alpha k_*^{\alpha-1}\cdot\frac{\partial k_*}{\partial p}-\frac{q\mu_Y(1+n)}{p^2}k_*^{\alpha}<0 \tag{5.103}$$

式（5.103）表明，在其他参数不变的情况下，扩大养老保险覆盖范围 p 将会使均衡状态下平均养老金 P_* 下降，而缩小养老保险覆盖范围 p 将会使均衡状态下平均养老金 P_* 上升。

2. 对养老保险平均替代率 R_* 的影响。

求均衡状态下养老保险平均替代率 R_* 对养老保险覆盖范围 p 的偏导，并结合已知条件可得：

$$\frac{\partial R_*}{\partial p}=-\frac{(1+n)q\mu_Y}{p^2(1-\alpha)(1-q\mu_Y)}<0 \tag{5.104}$$

式（5.104）表明，在其他参数不变的情况下，扩大养老保险覆盖范围 p 将会使均衡状态下养老保险平均替代率 R_* 下降，而缩小养老保险覆盖范围 p 将会使均衡状态下养老保险平均替代率 R_* 上升。

3. 对工作期人均消费 c_{1*} 的影响。

求均衡状态下工作期人均消费 c_{1*} 对养老保险覆盖范围 p 的偏导，可得：

$$\frac{\partial c_{1*}}{\partial p}=-\tau w_*+(1-p\tau)\cdot\frac{\partial w_*}{\partial p}-\frac{\partial s_*}{\partial p} \tag{5.105}$$

根据已知条件，在式（5.105）中，等号右边第一项小于0，第二项小于0，而第三项大于0，无法判断均衡状态下工作期人均消费 c_{1*} 对养老保险覆盖范围 p 的偏导是否大于0，因此养老保险覆盖范围 p 的变动对均衡状态下工作期人均消费 c_{1*} 的影响不明确。

4. 对退休期人均消费 c_{2*} 的影响。

求均衡状态下退休期人均消费 c_{2*} 对养老保险覆盖范围 p 的偏导，可得：

$$\frac{\partial c_{2*}}{\partial p}=\tau(1+n)(1-\alpha)(1-q\mu_Y)k_*^{\alpha}$$
$$+(1+n)[\alpha(1-q\mu_Y)+q\mu_Y+p\tau(1-\alpha)(1-q\mu_Y)]\alpha k_*^{\alpha-1}\cdot\frac{\partial k_*}{\partial p} \quad (5.106)$$

根据已知条件，在式（5.106）中，等号右边第一项大于0，而第二项小于0，无法判断均衡状态下退休期人均消费 c_{2*} 对养老保险覆盖范围 p 的偏导是否大于0，因此养老保险覆盖范围 p 的变动对均衡状态下退休期人均消费 c_{2*} 的影响不明确。

5. 对个人效用 U_* 的影响。

求均衡状态下个人效用 U_* 对养老保险覆盖范围 p 的偏导，可得：

$$\frac{\partial U_*}{\partial p}=\frac{1}{c_{1*}}\cdot\frac{\partial c_{1*}}{\partial p}+\frac{\theta}{c_{2*}}\cdot\frac{\partial c_{2*}}{\partial p} \quad (5.107)$$

根据已知条件，在式（5.107）中，无法判断均衡状态下个人效用 U_* 对养老保险覆盖范围 p 的偏导是否大于0，因此养老保险覆盖范围 p 的变动对均衡状态下个人效用 U_* 的影响不明确。

综上所述，在其他参数不变的情况下，扩大养老保险覆盖范围 p 会导致均衡状态下的单位劳动资本 k_*、单位劳动产出 y_*、资本产出比 v_*、人均储蓄 s_*、平均工资 w_*、养老保险平均替代率 R_* 和平均养老金 P_* 下降；会导致资本回报率（利率）r_* 上升；对工作期人均消费 c_{1*}、退休期人均消费 c_{2*} 和个人效用 U_* 的影响并不明确，需要设置参数后用模拟的办法在后文敏感性分析时加以考察。

五、参加养老保险企业的产出占社会总产出的比重的影响

用本节定义的变量 Z、Q 和 X 分别对参加养老保险企业的产出占社会总产出的比重 q 求偏导，并由已知条件可得：

$$\frac{\partial Z}{\partial q}=-2\alpha\theta\mu_Y(1-q\mu_Y)(1-p\tau)(1-\alpha)<0 \quad (5.108)$$

$$\frac{\partial Q}{\partial q}=\mu_Y(1+n)[1-\alpha(1+\theta)-p\tau(1-\alpha)] \quad (5.109)$$

$$\frac{\partial X}{\partial q}=\frac{1}{Q}\cdot\frac{\partial Z}{\partial q}-\frac{Z}{Q^2}\cdot\frac{\partial Q}{\partial q} \quad (5.110)$$

当 $1-\alpha(1+\theta)-p\tau(1-\alpha)\geq 0$ 时，$\frac{\partial Q}{\partial q}\geq 0$，则 $\frac{\partial X}{\partial q}<0$；而当 $1-\alpha(1+\theta)-p\tau(1-\alpha)<0$ 时，$\frac{\partial Q}{\partial q}<0$，则无法判断 $\frac{\partial X}{\partial q}$ 是否大于0，也就无法得出相关经济变量对 q 求得的偏导数是否大于0。

因此本部分只讨论当 $1-\alpha(1+\theta)-p\tau(1-\alpha)\geqslant 0$ 时参加养老保险企业的产出占社会总产出的比重变动对相关经济变量的影响。

(一) 参加养老保险企业的产出占社会总产出的比重变动对宏观经济变量的影响

1. 对单位劳动资本（资本劳动比）k_* 的影响。

求均衡状态下单位劳动资本 k_* 对参加养老保险企业的产出占社会总产出的比重 q 的偏导，当 $1-\alpha(1+\theta)-p\tau(1-\alpha)\geqslant 0$ 时，并结合已知条件可得：

$$\frac{\partial k_*}{\partial q}=\frac{1}{1-\alpha}\cdot X^{\frac{1}{1-\alpha}-1}\cdot\frac{\partial X}{\partial q}<0 \tag{5.111}$$

式（5.111）表明，当 $1-\alpha(1+\theta)-p\tau(1-\alpha)\geqslant 0$ 时，在其他参数不变的情况下，提高参加养老保险企业的产出占社会总产出的比重 q 将会使均衡状态下单位劳动资本 k_* 下降，而降低参加养老保险企业的产出占社会总产出的比重 q 将会使均衡状态下单位劳动资本 k_* 上升。

2. 对单位劳动产出 y_* 的影响。

求均衡状态下单位劳动产出 y_* 对参加养老保险企业的产出占社会总产出的比重 q 的偏导，当 $1-\alpha(1+\theta)-p\tau(1-\alpha)\geqslant 0$ 时，并结合已知条件可得：

$$\frac{\partial y_*}{\partial q}=\alpha k_*^{\alpha-1}\cdot\frac{\partial k_*}{\partial q}<0 \tag{5.112}$$

式（5.112）表明，当 $1-\alpha(1+\theta)-p\tau(1-\alpha)\geqslant 0$ 时，在其他参数不变的情况下，提高参加养老保险企业的产出占社会总产出的比重 q 将会使均衡状态下单位劳动产出 y_* 下降，而降低参加养老保险企业的产出占社会总产出的比重 q 将会使均衡状态下单位劳动产出 y_* 上升。

3. 对资本产出比 v_* 的影响。

求均衡状态下资本产出比 v_* 对参加养老保险企业的产出占社会总产出的比重 q 的偏导，当 $1-\alpha(1+\theta)-p\tau(1-\alpha)\geqslant 0$ 时，并结合已知条件可得：

$$\frac{\partial v_*}{\partial q}=(1-\alpha)k_*^{-\alpha}\cdot\frac{\partial k_*}{\partial q}<0 \tag{5.113}$$

式（5.113）表明，当 $1-\alpha(1+\theta)-p\tau(1-\alpha)\geqslant 0$ 时，在其他参数不变的情况下，提高参加养老保险企业的产出占社会总产出的比重 q 将会使均衡状态下资本产出比 v_* 下降，而降低参加养老保险企业的产出占社会总产出的比重 q 将会使均衡状态下资本产出比 v_* 上升。

4. 对人均储蓄（单位劳动储蓄）s_* 的影响。

求均衡状态下人均储蓄 s_* 对参加养老保险企业的产出占社会总产出的比重 q

的偏导，当$1-\alpha(1+\theta)-p\tau(1-\alpha)\geqslant 0$时，并结合已知条件可得：

$$\frac{\partial s_*}{\partial q}=(1+n)\cdot\frac{\partial k_*}{\partial q}<0 \tag{5.114}$$

式（5.114）表明，当$1-\alpha(1+\theta)-p\tau(1-\alpha)\geqslant 0$时，在其他参数不变的情况下，提高参加养老保险企业的产出占社会总产出的比重q将会使均衡状态下人均储蓄（单位劳动储蓄）s_*下降，而降低参加养老保险企业的产出占社会总产出的比重q将会使均衡状态下人均储蓄（单位劳动储蓄）s_*上升。

（二）参加养老保险企业的产出占社会总产出的比重变动对微观经济（生产者）变量——生产要素价格的影响

1. 对资本回报率（利率）r_*的影响。

求均衡状态下资本回报率（利率）r_*对参加养老保险企业的产出占社会总产出的比重q的偏导，当$1-\alpha(1+\theta)-p\tau(1-\alpha)\geqslant 0$时，并结合已知条件可得：

$$\frac{\partial r_*}{\partial q}=-\alpha\mu_Y k_*^{\alpha-1}+\alpha(\alpha-1)(1-q\mu_Y)k_*^{\alpha-2}\cdot\frac{\partial k_*}{\partial q} \tag{5.115}$$

根据已知条件，当$1-\alpha(1+\theta)-p\tau(1-\alpha)\geqslant 0$时，式（5.115）等号右边第一项小于0，而第二项大于0，无法判断均衡状态下资本回报率（利率）r_*对参加养老保险企业的产出占社会总产出的比重q的偏导是否大于0，所以参加养老保险企业的产出占社会总产出的比重q的变动对资本回报率（利率）r_*的影响并不明确。

2. 对平均工资（单位劳动工资）w_*的影响。

求均衡状态下平均工资w_*对参加养老保险企业的产出占社会总产出的比重q的偏导，当$1-\alpha(1+\theta)-p\tau(1-\alpha)\geqslant 0$时，并结合已知条件可得：

$$\frac{\partial w_*}{\partial q}=-\mu_Y(1-\alpha)k_*^{\alpha}+(1-\alpha)(1-q\mu_Y)\alpha k_*^{\alpha-1}\cdot\frac{\partial k_*}{\partial q}<0 \tag{5.116}$$

式（5.116）表明，当$1-\alpha(1+\theta)-p\tau(1-\alpha)\geqslant 0$时，在其他参数不变的情况下，提高参加养老保险企业的产出占社会总产出的比重q将会使均衡状态下平均工资w_*下降，而降低参加养老保险企业的产出占社会总产出的比重q将会使均衡状态下平均工资w_*上升。

（三）参加养老保险企业的产出占社会总产出的比重变动对微观经济（消费者）变量——消费者福利的影响

1. 对平均（人均）养老金P_*的影响。

求均衡状态下平均养老金P_*对参加养老保险企业的产出占社会总产出的比

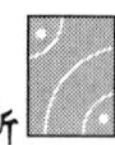

重 q 的偏导，可得：

$$\frac{\partial P_*}{\partial q}=\mu_Y(1+n)\left[\frac{1}{p}-\tau(1-\alpha)\right]k_*^{\alpha}+(1+n)\left[\frac{q\mu_Y}{p}+\tau(1-\alpha)(1-q\mu_Y)\right]\alpha k_*^{\alpha-1}\cdot\frac{\partial k_*}{\partial q} \tag{5.117}$$

根据已知条件，当 $1-\alpha(1+\theta)-p\tau(1-\alpha)\geqslant 0$ 时，在式（5.117）中，等号右边第一项大于0，而第二项小于0，无法判断均衡状态下平均养老金 P_* 对参加养老保险企业的产出占社会总产出的比重 q 的偏导是否大于0，因此参加养老保险企业的产出占社会总产出的比重 q 的变动对均衡状态下平均养老金 P_* 的影响不明确。

2. 对养老保险平均替代率 R_* 的影响。

求均衡状态下养老保险平均替代率 R_* 对参加养老保险企业的产出占社会总产出的比重 q 的偏导，并结合已知条件可得：

$$\frac{\partial R_*}{\partial q}=\frac{(1+n)\mu_Y}{p(1-\alpha)(1-q\mu_Y)}+\frac{(1-\alpha)(1+n)p\,q\mu_Y^2}{[p(1-\alpha)(1-q\mu_Y)]^2}>0 \tag{5.118}$$

式（5.118）表明，在其他参数不变的情况下，提高参加养老保险企业的产出占社会总产出的比重 q 将会使均衡状态下养老保险平均替代率 R_* 上升，而降低参加养老保险企业的产出占社会总产出的比重 q 将会使均衡状态下养老保险平均替代率 R_* 下降。

3. 对工作期人均消费 c_{1*} 的影响。

求均衡状态下工作期人均消费 c_{1*} 对参加养老保险企业的产出占社会总产出的比重 q 的偏导，可得：

$$\frac{\partial c_{1*}}{\partial q}=(1-p\tau)\cdot\frac{\partial w_*}{\partial q}-\frac{\partial s_*}{\partial q} \tag{5.119}$$

根据已知条件，当 $1-\alpha(1+\theta)-p\tau(1-\alpha)\geqslant 0$ 时，在式（5.119）中，等号右边第一项小于0，而第二项大于0，无法判断均衡状态下工作期人均消费 c_{1*} 对参加养老保险企业的产出占社会总产出的比重 q 的偏导是否大于0，因此参加养老保险企业的产出占社会总产出的比重 q 的变动对均衡状态下工作期人均消费 c_{1*} 的影响不明确。

4. 对退休期人均消费 c_{2*} 的影响。

求均衡状态下退休期人均消费 c_{2*} 对参加养老保险企业的产出占社会总产出的比重 q 的偏导，可得：

$$\begin{aligned}\frac{\partial c_{2*}}{\partial q}=&\mu_Y(1+n)[1-\alpha-p\tau(1-\alpha)]k_*^{\alpha}\\&+(1+n)[\alpha(1-q\mu_Y)+q\mu_Y+p\tau(1-\alpha)(1-q\mu_Y)]\alpha k_*^{\alpha-1}\cdot\frac{\partial k_*}{\partial q}\end{aligned} \tag{5.120}$$

根据已知条件，当 $1-\alpha(1+\theta)-p\tau(1-\alpha)\geqslant 0$ 时，在式（5.120）中，等号右边第一项大于0，而第二项小于0，无法判断均衡状态下退休期人均消费 c_{2*} 对参加养老保险企业的产出占社会总产出的比重 q 的偏导是否大于0，因此参加养老保险企业的产出占社会总产出的比重 q 的变动对均衡状态下退休期人均消费 c_{2*} 的影响不明确。

5. 对个人效用 U_* 的影响。

求均衡状态下个人效用 U_* 对参加养老保险企业的产出占社会总产出的比重 q 的偏导，可得：

$$\frac{\partial U_*}{\partial q}=\frac{1}{c_{1*}}\cdot\frac{\partial c_{1*}}{\partial q}+\frac{\theta}{c_{2*}}\cdot\frac{\partial c_{2*}}{\partial q} \tag{5.121}$$

根据已知条件，在式（5.121）中，无法判断均衡状态下个人效用 U_* 对参加养老保险企业的产出占社会总产出的比重 q 的偏导是否大于0，因此参加养老保险企业的产出占社会总产出的比重 q 的变动对均衡状态下个人效用 U_* 的影响不明确。

综上所述，当 $1-\alpha(1+\theta)-p\tau(1-\alpha)\geqslant 0$ 时，在其他参数不变的情况下，提高参加养老保险企业的产出占社会总产出的比重 q，会导致均衡状态下的单位劳动资本 k_*、单位劳动产出 y_*、资本产出比 v_*、人均储蓄 s_*、平均工资 w_* 下降；会导致养老保险平均替代率 R_* 上升；而对资本回报率（利率）r_*、平均养老金 P_*、工作期人均消费 c_{1*}、退休期人均消费 c_{2*} 和个人效用 U_* 的影响并不明确。而当 $1-\alpha(1+\theta)-p\tau(1-\alpha)<0$ 时，提高参加养老保险企业的产出占社会总产出的比重 q，除了会导致养老保险平均替代率 R_* 上升外，对其他经济变量的影响均不明确，需要设置参数后用模拟的办法在后文敏感性分析时加以考察。

六、个人账户记账利率变动的影响

本章模型设定个人账户是空账即名义账户，因此还要考虑均衡状态下名义账户记账利率 i 对各个经济变量的影响。由于动态均衡方程及由其求解的定态方程中都不包含名义账户记账利率这一变量，因此可得：

$$\frac{\partial k_*}{\partial i}=0 \tag{5.122}$$

$$\frac{\partial y_*}{\partial i}=0 \tag{5.123}$$

$$\frac{\partial v_*}{\partial i}=0 \tag{5.124}$$

$$\frac{\partial s_*}{\partial i}=0 \tag{5.125}$$

$$\frac{\partial r_*}{\partial i}=0 \tag{5.126}$$

$$\frac{\partial w_*}{\partial i}=0 \tag{5.127}$$

$$\frac{\partial P_*}{\partial i}=0 \tag{5.128}$$

$$\frac{\partial R_*}{\partial i}=0 \tag{5.129}$$

$$\frac{\partial c_{1*}}{\partial i}=0 \tag{5.130}$$

$$\frac{\partial c_{2*}}{\partial i}=0 \tag{5.131}$$

$$\frac{\partial U_*}{\partial i}=0 \tag{5.132}$$

式（5.122）至式（5.132）表明，均衡状态下的单位劳动资本 k_*、单位劳动产出 y_*、资本产出比 v_*、人均储蓄 s_*、资本回报率（利率）r_*、平均工资 w_*、平均养老金 P_*、养老保险平均替代率 R_*、工作期人均消费 c_{1*}、退休期人均消费 c_{2*} 和个人效用 U_* 均不会受到名义账户记账利率变动的影响，即不管名义账户记账利率如何变动，定态下上述经济变量也不会发生改变，特别是名义账户记账利率不会影响平均养老金 P_* 和养老保险平均替代率 R_*。

虽然记账利率变动不会影响养老金和养老保险平均替代率，但却会改变养老金的结构，提高个人账户记账利率，会使个人账户养老金增加，而社会统筹（基础）养老金却会下降，总的养老金水平不会发生改变。

以上分析的政策含义是，在长期中，改变个人账户记账利率只会影响个人账户养老金和社会统筹养老金的相对结构，而对整个养老金水平和替代率不会产生影响，进而也不会影响上述各经济变量。

第六章

个人账户实账以收入为企业缴费基数的一般均衡分析

在本章模型设定中，养老保险实行“统账结合”的模式，个人参保以本人工资作为缴费基数，企业参保不再以工资作为缴费基数，而是以收入作为参保缴费基数，个人账户由“空账”转变为“实账”，其实质是个人账户部分由现收现付转变为完全基金制。在这一转变过程中，个人缴费不再用于当期养老金支出，而是形成实账积累进入资本市场；但转变过程中已经处于退休期的个人其个人账户仍然是空账，其所需个人账户养老金仍然需要从当期以收入为基数企业缴纳的养老保险费中支付，因此同样以收入作为企业参保缴费基数，本章个人账户实账模型的企业缴费率必然高于第五章个人账户空账模型的企业缴费率。本章模型用字母 FY 表示。

第一节　模型的建立

本章采用两期代际交叠模型（OLG 模型）进行分析，假设无限存续的封闭经济体由为数众多且完全同质无差异的企业、为数众多且完全同质无差异的个人（劳动者）和一个政府组成，企业的目标是追求利润最大化，个人目标是追求效用最大化，政府实施养老保险制度。假定每个人的寿命是有限的，都经历工作期和退休期。在 t 期初，第 t 代的 L_t 个相同的个人成长为劳动者，人口增长率为 $n = L_t/L_{t-1} - 1$，则 $1 + n > 0$。

一、生产者行为的最优化分析

假设在完全竞争的市场环境中存在着数量众多且完全同质无差异的生产

者——企业，企业投入资本和劳动两种生产要素进行生产。记在 t 时期经济中的总产出为 Y_t，总的劳动供给为 L_t，总的资本存量水平为 K_t。由于假设产品市场是出清的，所以 t 时期经济中的总产出 Y_t 也是 t 时期经济中所有企业获得的收入。再假定企业的生产函数是规模报酬不变的柯布—道格拉斯形式且 $\alpha \in (0,\ 1)$，则总产出函数为：

$$Y_t = F(K_t,\ L_t) = K_t^{\alpha} L_t^{1-\alpha} \tag{6.1}$$

用 k_t 表示资本劳动比（单位劳动资本）且 $k_t > 0$，用 y_t 表示产出劳动比（单位劳动产出）且 $y_t > 0$，则：

$$k_t = \frac{K_t}{L_t} \tag{6.2}$$

$$y_t = \frac{Y_t}{L_t} = f(k_t) = k_t^{\alpha} \tag{6.3}$$

由式（6.3）可知，生产函数 $y_t = f(k_t)$ 是资本的单调增函数，即 $f'(k_t) > 0$；且资本的边际产出递减，即 $f''(k_t) < 0$；此外该生产函数还满足稻田条件。

在 t 时期，记 π_t 为企业利润，r_t 为资本要素的租赁价格（利息率），σ 为资本要素的折旧率，w_t 为劳动要素的雇佣价格（工资）。在数量为 L_t 的劳动者中有比例为 p 的劳动者参加了城镇职工养老保险且 $p \in (0,\ 1]$，这部分劳动者获得的工资为 pw_tL_t；设参加养老保险企业的产出占社会总产出的比重为 $q \in (0,\ 1]$，则参加养老保险企业的收入总额为 qY_t，记 η_Y 为个人账户实账情况下以收入为缴费基数的城镇职工养老保险企业缴费率 $\eta_Y \in (0,\ 1)$，则参加养老保险企业的缴费总额为 $q\eta_Y Y_t$。至此，可以得到企业的利润函数：

$$\pi_t = Y_t - q\eta_Y Y_t - \sigma K_t - r_t K_t - w_t L_t \tag{6.4}$$

假定资本折旧率 σ 为 1，在完全竞争市场中，由企业追求利润化的一阶条件可得：

$$r_t = (1 - q\eta_Y)\alpha k_t^{\alpha-1} - 1 \tag{6.5}$$

$$w_t = (1-\alpha)(1 - q\eta_Y) k_t^{\alpha} \tag{6.6}$$

由已知条件可得：$1 + r_t > 0$，$w_t > 0$。

二、消费者行为的最优化分析

在 t 时期数量为 L_t 的 t 世代的劳动者进入工作期，其中每个人获得以同质产品计量的工资 w_t 单位，消费 c_{1t} 单位，储蓄 s_t 单位。在 $t+1$ 时期数量为 L_t 的 t 世代劳动者进入退休期，记每个人在退休期的消费为 c_{2t+1}。数量为 L_t 的 t 世代的劳动者中参加城镇职工养老保险的比例为 p，则对于每个个体而言，参加城镇职工

养老保险的概率为 p；如果记 τ 为职工养老保险个人缴费率且 $\tau \in (0, 1)$，则对于每个个体而言，工作期缴纳养老保险费 τw_t 的概率为 p，退休期领取基本养老金 P_{t+1}的概率为 p。

每个个体从他自己的两期消费中获得效用。为了简化计算，本模型采用可分离相加的对数效用函数。每个个体选择储蓄以使效用最大化，因而求解下列最大化问题：

$$\max_{\{s_t, c_{1t}, c_{2t+1}\}} U_t = \ln c_{1t} + \theta \ln c_{2t+1} \tag{6.7}$$

$$\text{s. t. } c_{1t} = (1 - p\tau) w_t - s_t \tag{6.8}$$

$$c_{2t+1} = (1 + r_{t+1}) s_t + pP_{t+1} \tag{6.9}$$

其中，$\theta \in (0, 1)$ 是效用折现率；由于效用函数采用对数函数形式，可知其是消费的单调增加函数，而且是严格的凹函数，即 $u'(\cdot) > 0$，$u''(\cdot) < 0$。约束条件的两个方程还可以写为如下方程：

$$c_{1t} + \frac{c_{2t+1}}{1 + r_{t+1}} = (1 - p\tau) w_t + \frac{pP_{t+1}}{1 + r_{t+1}} \tag{6.10}$$

等号左边是 t 时期终生消费的现值，等号右边是 t 时期终生可支配收入的现值，其经济含义是终生支出要等于终生收入。

求解效用最大化一阶条件，可得：

$$\frac{1}{c_{1t}} = \frac{\theta(1 + r_{t+1})}{c_{2t+1}} \tag{6.11}$$

即：

$$-c_{2t+1} + \theta(1 + r_{t+1}) c_{1t} = 0 \tag{6.12}$$

式（6.12）意味着，减少一单位退休期消费必然会使工作期消费增加 $\theta(1 + r_{t+1})$ 个单位，其经济含义在于，同样一单位产品无论用于工作期消费还是用于退休期消费，其边际效用必然相等。

由前文制度分析可知，基本养老金由两部分组成，一部分是个人账户养老金，另一部分是社会统筹（基础）养老金。在 $t+1$ 时期，记社会统筹养老金为 B_{t+1}，记个人账户养老金为 I_{t+1}，记基本养老金为 P_{t+1}，由于劳动者完全同质无差异，领取养老金的人员也完全同质无差异，因而 P_{t+1}也是 $t+1$ 时期平均养老金。可得：

$$P_{t+1} = I_{t+1} + B_{t+1} = (1 + r_{t+1}) \tau w_t + B_{t+1} \tag{6.13}$$

由于个人账户是实账，能够形成资金积累进入资本市场获得收益，本人的个人账户养老金 I_{t+1}完全来源于本人个人账户上的资金积累，因此：

$$I_{t+1} = (1 + r_{t+1}) \tau w_t \tag{6.14}$$

三、养老保险收支平衡分析

统账结合的城镇职工养老保险由政府实施负责，由于个人账户是实账，个人

缴费资金完全进入本人账户形成资金积累，用于退休后本人的个人账户养老金支付。其实质是社会统筹与个人账户完全分离运转，个人账户部分是完全基金模式，社会统筹部分是现收现付式，在某一时期，退休人员所需要的个人账户养老金完全来自本人工作期（前一时期）缴费所积累的资金，而所需要的社会统筹（基础）养老金却来自当期（同一时期）企业缴费。在 t 时期，城镇职工养老保险以收入为基数企业缴纳的养老保险费为 $q\eta_Y Y_t$，全部用于当期数量为 pL_{t-1} 的参加城镇职工养老保险退休人员的社会统筹（基础）养老金支出 pB_tL_{t-1}，因此职工养老保险收支平衡方程如下：

$$q\eta_Y Y_t = pB_tL_{t-1} \tag{6.15}$$

进一步化简可得：

$$B_{t+1} = \frac{(1+n)q\eta_Y}{p}k_{t+1}^{\alpha} \tag{6.16}$$

用 R_t 来表示职工养老保险平均替代率，可得：

$$R_t = \frac{P_t}{w_t} = \frac{B_t + (1+r_t)\tau w_{t-1}}{w_t} \tag{6.17}$$

四、资本市场的均衡

虽然资本在当期全部折旧，但由于本章中养老保险个人账户是实账，养老保险个人缴费会形成积累即个人账户基金进入资本市场，因此本期储蓄和养老保险个人账户基金共同构成了下一期初的资本存量，资本市场的平衡方程为：

$$s_tL_t + p\tau\, w_tL_t = K_{t+1} = k_{t+1}L_{t+1} \tag{6.18}$$

进一步化简可得：

$$s_t + p\tau w_t = (1+n)k_{t+1} \tag{6.19}$$

第二节　动态均衡系统及稳定均衡状态

一、动态均衡方程

设该经济是在已知初始条件（k_0）的情况下，各期变量都满足式（6.5）、式（6.6）、式（6.8）、式（6.9）、式（6.12）、式（6.16）和式（6.19）的数列 $\{c_{1t},\ c_{2t+1},\ s_t,\ w_t,\ r_{t+1},\ P_t,\ k_{t+1}\}_{t=0}^{\infty}$。

将式（6.5）、式（6.6）、式（6.8）、式（6.9）、式（6.16）和式（6.19）代入式（6.12）中整理，求解该动态均衡系统，得到如下差分方程：

$$-(1+n)[\alpha(1+\theta)(1-q\eta_Y)+q\eta_Y]k_{t+1}+\alpha\theta(1-q\eta_Y)^2(1-\alpha)k_t^{\alpha}=0 \tag{6.20}$$

进一步化简可得：

$$k_{t+1}=\frac{\alpha\theta(1-q\eta_Y)^2(1-\alpha)}{(1+n)[\alpha(1+\theta)(1-q\eta_Y)+q\eta_Y]}k_t^{\alpha} \tag{6.21}$$

假设该动态系统存在唯一、稳定又无振荡的稳定均衡状态（定态均衡）k_*，为求该系统的稳定条件，将式（6.20）对 k_{t+1} 和 k_t 微分，得：

$$ldk_{t+1}+mdk_t=0 \tag{6.22}$$

其中，系数 l、m 是式（6.20）等号左边分别对 k_{t+1} 和 k_t 的偏导数在定态处（k_*）的值，并结合已知条件可得：

$$l=-(1+n)[\alpha(1+\theta)(1-q\eta_Y)+q\eta_Y]<0 \tag{6.23}$$

$$m=\alpha^2(1-q\eta_Y)^2(1-\alpha)k_*^{\alpha-1}>0 \tag{6.24}$$

如果存在唯一、稳定又无振荡的定态均衡，那么意味着微分 $\mathrm{d}k_{t+1}/\mathrm{d}k_t$ 在定态（k_*）处的值大于0而小于1，即：

$$0<\frac{\mathrm{d}k_{t+1}}{\mathrm{d}k_t}=-\frac{l}{m}<1 \tag{6.25}$$

所以，该动态均衡系统的稳定条件为：

$$m+l<0 \tag{6.26}$$

二、稳定均衡状态

假定该动态经济系统存在唯一、稳定且无振荡的定态均衡点，根据动态均衡方程，就可以求解出稳定均衡状态下该动态经济系统中一系列重要经济变量的表达式。根据其所反映国民经济和社会生活的不同方面，将这些变量分成宏观经济变量、微观经济（生产者）变量——生产要素价格、微观经济（消费者）变量——消费者福利三组。

（一）宏观经济变量

1. 定态均衡下单位劳动资本（资本劳动比）k_*。

定态均衡下资本劳动比（每单位劳动资本）k_* 可以反映出经济处于稳定均衡状态下人均资本积累水平，并可以计算其他经济变量。k_* 越大，反映资本积累水平越高；反之，k_* 越小，反映资本积累水平越低。

$$k_* = \left\{\frac{\alpha\theta(1-q\eta_Y)^2(1-\alpha)}{(1+n)[\alpha(1+\theta)(1-q\eta_Y)+q\eta_Y]}\right\}^{\frac{1}{1-\alpha}} \tag{6.27}$$

从式（6.27）可以看出，决定均衡状态下单位劳动资本（资本劳动比）k_* 的因素可以分为三组6个：第一组是经济因素，有4个，分别为城镇职工养老保险在劳动人口中的覆盖范围 p、参加养老保险企业的产出占社会总产出的比重 q、养老保险用人单位缴费率 η_Y、生产函数中物质资本所得在总产出中所占份额 α；第二组是折算因素，指个人效用函数中退休期效用折算到工作期时使用的折算系数 θ；第三组是人口因素，即人口增长率 n。

2. 定态均衡下单位劳动产出 y_*。

$$y_* = k_*^{\alpha} \tag{6.28}$$

均衡状态下单位劳动产出 y_* 可以反映出经济处于稳定均衡状态下人均经济增长情况。由式（6.28）可以看出，稳态产出由稳态资本量决定。此外：

$$\frac{\partial y_*}{\partial k_*} = \alpha k_*^{\alpha-1} > 0 \tag{6.29}$$

式（6.29）表明，在物质资本所得在总产出中所占份额 α 保持不变的情况下，定态均衡下单位劳动资本 k_* 越大，稳态下单位劳动产出 y_* 越大；反之，定态均衡下单位劳动资本 k_* 越小，稳态下单位劳动产出 y_* 越小。

3. 定态均衡下资本产出比 v_*。

$$v_* = \frac{k_*}{y_*} = k_*^{1-\alpha} \tag{6.30}$$

均衡状态下资本产出比 v_* 可以反映出经济处于稳定均衡状态时生产一单位产量需要使用多少单位资本。资本产出比越大，反映生产中使用的资本越密集。此外：

$$\frac{\partial v_*}{\partial k_*} = (1-\alpha)k_*^{-\alpha} > 0 \tag{6.31}$$

式（6.31）表明，在物质资本所得在总产出中所占份额 α 保持不变的情况下，稳态单位劳动资本 k_* 越大，稳态资本产出比 v_* 越大；反之，稳态单位劳动资本 k_* 越小，稳态资本产出比 v_* 越小。

4. 定态均衡下人均储蓄（单位劳动储蓄）s_*。

$$s_* = (1+n)k_* - p\tau w_* = (1+n)k_* - p\tau(1-\alpha)(1-q\eta_Y)k_*^{\alpha} \tag{6.32}$$

式（6.32）是经济处于定态均衡时人均储蓄 s_* 的表达式，并且由于：

$$\frac{\partial s_*}{\partial k_*} = (1+n) - p\tau(1-\alpha)(1-q\eta_Y)\alpha k_*^{\alpha-1} \tag{6.33}$$

在式（6.33）中，等号右边第一项大于0，而第二项小于0，因此无法判断

s_*对k_*的偏导是否大于0。

（二）微观经济（生产者）变量——生产要素价格

1. 定态均衡下资本回报率（利率）r_*。

$$r_* = (1 - q\eta_Y)\alpha k_*^{\alpha-1} - 1 \tag{6.34}$$

式（6.34）是经济处于定态均衡时资本回报率（利率）r_*的表达式，并且由于：

$$\frac{\partial r_*}{\partial k_*} = (1 - q\eta_Y)\alpha(\alpha - 1)k_*^{\alpha-2} < 0 \tag{6.35}$$

所以，在其他参数保持不变的情况下，稳态单位劳动资本k_*越大，稳态资本回报率（利率）r_*越小；反之，稳态单位劳动资本k_*越小，稳态资本回报率（利率）r_*越大。

2. 定态均衡下平均工资（单位劳动工资）w_*。

$$w_* = (1 - \alpha)(1 - q\eta_Y)k_*^{\alpha} \tag{6.36}$$

式（6.36）是经济处于定态均衡时平均工资w_*的表达式，并且由于：

$$\frac{\partial w_*}{\partial k_*} = (1 - \alpha)(1 - q\eta_Y)\alpha k_*^{\alpha-1} > 0 \tag{6.37}$$

所以，在其他参数保持不变的情况下，稳态单位劳动资本k_*越大，稳态平均工资w_*越大；反之，稳态单位劳动资本k_*越小，稳态平均工资w_*越小。

（三）微观经济（消费者）变量——消费者福利

1. 定态均衡下平均（人均）养老金P_*。

$$P_* = B_* + (1 + r_*)\tau w_* = \frac{(1+n)q\eta_Y}{p}k_*^{\alpha} + \alpha\tau(1 - \alpha)(1 - q\eta_Y)^2 k_*^{2\alpha-1} \tag{6.38}$$

式（6.38）是经济处于定态均衡时平均养老金P_*的表达式，并且由于：

$$\frac{\partial P_*}{\partial k_*} = \frac{(1+n)q\eta_Y}{p}\alpha k_*^{\alpha-1} + \alpha\tau(1 - \alpha)(1 - q\eta_Y)^2(2\alpha - 1)k_*^{2\alpha-2} \tag{6.39}$$

当$1 > \alpha > 0.5$时，式（6.39）大于0，而当$0 < \alpha < 0.5$时，无法判断式（6.39）是大于0还是小于0。

2. 定态均衡下养老保险平均替代率R_*。

$$R_* = \alpha\tau(1 - q\eta_Y)k_*^{\alpha-1} + \frac{(1+n)q\eta_Y}{p(1-\alpha)(1-q\eta_Y)} \tag{6.40}$$

式（6.40）是经济处于定态均衡时养老保险平均替代率R_*的表达式，并且

由于：

$$\frac{\partial R_*}{\partial k_*}=\alpha\tau(1-q\eta_Y)(\alpha-1)k_*^{\alpha-2}<0 \tag{6.41}$$

所以，在其他参数保持不变的情况下，稳态单位劳动资本 k_* 越大，养老保险平均替代率 R_* 越小；反之，稳态单位劳动资本 k_* 越小，养老保险平均替代率 R_* 越大。

3. 定态均衡下工作期人均消费 c_{1*}。

$$c_{1*}=(1-p\tau)w_*-s_*=w_*-(1+n)k_*=(1-\alpha)(1-q\eta_Y)k_*^{\alpha}-(1+n)k_* \tag{6.42}$$

式（6.42）是经济处于定态均衡时工作期人均消费 c_{1*} 的表达式，求 c_{1*} 对 k_* 的偏导可得：

$$\frac{\partial c_{1*}}{\partial k_*}=(1-\alpha)(1-q\eta_Y)\alpha k_*^{\alpha-1}-(1+n) \tag{6.43}$$

在式（6.43）中，等号右边第一项大于0，而第二项小于0，因此无法判断 c_{1*} 对 k_* 的偏导是否大于0，也就无法得出经济处于定态均衡时资本劳动比 k_* 的变动对工作期人均消费 c_{1*} 的影响。

4. 定态均衡下退休期人均消费 c_{2*}。

$$c_{2*}=(1+r_*)s_*+pP_*=(1+n)[\alpha(1-q\eta_Y)+q\eta_Y]k_*^{\alpha} \tag{6.44}$$

式（6.44）是经济处于定态均衡时退休期人均消费 c_{2*} 的表达式，并且由于：

$$\frac{\partial c_{2*}}{\partial k_*}=(1+n)[\alpha(1-q\eta_Y)+q\eta_Y]\alpha k_*^{\alpha-1}>0 \tag{6.45}$$

所以，在其他参数保持不变的情况下，稳态单位劳动资本 k_* 越大，稳态退休期人均消费 c_{2*} 越大；反之，稳态单位劳动资本 k_* 越小，稳态退休期人均消费 c_{2*} 越小。

5. 定态均衡下个人效用 U_*。

$$U_*=\ln c_{1*}+\theta\ln c_{2*} \tag{6.46}$$

式（6.46）是经济处于定态均衡时个人效用 U_* 的表达式，求 U_* 对 k_* 的偏导可得：

$$\frac{\partial U_*}{\partial k_*}=\frac{1}{c_{1*}}\cdot\frac{\partial c_{1*}}{\partial k_*}+\frac{\theta}{c_{2*}}\cdot\frac{\partial c_{2*}}{\partial k_*} \tag{6.47}$$

在式（6.47）中，由于无法判断 c_{1*} 对 k_* 的偏导是否大于0，因而无法判断 U_* 对 k_* 的偏导是否大于0，也就无法得出稳态资本劳动比 k_* 与稳态个人效用 U_* 之间的关系。

第三节 外生变量变动的影响

为了简化计算，定义变量 Z、Q 和 X，令：

$$Z = \alpha\theta(1-\alpha)(1-q\eta_Y)^2 \tag{6.48}$$

$$Q = (1+n)[\alpha(1+\theta)(1-q\eta_Y)+q\eta_Y] \tag{6.49}$$

$$X = \frac{\alpha\theta(1-q\eta_Y)^2(1-\alpha)}{(1+n)[\alpha(1+\theta)(1-q\eta_Y)+q\eta_Y]} = \frac{Z}{Q} \tag{6.50}$$

则：

$$k_* = X^{\frac{1}{1-\alpha}} = \left(\frac{Z}{Q}\right)^{\frac{1}{1-\alpha}} \tag{6.51}$$

并且由前述已知条件可得：Z、Q 和 X 均大于 0。

一、个人缴费率变动的影响

动态均衡方程（6.20）中不包括个人缴费率 τ 这一参数，再结合其他已知条件可得：

$$\frac{\partial k_*}{\partial \tau} = 0 \tag{6.52}$$

$$\frac{\partial y_*}{\partial \tau} = 0 \tag{6.53}$$

$$\frac{\partial v_*}{\partial \tau} = 0 \tag{6.54}$$

$$\frac{\partial s_*}{\partial \tau} = -p(1-\alpha)(1-q\eta_Y)k_*^{\alpha} < 0 \tag{6.55}$$

$$\frac{\partial r_*}{\partial \tau} = 0 \tag{6.56}$$

$$\frac{\partial w_*}{\partial \tau} = 0 \tag{6.57}$$

$$\frac{\partial P_*}{\partial \tau} = \alpha(1-\alpha)(1-q\eta_Y)^2 k_*^{2\alpha-1} > 0 \tag{6.58}$$

$$\frac{\partial R_*}{\partial \tau} = \alpha(1-q\eta_Y)k_*^{\alpha-1} > 0 \tag{6.59}$$

$$\frac{\partial c_{1*}}{\partial \tau}=0 \tag{6.60}$$

$$\frac{\partial c_{2*}}{\partial \tau}=0 \tag{6.61}$$

$$\frac{\partial U_*}{\partial \tau}=\frac{1}{c_{1*}}\cdot\frac{\partial c_{1*}}{\partial \tau}+\frac{\theta}{c_{2*}}\cdot\frac{\partial c_{2*}}{\partial \tau}=0 \tag{6.62}$$

式（6.52）至式（6.62）表明，均衡状态下的单位劳动资本 k_*、单位劳动产出 y_*、资本产出比 v_*、资本回报率（利率）r_*、平均工资 w_*、工作期人均消费 c_{1*}、退休期人均消费 c_{2*} 和个人效用 U_* 均不会受到养老保险个人缴费率 τ 变动的影响，即不管养老保险个人缴费率 τ 如何变动，定态下上述经济变量也不会发生改变。但在其他参数不变的情况下，提高养老保险个人缴费率 τ 却会导致均衡状态下人均储蓄 s_* 下降，并且会导致平均养老金 P_* 和养老保险平均替代率 R_* 上升。究其原因，在个人账户实账的情况下，提高养老保险个人缴费率虽然会使平均养老金和养老保险平均替代率上升，但增加的个人账户本金——相当于政府强制储蓄，对私人储蓄产生了一对一的挤出效应，因而整体资本水平不会发生改变，进而其他经济变量也就不会发生变化。以上分析的政策含义为：在完全做实个人账户之后，可以通过提高养老保险个人缴费率实现提高养老金水平和替代率的目标，而不会对其他经济变量产生影响。

二、企业缴费率变动的影响

用本节定义的变量 Z、Q 和 X 分别对企业缴费率 η_Y 求偏导，并由已知条件可得：

$$\frac{\partial Z}{\partial \eta_Y}=-2\alpha\theta q(1-q\mu_Y)(1-\alpha)<0 \tag{6.63}$$

$$\frac{\partial Q}{\partial \eta_Y}=q(1+n)[1-\alpha(1+\theta)] \tag{6.64}$$

$$\frac{\partial X}{\partial \eta_Y}=\frac{1}{Q}\cdot\frac{\partial Z}{\partial \eta_Y}-\frac{Z}{Q^2}\cdot\frac{\partial Q}{\partial \eta_Y} \tag{6.65}$$

当 $1-\alpha(1+\theta)\geqslant 0$ 时，$\frac{\partial Q}{\partial \eta_Y}\geqslant 0$，则 $\frac{\partial X}{\partial \eta_Y}<0$；而当 $1-\alpha(1+\theta)<0$ 时，$\frac{\partial Q}{\partial \eta_Y}<0$，则无法判断 $\frac{\partial X}{\partial \eta_Y}$ 是否大于0，也就无法得出相关经济变量对 η_Y 求得的偏导数是否大于0，因此本部分只讨论当 $1-\alpha(1+\theta)\geqslant 0$ 时企业缴费率变动对相关经济变量的影响。

（一）企业缴费率变动对宏观经济变量的影响

1. 对单位劳动资本（资本劳动比）k_* 的影响。

求均衡状态下单位劳动资本 k_* 对企业缴费率 η_Y 的偏导，当 $1-\alpha(1+\theta)\geqslant 0$ 时，并结合已知条件可得：

$$\frac{\partial k_*}{\partial \eta_Y}=\frac{1}{1-\alpha}\cdot X^{\frac{1}{1-\alpha}-1}\cdot\frac{\partial X}{\partial \eta_Y}<0 \tag{6.66}$$

式（6.66）表明，当 $1-\alpha(1+\theta)\geqslant 0$ 时，在其他参数不变的情况下，提高企业缴费率 η_Y 将会使均衡状态下单位劳动资本 k_* 下降，而降低企业缴费率 η_Y 将会使均衡状态下单位劳动资本 k_* 上升。

2. 对单位劳动产出 y_* 的影响。

求均衡状态下单位劳动产出 y_* 对企业缴费率 η_Y 的偏导，当 $1-\alpha(1+\theta)\geqslant 0$ 时，并结合已知条件可得：

$$\frac{\partial y_*}{\partial \eta_Y}=\alpha k_*^{\alpha-1}\cdot\frac{\partial k_*}{\partial \eta_Y}<0 \tag{6.67}$$

式（6.67）表明，当 $1-\alpha(1+\theta)\geqslant 0$ 时，在其他参数不变的情况下，提高企业缴费率 η_Y 将会使均衡状态下单位劳动产出 y_* 下降，而降低企业缴费率 η_Y 将会使均衡状态下单位劳动产出 y_* 上升。

3. 对资本产出比 v_* 的影响。

求均衡状态下资本产出比 v_* 对企业缴费率 η_Y 的偏导，当 $1-\alpha(1+\theta)\geqslant 0$ 时，并结合已知条件可得：

$$\frac{\partial v_*}{\partial \eta_Y}=(1-\alpha)k_*^{-\alpha}\cdot\frac{\partial k_*}{\partial \eta_Y}<0 \tag{6.68}$$

式（6.68）表明，当 $1-\alpha(1+\theta)\geqslant 0$ 时，在其他参数不变的情况下，提高企业缴费率 η_Y 将会使均衡状态下资本产出比 v_* 下降，而降低企业缴费率 η_Y 将会使均衡状态下资本产出比 v_* 上升。

4. 对人均储蓄（单位劳动储蓄）s_* 的影响。

求均衡状态下人均储蓄 s_* 对企业缴费率 η_Y 的偏导，当 $1-\alpha(1+\theta)\geqslant 0$ 时，并结合已知条件可得：

$$\frac{\partial s_*}{\partial \eta_Y}=(1+n)\cdot\frac{\partial k_*}{\partial \eta_Y}-p\tau\cdot\frac{\partial w_*}{\partial \eta_Y} \tag{6.69}$$

根据已知条件，当 $1-\alpha(1+\theta)\geqslant 0$ 时，在式（6.69）中，等号右边第一项小于0，而第二项大于0，无法判断均衡状态下人均储蓄 s_* 对企业缴费率 η_Y 的偏导是否大于0，因此企业缴费率 η_Y 的变动对均衡状态下人均储蓄 s_* 的影响不明确。

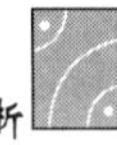

(二) 企业缴费率变动对微观经济（生产者）变量——生产要素价格的影响

1. 对资本回报率（利率）r_* 的影响。

求均衡状态下资本回报率（利率）r_* 对企业缴费率 η_Y 的偏导，当 $1-\alpha(1+\theta)\geqslant 0$ 时，并结合已知条件可得：

$$\frac{\partial r_*}{\partial \eta_Y}=-\alpha q k_*^{\alpha-1}+\alpha(\alpha-1)(1-q\eta_Y)k_*^{\alpha-2}\cdot\frac{\partial k_*}{\partial \eta_Y} \tag{6.70}$$

根据已知条件，当 $1-\alpha(1+\theta)\geqslant 0$ 时，式（6.70）等号右边第一项小于0，而第二项大于0，无法判断均衡状态下资本回报率（利率）r_* 对企业缴费率 η_Y 的偏导是否大于0，所以企业缴费率 η_Y 的变动对资本回报率（利率）r_* 的影响并不明确。

2. 对平均工资（单位劳动工资）w_* 的影响。

求均衡状态下平均工资 w_* 对企业缴费率 η_Y 的偏导，当 $1-\alpha(1+\theta)\geqslant 0$ 时，并结合已知条件可得：

$$\frac{\partial w_*}{\partial \eta_Y}=-q(1-\alpha)k_*^{\alpha}+(1-\alpha)(1-q\eta_Y)\alpha k_*^{\alpha-1}\cdot\frac{\partial k_*}{\partial \eta_Y}<0 \tag{6.71}$$

式（6.71）表明，当 $1-\alpha(1+\theta)\geqslant 0$ 时，在其他参数不变的情况下，提高企业缴费率 η_Y 将会使均衡状态下平均工资 w_* 下降，而降低企业缴费率 η_Y 将会使均衡状态下平均工资 w_* 上升。

(三) 企业缴费率变动对微观经济（消费者）变量——消费者福利的影响

1. 对平均（人均）养老金 P_* 的影响。

求均衡状态下平均养老金 P_* 对企业缴费率 η_Y 的偏导，可得：

$$\frac{\partial P_*}{\partial \eta_Y}=-2q\alpha\tau(1-\alpha)(1-q\eta_Y)k_*^{2\alpha-1}+\alpha\tau(1-\alpha)(1-q\eta_Y)^2(2\alpha-1)k_*^{2\alpha-2}\cdot\frac{\partial k_*}{\partial \eta_Y}$$
$$+\frac{(1+n)q}{p}k_*^{\alpha}+\frac{(1+n)q\eta_Y}{p}\alpha k_*^{\alpha-1}\cdot\frac{\partial k_*}{\partial \eta_Y} \tag{6.72}$$

根据已知条件，当 $1-\alpha(1+\theta)\geqslant 0$ 时，在式（6.72）中，等号右边第一项和第四项小于0，而第三项大于0，第二项无法判断是否大于0，无法判断均衡状态下平均养老金 P_* 对企业缴费率 η_Y 的偏导是否大于0，因此企业缴费率 η_Y 的变动对均衡状态下平均养老金 P_* 的影响不明确。

2. 对养老保险平均替代率 R_* 的影响。

求均衡状态下养老保险平均替代率 R_* 对企业缴费率 η_Y 的偏导，当 $1-\alpha(1+\theta)\geqslant 0$ 时，并结合已知条件可得：

$$\frac{\partial R_*}{\partial \eta_Y}=-q\alpha\tau k_*^{\alpha-1}+\alpha\tau(1-q\eta_Y)(\alpha-1)k_*^{\alpha-2}\cdot\frac{\partial k_*}{\partial \eta_Y}+\frac{(1+n)q}{p(1-\alpha)(1-q\eta_Y)}+\frac{(1+n)q^2\eta_Y}{p(1-\alpha)(1-q\eta_Y)^2} \tag{6.73}$$

根据已知条件，当$1-\alpha(1+\theta)\geqslant 0$时，在式（6.73）中，等号右边第一项小于0，而第三项、第二项和第四项大于0，无法判断均衡状态下养老保险平均替代率R_*对企业缴费率η_Y的偏导是否大于0，因此企业缴费率η_Y的变动对均衡状态下养老保险平均替代率R_*的影响不明确。

3. 对工作期人均消费c_{1*}的影响。

求均衡状态下工作期人均消费c_{1*}对企业缴费率η_Y的偏导，可得：

$$\frac{\partial c_{1*}}{\partial \eta_Y}=\frac{\partial w_*}{\partial \eta_Y}-(1+n)\frac{\partial k_*}{\partial \eta_Y} \tag{6.74}$$

根据已知条件，当$1-\alpha(1+\theta)\geqslant 0$时，在式（6.74）中，等号右边第一项小于0，而第二项大于0，无法判断均衡状态下工作期人均消费c_{1*}对企业缴费率η_Y的偏导是否大于0，因此企业缴费率η_Y的变动对均衡状态下工作期人均消费c_{1*}的影响不明确。

4. 对退休期人均消费c_{2*}的影响。

求均衡状态下退休期人均消费c_{2*}对企业缴费率η_Y的偏导，可得：

$$\frac{\partial c_{2*}}{\partial \eta_Y}=q(1+n)(1-\alpha)k_*^{\alpha}+(1+n)[\alpha(1-q\eta_Y)+q\eta_Y]\alpha k_*^{\alpha-1}\cdot\frac{\partial k_*}{\partial \eta_Y} \tag{6.75}$$

根据已知条件，当$1-\alpha(1+\theta)\geqslant 0$时，在式（6.75）中，等号右边第一项大于0，而第二项小于0，无法判断均衡状态下退休期人均消费c_{2*}对企业缴费率η_Y的偏导是否大于0，因此企业缴费率η_Y的变动对均衡状态下退休期人均消费c_{2*}的影响不明确。

5. 对个人效用U_*的影响。

求均衡状态下个人效用U_*对企业缴费率η_Y的偏导，可得：

$$\frac{\partial U_*}{\partial \eta_Y}=\frac{1}{c_{1*}}\cdot\frac{\partial c_{1*}}{\partial \eta_Y}+\frac{\theta}{c_{2*}}\cdot\frac{\partial c_{2*}}{\partial \eta_Y} \tag{6.76}$$

当$1-\alpha(1+\theta)\geqslant 0$时，根据已知条件，在式（6.76）中，无法判断均衡状态下个人效用U_*对企业缴费率η_Y的偏导是否大于0，因此企业缴费率η_Y的变动对均衡状态下个人效用U_*的影响不明确。

综上所述，当$1-\alpha(1+\theta)\geqslant 0$时，在其他参数不变的情况下，提高养老保险企业缴费率η_Y会导致均衡状态下的单位劳动资本k_*、单位劳动产出y_*、资本产

出比 v_*、平均工资 w_* 下降；而对人均储蓄 s_*、资本回报率（利率）r_*、平均养老金 P_*、养老保险平均替代率 R_*、工作期人均消费 c_{1*}、退休期人均消费 c_{2*} 和个人效用 U_* 的影响并不明确。而当 $1-\alpha(1+\theta)<0$ 时，提高养老保险企业缴费率 η_Y 对上述经济变量的影响均不明确，需要设置参数后用模拟的办法在后文敏感性分析时加以考察。

三、人口增长率变动的影响

使用本节定义的变量 Z、Q 和 X 分别对人口增长率 n 求偏导，并由已知条件可得：

$$\frac{\partial Z}{\partial n}=0 \tag{6.77}$$

$$\frac{\partial Q}{\partial n}=\alpha(1+\theta)(1-q\eta_Y)+q\eta_Y>0 \tag{6.78}$$

$$\frac{\partial X}{\partial n}=\frac{1}{Q}\cdot\frac{\partial Z}{\partial n}-\frac{Z}{Q^2}\cdot\frac{\partial Q}{\partial n}=-\frac{Z}{Q^2}\cdot\frac{\partial Q}{\partial n}<0 \tag{6.79}$$

（一）人口增长率变动对宏观经济变量的影响

1. 对单位劳动资本（资本劳动比）k_* 的影响。

求均衡状态下单位劳动资本 k_* 对人口增长率 n 的偏导，并结合已知条件可得：

$$\frac{\partial k_*}{\partial n}=\frac{1}{1-\alpha}\cdot X^{\frac{1}{1-\alpha}-1}\cdot\frac{\partial X}{\partial n}<0 \tag{6.80}$$

式（6.80）表明，在其他参数不变的情况下，人口增长率 n 上升将会使均衡状态下单位劳动资本 k_* 下降，而人口增长率 n 下降将会使均衡状态下单位劳动资本 k_* 上升。

2. 对单位劳动产出 y_* 的影响。

求均衡状态下单位劳动产出 y_* 对人口增长率 n 的偏导，并结合已知条件可得：

$$\frac{\partial y_*}{\partial n}=\alpha k_*^{\alpha-1}\cdot\frac{\partial k_*}{\partial n}<0 \tag{6.81}$$

式（6.81）表明，在其他参数不变的情况下，人口增长率 n 上升将会使均衡状态下单位劳动产出 y_* 下降，而人口增长率 n 下降将会使均衡状态下单位劳动产出 y_* 上升。

3. 对资本产出比 v_* 的影响。

求均衡状态下资本产出比 v_* 对人口增长率 n 的偏导，并结合已知条件可得：

$$\frac{\partial v_*}{\partial n}=(1-\alpha)k_*^{-\alpha}\cdot\frac{\partial k_*}{\partial n}<0 \tag{6.82}$$

式（6.82）表明，在其他参数不变的情况下，人口增长率 n 上升将会使均衡状态下资本产出比 v_* 下降，而人口增长率 n 下降将会使均衡状态下资本产出比 v_* 上升。

4. 对人均储蓄（单位劳动储蓄）s_* 的影响。

求均衡状态下人均储蓄 s_* 对人口增长率 n 的偏导，并结合已知条件可得：

$$\frac{\partial s_*}{\partial n}=k_*+(1+n)\cdot\frac{\partial k_*}{\partial n}-p\tau(1-\alpha)(1-q\eta_Y)\alpha k_*^{\alpha-1}\cdot\frac{\partial k_*}{\partial n} \tag{6.83}$$

根据已知条件，在式（6.83）中，等号右边第一项和第三项大于0，而第二项小于0，无法判断均衡状态下人均储蓄 s_* 对人口增长率 n 的偏导是否大于0，因此人口增长率 n 的变动对均衡状态下人均储蓄 s_* 的影响不明确。

（二）人口增长率变动对微观经济（生产者）变量——生产要素价格的影响

1. 对资本回报率（利率）r_* 的影响。

求均衡状态下资本回报率（利率）r_* 对人口增长率 n 的偏导，并结合已知条件可得：

$$\frac{\partial r_*}{\partial n}=(1-q\eta_Y)\alpha(\alpha-1)k_*^{\alpha-2}\cdot\frac{\partial k_*}{\partial n}>0 \tag{6.84}$$

式（6.84）表明，在其他参数不变的情况下，人口增长率 n 上升将会使均衡状态下资本回报率（利率）r_* 上升，而人口增长率 n 下降将会使均衡状态下资本回报率（利率）r_* 下降。

2. 对平均工资（单位劳动工资）w_* 的影响。

求均衡状态下平均工资 w_* 对人口增长率 n 的偏导，并结合已知条件可得：

$$\frac{\partial w_*}{\partial n}=(1-\alpha)(1-q\eta_Y)\alpha k_*^{\alpha-1}\cdot\frac{\partial k_*}{\partial n}<0 \tag{6.85}$$

式（6.85）表明，在其他参数不变的情况下，人口增长率 n 上升将会使均衡状态下平均工资 w_* 下降，而人口增长率 n 下降将会使均衡状态下平均工资 w_* 上升。

（三）人口增长率变动对微观经济（消费者）变量——消费者福利的影响

1. 对平均（人均）养老金 P_* 的影响。

求均衡状态下平均养老金 P_* 对人口增长率 n 的偏导，可得：

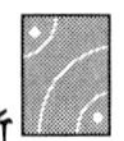

$$\frac{\partial P_*}{\partial n}=\frac{q\eta_Y}{p}\alpha k_*^{\alpha-1}+\frac{(1+n)q\eta_Y}{p}\alpha k_*^{\alpha-1}\cdot\frac{\partial k_*}{\partial n}+\alpha\tau(1-\alpha)(1-q\eta_Y)^2(2\alpha-1)k_*^{2\alpha-2}\cdot\frac{\partial k_*}{\partial n} \tag{6.86}$$

根据已知条件，式（6.86）中，等号右边第一项大于0，而第二项小于0，第三项无法判断是否大于0，无法判断均衡状态下平均养老金 P_* 对人口增长率 n 的偏导是否大于0，因此人口增长率 n 的变动对均衡状态下平均养老金 P_* 的影响不明确。

2. 对养老保险平均替代率 R_* 的影响。

求均衡状态下养老保险平均替代率 R_* 对人口增长率 n 的偏导，并结合已知条件可得：

$$\frac{\partial R_*}{\partial n}=\alpha\tau(1-q\eta_Y)(\alpha-1)k_*^{\alpha-2}\cdot\frac{\partial k_*}{\partial n}+\frac{q\eta_Y}{p(1-\alpha)(1-q\eta_Y)}>0 \tag{6.87}$$

式（6.87）表明，在其他参数不变的情况下，人口增长率 n 上升将会使均衡状态下养老保险平均替代率 R_* 上升，而人口增长率 n 下降将会使均衡状态下养老保险平均替代率 R_* 下降。

3. 对工作期人均消费 c_{1*} 的影响。

求均衡状态下工作期人均消费 c_{1*} 对人口增长率 n 的偏导，可得：

$$\frac{\partial c_{1*}}{\partial n}=(1-\alpha)(1-q\eta_Y)\alpha k_*^{\alpha-1}\cdot\frac{\partial k_*}{\partial n}-k_*-(1+n)\cdot\frac{\partial k_*}{\partial n} \tag{6.88}$$

根据已知条件，在式（6.88）中，等号右边第一项小于0，第二项小于0，而第三项大于0，无法判断均衡状态下工作期人均消费 c_{1*} 对人口增长率 n 的偏导是否大于0，因此人口增长率 n 的变动对均衡状态下工作期人均消费 c_{1*} 的影响不明确。

4. 对退休期人均消费 c_{2*} 的影响。

求均衡状态下退休期人均消费 c_{2*} 对人口增长率 n 的偏导，可得：

$$\frac{\partial c_{2*}}{\partial n}=[\alpha(1-q\eta_Y)+q\eta_Y]k_*^{\alpha}+(1+n)[\alpha(1-q\eta_Y)+q\eta_Y]\alpha k_*^{\alpha-1}\cdot\frac{\partial k_*}{\partial n} \tag{6.89}$$

根据已知条件，在式（6.89）中，等号右边第一项大于0，而第二项小于0，无法判断均衡状态下退休期人均消费 c_{2*} 对人口增长率 n 的偏导是否大于0，因此人口增长率 n 的变动对均衡状态下退休期人均消费 c_{2*} 的影响不明确。

5. 对个人效用 U_* 的影响。

求均衡状态下个人效用 U_* 对人口增长率 n 的偏导，可得：

$$\frac{\partial U_*}{\partial n}=\frac{1}{c_{1*}}\cdot\frac{\partial c_{1*}}{\partial n}+\frac{\theta}{c_{2*}}\cdot\frac{\partial c_{2*}}{\partial n} \tag{6.90}$$

根据已知条件，在式（6.90）中，无法判断均衡状态下个人效用 U_* 对人口增长率 n 的偏导是否大于0，因此人口增长率 n 的变动对均衡状态下个人效用 U_* 的影响不明确。

综上所述，在其他参数不变的情况下，人口增长率 n 下降会导致均衡状态下的单位劳动资本 k_*、单位劳动产出 y_*、资本产出比 v_*、平均工资 w_* 上升；会导致资本回报率（利率）r_* 和养老保险平均替代率 R_* 下降；而对人均储蓄 s_*、平均养老金 P_*、工作期人均消费 c_{1*}、退休期人均消费 c_{2*} 和个人效用 U_* 的影响并不明确，需要设置参数后用模拟的办法在后文敏感性分析时加以考察。

四、城镇职工养老保险覆盖范围变动的影响

动态均衡方程（6.20）中不包括养老保险覆盖范围 p 这一参数，再结合其他已知条件可得：

$$\frac{\partial k_*}{\partial p}=0 \tag{6.91}$$

$$\frac{\partial y_*}{\partial p}=0 \tag{6.92}$$

$$\frac{\partial v_*}{\partial p}=0 \tag{6.93}$$

$$\frac{\partial s_*}{\partial p}=-\tau(1-\alpha)(1-q\eta_Y)k_*^{\alpha}<0 \tag{6.94}$$

$$\frac{\partial r_*}{\partial p}=0 \tag{6.95}$$

$$\frac{\partial w_*}{\partial p}=0 \tag{6.96}$$

$$\frac{\partial P_*}{\partial p}=-\frac{(1+n)q\eta_Y}{p^2}k_*^{\alpha}<0 \tag{6.97}$$

$$\frac{\partial R_*}{\partial p}=-\frac{(1+n)q\eta_Y}{p^2(1-\alpha)(1-q\eta_Y)}<0 \tag{6.98}$$

$$\frac{\partial c_{1*}}{\partial p}=0 \tag{6.99}$$

$$\frac{\partial c_{2*}}{\partial p}=0 \tag{6.100}$$

$$\frac{\partial U_*}{\partial p}=\frac{1}{c_{1*}}\cdot\frac{\partial c_{1*}}{\partial p}+\frac{\theta}{c_{2*}}\cdot\frac{\partial c_{2*}}{\partial p}=0 \tag{6.101}$$

式（6.91）至式（6.101）表明，均衡状态下的单位劳动资本 k_*、单位劳动产出 y_*、资本产出比 v_*、资本回报率（利率）r_*、平均工资 w_*、工作期人均消费 c_{1*}、退休期人均消费 c_{2*} 和个人效用 U_* 均不会受到养老保险覆盖范围 p 变动的影响，即不管养老保险覆盖范围 p 如何变动，定态下上述经济变量也不会发生改变。但在其他参数不变的情况下，扩大养老保险覆盖范围 p 却会导致均衡状态下人均储蓄 s_*、平均养老金 P_* 和养老保险平均替代率 R_* 下降。究其原因，企业以收入作为缴费基数，在个人账户实账的情况下，扩大养老保险在人口中的覆盖范围 p，在整体上会增加个人账户基金，但增加的个人账户本金——相当于政府强制储蓄，对私人储蓄产生了一对一的挤出效应，因而整体资本水平不会发生改变，进而产出与消费等其他经济变量也就不会发生变化，产出不变，在企业以收入作为缴费基数的情况下，社会统筹基金收入也不会发生变化，而参加养老保险的人增多，领取养老金人数也必然增多，这样会导致养老金领取者平均养老金和养老保险平均替代率下降。

五、参加养老保险企业的产出占社会总产出的比重的影响

用本节定义的变量 Z、Q 和 X 分别对参加养老保险企业的产出占社会总产出的比重 q 求偏导，并由已知条件可得：

$$\frac{\partial Z}{\partial q}=-2\alpha\theta\eta_Y(1-q\eta_Y)(1-\alpha)<0 \tag{6.102}$$

$$\frac{\partial Q}{\partial q}=\eta_Y(1+n)[1-\alpha(1+\theta)] \tag{6.103}$$

$$\frac{\partial X}{\partial q}=\frac{1}{Q}\cdot\frac{\partial Z}{\partial q}-\frac{Z}{Q^2}\cdot\frac{\partial Q}{\partial q} \tag{6.104}$$

当 $1-\alpha(1+\theta)\geqslant 0$ 时，$\frac{\partial Q}{\partial q}\geqslant 0$，则 $\frac{\partial X}{\partial q}<0$；而当 $1-\alpha(1+\theta)<0$ 时，$\frac{\partial Q}{\partial q}<0$，则无法判断 $\frac{\partial X}{\partial q}$ 是否大于 0，也就无法得出相关经济变量对 q 求得的偏导数是否大于 0。

因此本部分只讨论当 $1-\alpha(1+\theta)\geqslant 0$ 时参加养老保险企业的产出占社会总产出的比重变动对相关经济变量的影响。

（一）参加养老保险企业的产出占社会总产出的比重变动对宏观经济变量的影响

1. 对单位劳动资本（资本劳动比）k_* 的影响。

求均衡状态下单位劳动资本 k_* 对参加养老保险企业的产出占社会总产出的

比重 q 的偏导，当 $1-\alpha(1+\theta)\geqslant 0$ 时，并结合已知条件可得：

$$\frac{\partial k_*}{\partial q}=\frac{1}{1-\alpha}\cdot X^{\frac{1}{1-\alpha}-1}\cdot\frac{\partial X}{\partial q}<0 \tag{6.105}$$

式（6.105）表明，当 $1-\alpha(1+\theta)\geqslant 0$ 时，在其他参数不变的情况下，提高参加养老保险企业的产出占社会总产出的比重 q 将会使均衡状态下单位劳动资本 k_* 下降，而降低参加养老保险企业的产出占社会总产出的比重 q 将会使均衡状态下单位劳动资本 k_* 上升。

2. 对单位劳动产出 y_* 的影响。

求均衡状态下单位劳动产出 y_* 对参加养老保险企业的产出占社会总产出的比重 q 的偏导，当 $1-\alpha(1+\theta)\geqslant 0$ 时，并结合已知条件可得：

$$\frac{\partial y_*}{\partial q}=\alpha k_*^{\alpha-1}\cdot\frac{\partial k_*}{\partial q}<0 \tag{6.106}$$

式（6.106）表明，当 $1-\alpha(1+\theta)\geqslant 0$ 时，在其他参数不变的情况下，提高参加养老保险企业的产出占社会总产出的比重 q 将会使均衡状态下单位劳动产出 y_* 下降，而降低参加养老保险企业的产出占社会总产出的比重 q 将会使均衡状态下单位劳动产出 y_* 上升。

3. 对资本产出比 v_* 的影响。

求均衡状态下资本产出比 v_* 对参加养老保险企业的产出占社会总产出的比重 q 的偏导，当 $1-\alpha(1+\theta)\geqslant 0$ 时，并结合已知条件可得：

$$\frac{\partial v_*}{\partial q}=(1-\alpha)k_*^{-\alpha}\cdot\frac{\partial k_*}{\partial q}<0 \tag{6.107}$$

式（6.107）表明，当 $1-\alpha(1+\theta)\geqslant 0$ 时，在其他参数不变的情况下，提高参加养老保险企业的产出占社会总产出的比重 q 将会使均衡状态下资本产出比 v_* 下降，而降低参加养老保险企业的产出占社会总产出的比重 q 将会使均衡状态下资本产出比 v_* 上升。

4. 对人均储蓄（单位劳动储蓄）s_* 的影响。

求均衡状态下人均储蓄 s_* 对参加养老保险企业的产出占社会总产出的比重 q 的偏导，可得：

$$\frac{\partial s_*}{\partial q}=(1+n)\cdot\frac{\partial k_*}{\partial q}+\eta_Y p\tau(1-\alpha)k_*^{\alpha}-p\tau(1-\alpha)(1-q\eta_Y)\alpha k_*^{\alpha-1}\cdot\frac{\partial k_*}{\partial q} \tag{6.108}$$

根据已知条件，当 $1-\alpha(1+\theta)\geqslant 0$ 时，式（6.108）中等号右边第一项小于0，而第二项和第三项大于0，无法判断均衡状态下人均储蓄 s_* 对参加养老保险企业的产出占社会总产出的比重 q 的偏导是否大于0，因此参加养老保险企业的

产出占社会总产出的比重 q 的变动对均衡状态下人均储蓄 s_* 的影响并不明确。

（二）参加养老保险企业的产出占社会总产出的比重 q 变动对微观经济（生产者）变量——生产要素价格的影响

1. 对资本回报率（利率）r_* 的影响。

求均衡状态下资本回报率（利率）r_* 对参加养老保险企业的产出占社会总产出的比重 q 的偏导，当 $1-\alpha(1+\theta)\geqslant 0$ 时，并结合已知条件可得：

$$\frac{\partial r_*}{\partial q}=-\alpha\eta_Y k_*^{\alpha-1}+\alpha(\alpha-1)(1-q\eta_Y)k_*^{\alpha-2}\cdot\frac{\partial k_*}{\partial q} \tag{6.109}$$

根据已知条件，当 $1-\alpha(1+\theta)\geqslant 0$ 时，式（6.109）等号右边第一项小于0，而第二项大于0，无法判断均衡状态下资本回报率（利率）r_* 对参加养老保险企业的产出占社会总产出的比重 q 的偏导是否大于0，所以参加养老保险企业的产出占社会总产出的比重 q 的变动对资本回报率（利率）r_* 的影响并不明确。

2. 对平均工资（单位劳动工资）w_* 的影响。

求均衡状态下平均工资 w_* 对参加养老保险企业的产出占社会总产出的比重 q 的偏导，当 $1-\alpha(1+\theta)\geqslant 0$ 时，并结合已知条件可得：

$$\frac{\partial w_*}{\partial q}=-\eta_Y(1-\alpha)k_*^{\alpha}+(1-\alpha)(1-q\eta_Y)\alpha k_*^{\alpha-1}\cdot\frac{\partial k_*}{\partial q}<0 \tag{6.110}$$

式（6.110）表明，当 $1-\alpha(1+\theta)\geqslant 0$ 时，在其他参数不变的情况下，提高参加养老保险企业的产出占社会总产出的比重 q 将会使均衡状态下平均工资 w_* 下降，而降低参加养老保险企业的产出占社会总产出的比重 q 将会使均衡状态下平均工资 w_* 上升。

（三）企业缴费率变动对微观经济（消费者）变量——消费者福利的影响

1. 对平均（人均）养老金 P_* 的影响。

求均衡状态下平均养老金 P_* 对参加养老保险企业的产出占社会总产出的比重 q 的偏导，可得：

$$\frac{\partial P_*}{\partial q}=\frac{(1+n)\eta_Y}{p}k_*^{\alpha}+\frac{(1+n)q\eta_Y}{p}\alpha k_*^{\alpha-1}\cdot\frac{\partial k_*}{\partial q}-2\eta_Y\alpha\tau(1-\alpha)(1-q\eta_Y)k_*^{2\alpha-1}$$
$$+\alpha\tau(1-\alpha)(1-q\eta_Y)^2(2\alpha-1)k_*^{2\alpha-2}\cdot\frac{\partial k_*}{\partial q} \tag{6.111}$$

根据已知条件，当 $1-\alpha(1+\theta)\geqslant 0$ 时，在式（6.111）中，等号右边第一项大于0，而第二项和第三项小于0，第四项无法判断是否大于0，进而无法判断均衡状态下平均养老金 P_* 对参加养老保险企业的产出占社会总产出的比重 q 的偏导是否大于0，因此参加养老保险企业的产出占社会总产出的比重 q 的变动对均衡状态下平均养老金 P_* 的影响不明确。

2. 对养老保险平均替代率 R_* 的影响。

求均衡状态下养老保险平均替代率 R_* 对参加养老保险企业的产出占社会总产出的比重 q 的偏导，并结合已知条件可得：

$$\frac{\partial R_*}{\partial q}=-\eta_Y\alpha\tau k_*^{\alpha-1}+\frac{(1+n)\eta_Y}{p(1-\alpha)(1-q\eta_Y)}+\frac{(1-\alpha)(1+n)p\,q\eta_Y{}^2}{[p(1-\alpha)(1-q\eta_Y)]^2} \tag{6.112}$$

根据已知条件，当 $1-\alpha(1+\theta)\geqslant 0$ 时，在式（6.112）中，等号右边第一项小于0，而第二项和第三项大于0，无法判断均衡状态下养老保险平均替代率 R_* 对参加养老保险企业的产出占社会总产出的比重 q 的偏导是否大于0，因此参加养老保险企业的产出占社会总产出的比重 q 的变动对均衡状态下养老保险平均替代率 R_* 的影响不明确。

3. 对工作期人均消费 c_{1*} 的影响。

求均衡状态下工作期人均消费 c_{1*} 对参加养老保险企业产出占社会总产出的比重 q 的偏导，可得：

$$\frac{\partial c_{1*}}{\partial q}=-\eta_Y(1-\alpha)k_*^{\alpha}+(1-\alpha)(1-q\eta_Y)\alpha k_*^{\alpha-1}\cdot\frac{\partial k_*}{\partial q}-(1+n)\cdot\frac{\partial k_*}{\partial q} \tag{6.113}$$

根据已知条件，当 $1-\alpha(1+\theta)\geqslant 0$ 时，在式（6.113）中，等号右边第一项和第二项小于0，而第三项大于0，无法判断均衡状态下工作期人均消费 c_{1*} 对参加养老保险企业的产出占社会总产出的比重 q 的偏导是否大于0，因此参加养老保险企业的产出占社会总产出的比重 q 的变动对均衡状态下工作期人均消费 c_{1*} 的影响不明确。

4. 对退休期人均消费 c_{2*} 的影响。

求均衡状态下退休期人均消费 c_{2*} 对参加养老保险企业的产出占社会总产出的比重 q 的偏导，可得：

$$\frac{\partial c_{2*}}{\partial q}=\eta_Y(1+n)(1-\alpha)k_*^{\alpha}+(1+n)[\alpha(1-q\eta_Y)+q\eta_Y]\alpha k_*^{\alpha-1}\cdot\frac{\partial k_*}{\partial q} \tag{6.114}$$

根据已知条件，当 $1-\alpha(1+\theta)\geqslant 0$ 时，在式（6.114）中，等号右边第一项大于0，而第二项小于0，无法判断均衡状态下退休期人均消费 c_{2*} 对参加养老保险企业的产出占社会总产出的比重 q 的偏导是否大于0，因此参加养老保险企业的产出占社会总产出的比重 q 的变动对均衡状态下退休期人均消费 c_{2*} 的影响不明确。

5. 对个人效用 U_* 的影响。

求均衡状态下个人效用 U_* 对参加养老保险企业的产出占社会总产出的比重 q 的偏导，可得：

$$\frac{\partial U_*}{\partial q}=\frac{1}{c_{1*}}\cdot\frac{\partial c_{1*}}{\partial q}+\frac{\theta}{c_{2*}}\cdot\frac{\partial c_{2*}}{\partial q} \tag{6.115}$$

根据已知条件，在式（6.115）中，无法判断均衡状态下个人效用 U_* 对参加养老保险企业的产出占社会总产出的比重 q 的偏导是否大于0，因此参加养老保险企业的产出占社会总产出的比重 q 的变动对均衡状态下个人效用 U_* 的影响不明确。

综上所述，当 $1-\alpha(1+\theta)\geqslant 0$ 时，在其他参数不变的情况下，提高参加养老保险企业的产出占社会总产出的比重 q 会导致均衡状态下的单位劳动资本 k_*、单位劳动产出 y_*、资本产出比 v_*、平均工资 w_* 下降；而对人均储蓄 s_*、资本回报率（利率）r_*、平均养老金 P_*、养老保险平均替代率 R_*、工作期人均消费 c_{1*}、退休期人均消费 c_{2*} 和个人效用 U_* 的影响并不明确。而当 $1-\alpha(1+\theta)<0$ 时，提高参加养老保险企业的产出占社会总产出的比重 q 对上述经济变量的影响均不明确，需要设置参数后用模拟的办法在后文敏感性分析时加以考察。

第七章

参数设置与模型模拟

第一节 参数设置

进行具体模拟分析之前，首先要对模型中的各个参数进行设置。但在已有研究中，不同人对同一参数设定数值的差异很大，参数设置具有一定的“主观性”。本节根据既有资料并结合前人研究，对模型中各个参数设置如下。

一、模型中一个时期（一代内）自然年数 T 的设置

本书采用的是一个简单的也是最为常见的两期的代际交叠模型，每个人都会经历工作期和退休期。模型中的一个时期即一代，通常相当于真实世界中自然年数 30 年左右，这也是已有研究进行模拟分析中大多采用的设置。但本书中这一参数的设置还要根据平均退休年龄加以确定，关于中国的平均退休年龄并没有准确的调查数据。2015 年 10 月 14 日，人社部在介绍“十二五”以来就业和社会保障工作成就时称“平均退休年龄不到 55 岁”①。再考虑两期叠代模型忽略的个人从出生到参加工作之前的未成年期，因此设模型中一个时期（一代内）自然年数 $T=27$（意味着平均退休年龄是 54 岁）作为本章这一参数的基准设置，并在第八章对这一参数进行敏感性分析，即尝试变更参数设置，观察模拟结果的变化。

二、资本产出弹性系数 α 的设置

不同研究对资本产出弹性系数 α 的设置差异较大。多数研究通常取值为

① 央视网．“十二五”系列报告会·就业社保工作成就［EB/OL］．［2015－10－15］．http：//news.cntv.cn/zhibo/tuwen/sewldbz/index.shtml.

0.3，但这种情况一般应用于发达经济体；杨再贵（2006、2007、2008、2009、2010、2011）的一系列关于公共养老金的论文在模拟分析时将资本产出弹性系数设为0.35；郑伟（2002、2005）在研究中国养老保险制度变迁的经济效应时，将物质资本产出弹性系数设为0.45；宋铮等（Song et al.，2015）在模拟分析时借鉴白重恩等（Bai et al.，2006）关于中国资本回报的研究，将资本的收入份额设为0.5；赵志耘等（2006）对中国的要素产出弹性运用多种方法从多个角度进行专门的实证研究，其中结论之一为："如果将上个世纪90年代以来要素产出弹性作为一个不变值分析，资本的产出弹性可设为0.54，劳动的产出弹性可设为0.46。"① 因此本章将 $\alpha=0.54$ 作为资本产出弹性系数的基准设置，并在第八章进行敏感性分析。

三、个人效用折现因子 θ 的设置

根据已有文献②，个人效用折现因子通常取值0.98/年，前文已将本书两期叠代模型中一期的时间跨度设为27年，因此本书模型中个人效用折现因子 $\theta=0.98^{27}$。

四、人口增长率 n 的设置

关于"人口"有很多种统计口径，一个国家或地区的生产总值最终是由已经实现就业的人员创造的，也就是本书模型中的"劳动者"，因此，本书的"劳动者"使用"就业人员"这一统计指标来表示。已知前文参数基准设置一期为27年，2014年末全国就业人员为77253万人，1987年末就业人员为52783万人③，一期27年（1987～2014年）就业人员增长率 $n=77253/52783-1=0.463596234$，将此值作为这一参数的基准设置。同理可以求得模型中一个时期跨度为26年至33年的就业人员增长率（见表7-1）。

表7-1　　不同时间跨度就业人员增长率

一期跨度（年）	起止年份	就业人员增长率
26	1988～2014	0.42181691

① 赵志耘，刘晓路，吕冰洋．中国要素产出弹性估计［J］．经济理论与经济管理，2006（6）：5-11.

② 例如佩切尼诺等（Pecchenino et al.，2002）在论文中将个人效用每年折现因子取值设为0.98。详见：Pecchenino，Rowena A.，Patricia S. Pollard. Dependent children and aged parents：funding education and social security in an aging economy［J］. Journal of Macroeconomics，2002，24（2）：145-169.

③ 数据来源于《中国统计年鉴2015》。

续表

一期跨度（年）	起止年份	就业人员增长率
27	**1987～2014**	**0.463596234**
28	1986～2014	0.506435006
29	1985～2014	0.548994446
30	1984～2014	0.602859099
31	1983～2014	0.663644586
32	1982～2014	0.705552489
33	1981～2014	0.766792453

注：表中黑体为基准参数设置。
资料来源：根据国家统计局网站数据整理计算。

五、养老保险覆盖范围 p 的设置

以往的模型模拟研究通常认为养老保险会覆盖全部劳动者，但第二章对中国养老保险现状的分析表明，中国的城镇职工养老保险并未覆盖全体劳动者。由于本书的“劳动者”使用“就业人员”这一统计指标来表示，因此在模型中养老保险覆盖范围是指在职职工参加养老保险人数与就业人员之比，2014 年末在职职工参加养老保险人数为 25531 万人，2014 年末就业人员数为 77253 万人[①]，由此计算的养老保险覆盖范围 $p=25531/77253=0.330485547$。

六、参加养老保险企业的产出占社会总产出的比重 q 的设置

本书在模型中使用的是柯布—道格拉斯形式的总量生产函数，在国民经济核算 SNA 体系下，某一时期经济的总产出 Y 是最终产品和劳务的总产出，对应的现实生活中的指标就是国内生产总值。由于本书第五章和第六章模型的前提假设是变更企业参加城镇职工养老保险的缴费基数，不再以工资作为缴费基数，而是以收入作为缴费基数，由于假设商品市场是出清的，企业的收入全部来自企业的产出，模型中参加养老保险企业的产出也是最终产品的产出，对应的就是现实生活中参加养老保险企业的增值额。但国民经济核算中并没有关于参加养老保险企业增值额的核算，只能通过“分行业增加值”来加以估计，当然这种估计有一定的“主观性”。2014 年国民经济核算分行业增加值情况见表 7－2。

① 数据来源于《中国统计年鉴 2015》。

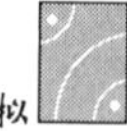

表 7 – 2　　2014 年国民经济核算分行业增加值　　单位：亿元

指标			2014 年数值
国内生产总值			635910
分行业增加值	农林牧渔业增加值	A	60158
	工业增加值	B	228122.9
	建筑业增加值	C	44789.6
	批发和零售业增加值	D	62423
	交通运输、仓储和邮政业增加值	E	28494
	住宿和餐饮业增加值	F	11158
	金融业增加值	G	46665
	房地产业增加值	H	38001
	其他行业增加值	I	116098

资料来源：国家统计局网站。

在表 7 – 2 的行业分类中，工业，建筑业，交通运输、仓储和邮政业，金融业，房地产业在现实中的企业法人占大多数，按照法律规定参加城镇职工养老保险的比重相对较高；而在农林牧渔业、批发和零售业、住宿和餐饮业以及其他行业中，自然人和非企业法人的生产者所占的比重较高。因此用工业，建筑业，交通运输、仓储和邮政业，金融业，房地产业的增加值之和与国内生产总值之比来表示参加养老保险企业的产出占社会总产出的比重。将表 7 – 2 中行 B、行 C、行 E、行 G 和行 H 数值相加就等于工业，建筑业，交通运输、仓储和邮政业，金融业，房地产业的增加值之和，即 386072.5 亿元，本书假设这就是参加养老保险企业的增加值之和。因此参加养老保险企业的产出占社会总产出的比重 $q = 386072.5/635910 = 0.607118146$。

七、个人缴费率 τ 和企业缴费率 η_w 的设置

（一）NW 模型中个人缴费率 τ 和企业缴费率 μ_w 的设置

在实际中，城镇职工养老保险个人缴费率为 8%，而各地企业缴费率一般在 20% 左右。既有研究通常将企业缴费率设为 20%，将个人缴费率设为 8%。但第二章分析表明，由于工资基数不实的问题以及个人缴费基数存在上下限的规定导致上述缴费率并不是真实缴费率，而只是名义缴费率，并不能完全反映企业的真

实负担情况，用其进行模拟分析并不完全准确，因此有必要根据实际的养老保险收支重新估算企业缴费率和个人缴费率。

2014 年城镇职工基本养老保险基金征缴收入为 20434 亿元①，而基金支出为 21754.7 亿元②，征缴收入小于基金支出。但本书模型设定收支相等，因此使用实际的城镇职工养老保险基金支出（21754.7 亿元）来代表 NW 模型中养老保险缴费收入总额，即 $p\mu_w wL + p\tau wL$，用以估算模型设定的企业缴费率 μ_w 和个人缴费率 τ。如前文所述，城镇职工养老保险企业和个人的名义缴费率分别为 20% 和 8%，因此假设模型中设定的企业缴费率和个人缴费率之比亦为 20∶8，即 $\mu_w/\tau = 20/8$，那么可以计算出模型中企业缴费收入额 $p\mu_w wL$ 为 15539.07143 亿元，而个人缴费收入额 $p\tau wL$ 为 6215.628571 亿元。

前文已经估算了养老保险覆盖范围 $p = 0.330485547$，因此只要知道模型中的工资总额 $w_t L_t$，就可以计算出模型设定的企业缴费率 μ_w 和个人缴费率 τ。本书模型使用的是柯布—道格拉斯形式的总量生产函数，因此应当使用国民经济核算收入法当中的“劳动者报酬”③ 这一指标来代表模型中的工资总额 wL。中国只在地区经济总量核算中采用收入法，2014 年地区劳动者报酬合计为 318258.09 亿元，收入法地区生产总值合计为 684349.42 亿元④，而国内生产总值为 635910 亿元⑤，地区生产总值合计要大于国内生产总值，因此应对地区劳动者报酬合计加以折算，劳动者报酬折算值 = 635910/684349.42 × 318258.09 亿元 = 295731.2392（亿元），这样模型中工资总额 wL 为 295731.2392 亿元。由此可以计算出模型设定的企业缴费率 μ_w 为 0.16，个人缴费率 τ 为 0.06。

（二）FW 模型中个人缴费率 τ 和企业缴费率 η_w 的设置

前文分析表明，由 NW 模型转为 FW 模型即养老保险个人账户由“空账”转变为“实账”，个人缴费率保持不变，即 τ 仍为 0.06；企业缴费基数不变，但企业缴费率会增加。究其原因是个人账户实账运营，即养老保险个人缴费全部形成实账积累，不再用于当期支出，当期就会出现收支缺口，如果不通过养老保险制度外措施弥补这一转制成本的话，就只能通过提高企业缴费率来实现养老保险基金的收支均衡。即 FW 模型中企业缴费率 η_w 的确定一定要满足转变时期养老保险基金支出的需求。2014 年养老保险基金支出为 21754.7 亿元，如果假设此时做

---

① 数据来源于《2014 年度人力资源和社会保障事业发展统计公报》。

②⑤ 数据来源于《中国统计年鉴 2015》。

③ 劳动者报酬指劳动者因从事生产活动所获得的全部报酬。包括劳动者获得的各种形式的工资、奖金和津贴，既包括货币形式的，也包括实物形式的，还包括劳动者所享受的公费医疗和医药卫生费、上下班交通补贴、单位支付的社会保险费、住房公积金等。

④ 根据《中国统计年鉴 2015》数据计算而得。

实个人账户的话，FW 模型下由企业缴费率 η_w 确定的企业缴费收入 $p\eta_w wL$ 应等于此时的基金支出 21754.7 亿元，由于前文已经计算此时的模型中工资总额 wL 为 295731.2392 亿元并估算出养老保险覆盖范围 $p=0.330485547$，因此可以反向求得 FW 模型下的企业缴费率 η_w 为 0.22。

（三）NY 模型中个人缴费率 τ 和企业缴费率 μ_Y 的设置

NW 模型转为 NY 模型，即在个人参加养老保险缴费基数和个人缴费率都保持不变的情况下，企业不再以工资总额作为缴费基数，而是以收入作为缴费基数。本部分依然按前文设定的原则即这种改革必须保证即期（改革期或转变期）的养老保险基金的收支平衡。2014 年养老保险基金支出为 21754.7 亿元，如果假设此时改变企业缴费基数，NY 模型下由企业缴费率 μ_Y 确定的企业缴费收入 $q\mu_Y Y$ 与个人缴费收入 $p\tau wL$ 之和，即养老保险缴费收入总额 $q\mu_Y Y+p\tau wL$，应等于此时的基金支出（21754.7 亿元）。由于个人缴费基数和个人缴费率 τ 都不改变，即 τ 仍为 0.06，因此 NY 模型个人缴费收入额 $p\tau wL$ 与 NW 模型相同，为 6215.628571 亿元，可以求得 NY 模型下企业缴费收入 $q\mu_Y Y$ 为 15539.07143 亿元。本书模型关于生产者行为的描述使用的是柯布—道格拉斯形式的总量生产函数并假设商品市场是出清的，某一时期企业的总收入 Y 即经济的总产出就是最终产品的总产出，对应现实生活中的指标就是国内生产总值。2014 年国内生产总值为 635910 亿元，可以求得 $q\mu_Y$ 等于 0.02443596，前文已经估计参加养老保险企业的产出占社会总产出的比重 q 为 0.607118146，因此最终可以求得 NY 模型下以收入为基数的企业缴费率 μ_Y 为 0.04，将此值作为这一参数的基准设置。由于 q 的估计的“主观性”，为了后文进行敏感性分析，按照同样方法求得不同 q 值对应的 μ_Y（见表 7-3）。可以看出，随着参加养老保险企业的产出占社会总产出的比重 q 取值不断增加，NY 模型下以收入为基数的企业缴费率 μ_Y 下降，而 $q\mu_Y$ 保持不变。究其原因在于模型是根据养老保险基金的收支相等的原则来确定企业缴费率的。

表 7-3　　不同 q 值对应的 μ_Y

q	0.2	0.4	**0.607118**	0.8	1
$q\mu_Y$	0.024436	0.024436	**0.024436**	0.024436	0.024436
μ_Y	0.12218	0.06109	**0.04**	0.030545	0.024436

注：表格中的数据有四舍五入造成的影响，后文存在相同情形，不再赘述；表中黑体为基准参数设置。

（四）FY 模型中个人缴费率 τ 和企业缴费率 η_Y 的设置

NW 模型转为 FY 模型，即在个人参加养老保险缴费基数和个人缴费率都保持不变的情况下（即 τ 仍为 0.06），企业不再以工资总额作为缴费基数，而是以收入作为缴费基数，并且同时做实个人账户。依然按前文设定的原则即这种改革必须保证即期（改革期或转变期）的养老保险基金的收支平衡。2014 年养老保险基金支出为 21754.7 亿元，如果假设此时改变企业缴费基数并做实个人账户，个人缴费形成个人账户基金不再用于当期支出，FY 模型下的由企业缴费率 η_Y 确定的企业缴费收入 $q\eta_Y Y$，应等于此时的基金支出（21754.7 亿元）。本书模型关于生产者行为的描述使用的是柯布—道格拉斯形式的总量生产函数并假设商品市场是出清的，某一时期企业的总收入 Y 即经济的总产出就是最终产品的总产出，对应现实生活中的指标就是国内生产总值。2014 年国内生产总值为 635910 亿元，可以求得 $q\eta_Y$ 等于 0.034210344，前文已经估计参加养老保险企业的产出占社会总产出比重 q 为 0.607118146，因此最终可以求得 NY 模型下以收入为基数的企业缴费率 η_Y 为 0.06，将此值作为这一参数的基准设置。由于 q 的估计的“主观性”，为后文进行敏感性分析，按照同样方法求得不同 q 值对应的 η_Y（见表 7-4）。可以看出，随着参加养老保险企业的产出占社会总产出比重 q 取值不断增加，FY 模型下以收入为基数的企业缴费率 η_Y 下降，而 $q\eta_Y$ 保持不变。其原因在于模型是根据养老保险社会统筹基金的收支相等的原则来确定企业缴费率的。

表 7-4　　不同 q 值对应的 η_Y

q	0.2	0.4	**0.607118**	0.8	1
$q\eta_Y$	0.03421	0.03421	**0.03421**	0.03421	0.03421
η_Y	0.171052	0.085526	**0.06**	0.042763	0.03421

注：表中黑体为基准参数设置。

八、模型参数的基准设置总结

为了进行模型模拟，将以上模型参数的基准设置归纳总结在表 7-5 中，具体如下。

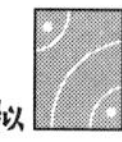

表 7－5　　模型参数的基准设置

参数名称	符号	参数设置
一个时期（一代内）自然年数（跨度）	T	27
资本产出弹性系数	α	0.54
个人效用折现因子	θ	0.98^{27}
人口增长率	n	0.463596234
养老保险覆盖范围	p	0.330485547
参加养老保险企业的产出占社会总产出的比重	q	0.607118146
NW 模型、FW 模型、NY 模型和 FY 模型下的个人缴费率	τ	0.06
NW 模型下的企业缴费率	μ_w	0.16
FW 模型下的企业缴费率	η_w	0.22
NY 模型下的企业缴费率	μ_Y	0.04
FY 模型下的企业缴费率	η_Y	0.06

第二节　模型模拟

将本章第一节各个参数的基准设置分别代入第三章、第四章、第五章和第六章一般均衡模型中的各个动态均衡方程中，运用 matlab 软件进行具体运算，求解各个经济变量在稳定均衡状态下的定态值，并对不同模型进行比较分析。需要说明的是，运用 matlab 软件求得的解析值并没有现实的经济含义，只是为了在稳定均衡状态的比较分析过程中考察各个经济变量的相对变化情况。

一、NW 模型与 FW 模型定态值的比较

NW 模型转变为 FW 模型是在不改变企业缴费基数的情况下，通过企业缴费率实现养老保险制度内消化转制成本，实现做实个人账户，即养老保险个人账户部分由现收现付制变为完全基金制。

由表 7－6 可以看出：在不改变企业缴费基数的情况下，通过提高企业缴费率来实现养老保险个人账户由“空账”转变为“实账”，即 NW 模型转变为 FW 模型，会使定态下资本劳动比 k_* 由 0.007220702 上升为 0.007252703，增长 0.44%；定态下单位劳动产出 y_* 由 0.069764241 上升为 0.069931032，增幅为 0.24%；定态下资本产出比 v_* 由 0.103501472 上升到 0.103712224，增幅为

0.20%；定态下人均储蓄 s_* 由 0.010568192 下降为 0.010020394，降幅为 5.18%；定态下资本回报率（利率）r_* 由 4.217317126 下降到 4.206715069，降幅为 0.25%；定态下单位劳动工资（平均工资）w_* 由 0.030479847 下降至 0.029987947，降幅为 1.61%；定态下平均养老金 P_* 由 0.009814242 上升到 0.019024176，增幅为 93.84%；定态下养老金平均替代率 R_* 由 0.321991171 上升到 0.634394076，增幅为 97.02%；定态下工作期人均消费 c_{1*} 由 0.019307267 上升到 0.019372918，增幅为 0.34%；退休期人均消费 c_{2*} 由 0.058381073 上升到 0.05846055，增幅为 0.14%；定态下个人效用 U_* 由 −5.593688046 上升到 −5.589505011[①]，增幅为 0.07%。

表 7－6　　NW 模型与 FW 模型定态值的比较

变量	以工资为企业缴费基数 个人账户空账 NW	以工资为企业缴费基数 个人账户实账 FW	变化 （%）
k_*	0.007220702	0.007252703	0.44
y_*	0.069764241	0.069931032	0.24
v_*	0.103501472	0.103712224	0.20
s_*	0.010568192	0.010020394	−5.18
r_*	4.217317126	4.206715069	−0.25
w_*	0.030479847	0.029987947	−1.61
P_*	0.009814242	0.019024176	93.84
R_*	0.321991171	0.634394076	97.02
c_{1*}	0.019307267	0.019372918	0.34
c_{2*}	0.058381073	0.058460550	0.14
U_*	−5.593688046	−5.589505011	0.07

NW 模型转变为 FW 模型，从变化的方向来看定态下各个经济变量，只有人均储蓄、利率和平均工资下降，其他经济变量均上升；从变化的幅度看，变化幅度超过 1% 的只有人均储蓄、平均工资、平均养老金和养老金替代率，其他经济变量变化幅度均小于 1%。养老保险个人账户由空账转变为实账，的确会使定态

① 本书模型效用函数采用的是对数效用函数，因此求解出的值是负值，并没有真实的经济含义，而只是为了在与其他模型的比较分析过程中考察其相对变化情况。后文如无特殊说明均与此相同，不再赘述。

下资本劳动比上升，但是通过提高企业缴费率来实现做实个人账户，资本劳动比上升的幅度就非常有限，正如模型模拟得出定态下资本劳动比只上升了0.44%，并进而导致利率略有下降以及单位劳动产出、资本产出比、工作期人均消费、退休期人均消费和个人终生效用的略微上升。人均储蓄下降的原因在于做实的个人账户相当于政府强制的储蓄，会对私人储蓄产生替代效应，从而“挤出”私人储蓄。单位劳动工资的变化是两种相反方向影响共同作用的结果，一方面，资本劳动比上升会导致单位劳动工资上升；另一方面，提高企业缴费率会导致单位劳动工资下降，企业缴费率提高引发的下降效应大于资本劳动比上升引发的增长效应，因而NW模型转变为FW模型平均工资小幅下降。定态下平均养老金和养老金平均替代率大幅上升的原因，主要是为了做实个人账户、提高企业缴费率从而在养老保险制度内消化转制成本，在过渡时期结束转制成本完全消化之后，企业缴费率仍维持不变，必然会大幅提高平均养老金和养老保险平均替代率。需要说明的是，模型FW与基准模型NW相比，虽然平均养老金和养老金平均替代率有大幅上升，但人均储蓄和利率是下降的，因而退休期人均消费上升幅度非常有限。

通过以上模拟结果可以得出如下结论：在养老保险制度内消化转制成本，且不改变企业缴费基数的情况下，通过提高企业缴费率做实个人账户完全没有必要。因为正如模拟结果表明：这种方式对除平均养老金和养老保险平均替代率外其他经济变量的影响非常有限，而且在现实中也根本不可能实施。正如本章第一节参数设置中所述，NW模型中企业缴费率为16%，对应的是2019年降费改革前现实生活中20%左右的名义企业缴费率；转变为FW模型企业缴费率要提高到22%，如果对应现实生活中的名义缴费率则更高。中国2019年降费改革前20%的企业名义缴费率已经非常高，全社会对于降低企业名义缴费率也已达成共识，因此才有了2019年的降费改革。在这一背景下，在养老保险制度内消化转制成本，且不改变企业缴费基数的情况下，通过提高企业缴费率做实个人账户根本不可能实现。

二、NW模型与NY模型定态值的比较

NW模型转变为NY模型是在养老保险个人账户仍维持“空账”运行且个人缴费基数和个人缴费率不发生改变的情况下，企业参加养老保险不再以工资作为缴费基数，改为以收入作为参保缴费基数并根据基金支出需求确定企业缴费率。

表7-7表明：NW模型转变为NY模型，会使定态下资本劳动比k_*由0.007220702上升为0.007614189，增长5.45%；定态下单位劳动产出y_*由0.069764241上升为0.071792119，增幅为2.91%；定态下资本产出比v_*由

0.103501472 上升到 0.106058841，增幅为 2.47%；定态下人均储蓄 s_* 由 0.010568192 上升为 0.011144098，增幅为 5.45%；定态下资本回报率（利率）r_* 由 4.217317126 下降到 3.967867278，降幅为 5.91%；定态下单位劳动工资（平均工资）w_* 由 0.030479847 上升至 0.032222387，增幅为 5.72%；定态下平均养老金 P_* 由 0.009814242 上升到 0.010550727，增幅为 7.50%；定态下养老金平均替代率 R_* 由 0.321991171 上升到 0.32743468，增幅为 1.69%；定态下工作期人均消费 c_{1*} 由 0.019307267 上升到 0.020439347，增幅为 5.86%；退休期人均消费 c_{2*} 由 0.058381073 上升到 0.058849264，增幅为 0.80%；定态下个人效用 U_* 由 −5.593688046 上升到 −5.532078438，增幅为 1.10%。

表 7－7　**NW 模型与 NY 模型定态值的比较**

变量	以工资为企业缴费基数 个人账户空账 NW	以收入为企业缴费基数 个人账户空账 NY	变化 （%）
k_*	0.007220702	0.007614189	5.45
y_*	0.069764241	0.071792119	2.91
v_*	0.103501472	0.106058841	2.47
s_*	0.010568192	0.011144098	5.45
r_*	4.217317126	3.967867278	−5.91
w_*	0.030479847	0.032222387	5.72
P_*	0.009814242	0.010550727	7.50
R_*	0.321991171	0.32743468	1.69
c_{1*}	0.019307267	0.020439347	5.86
c_{2*}	0.058381073	0.058849264	0.80
U_*	−5.593688046	−5.532078438	1.10

以上分析表明：在养老保险个人账户仍维持“空账”运行情况下，企业改工资为收入作为参保缴费基数并根据基金支出需求确定企业缴费率，会使单位劳动资本上升，进而引发利率下降以及其他经济变量上升。

三、NW 模型与 FY 模型定态值的比较

NW 模型转变为 FY 模型是在不改变个人缴费基数和个人缴费率的情况下，

企业不再以工资作为其参保缴费基数，改为以收入作为参保缴费基数，合理确定企业缴费率以满足当期基金支出需求并实现养老保险个人账户由“空账”转变为“实账”。

由表7-8可以看出：NW模型转变为FY模型，会使定态下资本劳动比 k_* 由0.007220702上升为0.007667972，增长6.19%；定态下单位劳动产出 y_* 由0.069764241上升为0.072065512，增幅为3.30%；定态下资本产出比 v_* 由0.103501472上升到0.106402795，增幅为2.80%；定态下人均储蓄 s_* 由0.010568192上升为0.010589421，增幅为0.20%；定态下资本回报率（利率）r_* 由4.217317126下降到3.890185197，降幅为7.76%；定态下单位劳动工资（平均工资）w_* 由0.030479847上升至0.031942573，增幅为4.80%；定态下平均养老金 P_* 由0.009814242上升到0.02099805，增幅为113.95%；定态下养老金平均替代率 R_* 由0.321991171上升到0.657368769，增幅为104.16%；定态下工作期人均消费 c_{1*} 由0.019307267上升到0.020719758，增幅为7.32%；退休期人均消费 c_{2*} 由0.058381073上升到0.058723783，增幅为0.59%；定态下个人效用 U_* 由-5.593688046上升到-5.519689601，增幅为1.32%。

表7-8　NW模型与FY模型定态值的比较

变量	以工资为企业缴费基数 个人账户空账 NW	以收入为企业缴费基数 个人账户实账 FY	变化 （%）
k_*	0.007220702	0.007667972	6.19
y_*	0.069764241	0.072065512	3.30
v_*	0.103501472	0.106402795	2.80
s_*	0.010568192	0.010589421	0.20
r_*	4.217317126	3.890185197	-7.76
w_*	0.030479847	0.031942573	4.80
P_*	0.009814242	0.02099805	113.95
R_*	0.321991171	0.657368769	104.16
c_{1*}	0.019307267	0.020719758	7.32
c_{2*}	0.058381073	0.058723783	0.59
U_*	-5.593688046	-5.519689601	1.32

以上分析表明：企业将参保缴费基数由工资改为收入，合理确定企业缴费率

以满足当期基金支出需求并实现养老保险个人账户由“空账”转变为“实账”。在这种情况下会使单位劳动资本上升，进而引发利率下降以及其他经济变量上升。需要说明的有两点：一是定态下平均养老金和养老金平均替代率增幅超过100%；二是定态下人均储蓄和退休期人均消费增幅小于1%。定态下平均养老金和养老金平均替代率增幅较大的原因与之前FW模型类似，改变企业缴费基数后确定的企业缴费率，要在制度内消化由做实个人账户所带来的转制成本，过渡时期结束转制成本完全消化之后，就会引发平均养老金和养老金平均替代率大幅上升。NW模型转为FY模型对私人储蓄会产生两种相反方向的影响，即企业改变缴费基数会使人均储蓄上升，而做实个人账户会对私人储蓄产出挤出效应，因此定态下人均储蓄仅上升了0.2%。NW模型转为FY模型对退休期人均消费也会产生两种相反方向的影响，即平均养老金上升会增加退休期消费，而利率下降储蓄基本保持不变会使退休期消费减少，因而退休期人均消费变化很小。

四、不同模型定态值的比较

我们将不同模型的模拟测算结果放在同一表格中（见表7-9），将FW模型、NY模型与FY模型相对于基准模型NW的变化情况也放在同一表格中（见表7-10）。

表7-9　　不同模型定态值的比较

变量	以工资为企业缴费基数 个人账户空账 NW	以工资为企业缴费基数 个人账户实账 FW	以收入为企业缴费基数 个人账户空账 NY	以收入为企业缴费基数 个人账户实账 FY
k_*	0.007220702	0.007252703	0.007614189	0.007667972
y_*	0.069764241	0.069931032	0.071792119	0.072065512
v_*	0.103501472	0.103712224	0.106058841	0.106402795
s_*	0.010568192	0.010020394	0.011144098	0.010589421
r_*	4.217317126	4.206715069	3.967867278	3.890185197
w_*	0.030479847	0.029987947	0.032222387	0.031942573
P_*	0.009814242	0.019024176	0.010550727	0.02099805
R_*	0.321991171	0.634394076	0.32743468	0.657368769
c_{1*}	0.019307267	0.019372918	0.020439347	0.020719758
c_{2*}	0.058381073	0.05846055	0.058849264	0.058723783
U_*	-5.593688046	-5.589505011	-5.532078438	-5.519689601

表 7-10　　FW、NY 与 FY 相对于 NW 的变化

变量	NW 转为 FW 变化	NW 转为 NY 变化	NW 转为 FY 变化
k_*	0.44%	5.45%	6.19%
y_*	0.24%	2.91%	3.30%
v_*	0.20%	2.47%	2.80%
s_*	-5.18%	5.45%	0.20%
r_*	-0.25%	-5.91%	-7.76%
w_*	-1.61%	5.72%	4.80%
P_*	93.84%	7.50%	113.95%
R_*	97.02%	1.69%	104.16%
c_{1*}	0.34%	5.86%	7.32%
c_{2*}	0.14%	0.80%	0.59%
U_*	0.07%	1.10%	1.32%

根据表 7-9 和表 7-10，综合比较 FW 模型、NY 模型与 FY 模型以及这三个模型相对于基准模型 NW 的变化，可以看出：在这四个模型中，FY 模型相对于其他三个模型定态下资本劳动比 k_*、单位劳动产出 y_*、资本产出比 v_*、平均养老金 P_*、养老金平均替代率 R_*、工作期人均消费 c_{1*} 和个人效用 U_* 最大，而资本回报率（利率）r_* 最小，且上述经济变量相对于基准模型 NW 的变化程度也最大。NY 模型人均储蓄 s_*、单位劳动工资（平均工资）w_* 和退休期人均消费 c_{2*} 最大，其相对于基准模型 NW 的变化程度也最大。FW 模型人均储蓄 s_* 最小，其相对于基准模型 NW 是下降的，而且除了平均养老金和养老保险平均替代率以及人均储蓄外，其他经济变量相对于基准模型 NW 的变化相对较小。

上述分析的经济含义表明：相较于其他方式，企业将参保缴费基数由工资改为收入，合理确定企业缴费率以满足当期基金支出需求，并实现养老保险个人账户由"空账"转变为"实账"，即由 NW 模型转为 FY 模型，可以最大限度地增加资本劳动比、单位劳动产出、资本产出比、平均养老金、养老金平均替代率、工作期人均消费和个人效用，并且最大幅度地降低资本回报率（利率）。而如果维持个人账户"空账"运行，企业改工资为收入作为参保缴费基数并根据基金支出需求确定企业缴费率，即由 NW 模型转为 NY 模型，只能使人均储蓄、单位劳动工资（平均工资）和退休期人均消费得到最大幅度的增加。如果在不改变企业缴费基数的情况下，通过企业缴费率实现养老保险制度内消化转制成本，实现做实个人账户，即由 NW 模型转为 FW 模型只能降低人均储蓄，对储蓄产生挤出效应，对除平均养老金和养老保险平均替代率以及人均储蓄外其他经济变量的影响非常有限。

通过以上分析可以看出如下两点。

第一，NY 模型、FY 模型与 FW 模型相比，NY 模型和 FY 模型对经济的正向影响要好于 FW 模型。

NW 模型转变为 FW 模型，虽然能使定态下的平均养老金和养老保险平均替代率大幅上升，但退休期人均消费上升幅度却非常小，其他经济变量如资本劳动比、单位劳动产出、资本产出比、工作期人均消费和个人终生效用的变化幅度也非常小。因此从对资本和产出以及消费者福利的影响角度来看，单纯通过提高企业缴费的方式做实个人账户完全没有必要。

在 FY 模型或 NY 模型中，定态下资本劳动比、单位劳动产出、资本产出比、工作期人均消费、退休期人均消费和个人终生效用模拟值均高于 FW 模型下的模拟值，且与基准模型 NW 相比，上述经济变量上升幅度也更大。这表明如果企业参加养老保险不再以工资作为缴费基数，改为以收入作为参保缴费基数的话，将对资本和产出以及消费者福利产生明显的提升作用。

第二，NY 模型与 FY 模型相比，FY 模型对经济的正向影响更大。

虽然 NY 模型下人均储蓄、资本回报率（利率）和单位劳动工资（平均工资）的测算值高于 FY 模型，但上述变量只是反映经济运行过程的中间变量，不能作为衡量经济效率的最终指标；而 FY 模型下资本劳动比、单位劳动产出、资本产出比这三个反映资本和产出水平衡量经济效率的指标要高于 NY 模型。因此 FY 模型相较于 NY 模型对于资本和产出的促进作用更大。

虽然 NY 模型下退休期人均消费高于 FY 模型，但反映消费者福利的核心指标是个人终生效用，FY 模型下个人终生效用的测算值要更大，此外本书选择的是能够反映消费者福利的其他指标：平均养老金、养老金平均替代率和工作期人均消费，FY 模型下测算值均高于 NY 模型。因此 FY 模型相较于 NY 模型对于消费者福利的提升作用更大。

综上所述，在个人缴费基数和个人缴费率不发生改变的前提下，企业将参保缴费基数由“工资”改为“收入”并做实个人账户，相较于其他方式能够最大幅度地促进资本和产出以及消费者福利的增加。因此，中国城镇职工养老保险筹资改革的目标模式应选择 FY 模型，即企业不再以工资作为其参保缴费基数，改为以收入作为参保缴费基数，合理确定企业缴费率，以满足当期基金支出需求并实现养老保险个人账户由“空账”转变为“实账”。

第八章

敏感性分析

第一节 NW 模型下的敏感性分析

一、模型中一个时期（一代内）自然年数 T 的敏感性分析

表 8-1 列出了 NW 模型下时期跨度 T 取值 26~33 所对应的就业人员增长率以及稳定均衡状态下各个经济变量的测算值，其中 $T=27$ 是这一参数的基准设置。

表 8-1　　NW 模型下 T 的敏感性分析

T	26	**27**	28	29	30	31	32	33
n	0.421817	**0.463596**	0.506435	0.548994	0.602859	0.663645	0.705552	0.766792
θ	0.98^{26}	$\mathbf{0.98^{27}}$	0.98^{28}	0.98^{29}	0.98^{30}	0.98^{31}	0.98^{32}	0.98^{33}
k_*	0.007911	**0.007221**	0.006591	0.006029	0.005437	0.004871	0.004481	0.00403
y_*	0.073288	**0.069764**	0.066412	0.063287	0.059857	0.056405	0.053922	0.050917
v_*	0.107938	**0.103501**	0.099249	0.095257	0.090841	0.086358	0.083109	0.079148
s_*	0.011247	**0.010568**	0.009929	0.009338	0.008715	0.008104	0.007643	0.00712
r_*	4.002876	**4.217317**	4.440851	4.668876	4.944471	5.253008	5.497459	5.822653
w_*	0.032019	**0.03048**	0.029015	0.02765	0.026151	0.024643	0.023558	0.022246
P_*	0.010016	**0.009814**	0.009616	0.009422	0.009222	0.009019	0.00884	0.008647
R_*	0.3128	**0.321991**	0.331416	0.340779	0.352629	0.366002	0.375222	0.388694

续表

T	26	**27**	28	29	30	31	32	33
c_{1*}	0.020137	**0.019307**	0.01851	0.017763	0.016917	0.016051	0.015448	0.014684
c_{2*}	0.059579	**0.058381**	0.057202	0.056051	0.054856	0.053653	0.052583	0.051436
U_*	-5.5732	**-5.59369**	-5.61449	-5.6345	-5.66299	-5.69575	-5.71331	-5.74446

注：表中用黑体标出的是在基准参数设置时的测算值，后文表格中用黑体标出内容的含义均与此相同，不再赘述。

由表 8-1 可以看出：在 NW 模型下，随着一期时间跨度 T 取值变大，其对应的基于历史数据得出的就业人员增长率 n 也会变大，模型模拟得出的定态下的各个经济变量具体测算值中资本劳动比 k_*、单位劳动产出 y_*、资本产出比 v_*、人均储蓄 s_*、平均工资 w_*、平均养老金 P_*、工作期人均消费 c_{1*}、退休期人均消费 c_{2*}和个人效用 U_*逐渐变小，只有资本回报率（利率）r_* 和养老金平均替代率 R_*逐渐变大。

二、资本产出弹性系数 α 的敏感性分析

表 8-2 列出了 NW 模型下资本产出弹性系数 α 分别取值 0.3、0.35、0.4、0.45、0.5、0.54 和 0.6 时所得出的稳定均衡状态下各个经济变量的测算值，其中 $\alpha=0.54$ 是这一参数的基准设置。

表 8-2　　NW 模型下 α 的敏感性分析

α	0.3	0.35	0.4	0.45	0.5	**0.54**	0.6
k_*	0.065417	0.048732	0.033967	0.02177	0.0125	**0.007221**	0.002478
y_*	0.441272	0.347324	0.258478	0.178664	0.111803	**0.069764**	0.02732
v_*	0.148246	0.140307	0.131412	0.12185	0.111803	**0.103501**	0.090709
s_*	0.095743	0.071324	0.049714	0.031863	0.018295	**0.010568**	0.003627
r_*	1.02367	1.494528	2.043863	2.693076	3.472133	**4.217317**	5.614538
w_*	0.293377	0.214423	0.147298	0.09333	0.053094	**0.03048**	0.010379
P_*	0.094465	0.069042	0.047429	0.030052	0.017096	**0.009814**	0.003342
R_*	0.321991	0.321991	0.321991	0.321991	0.321991	**0.321991**	0.321991

续表

α	0.3	0.35	0.4	0.45	0.5	**0.54**	0.6
c_{1*}	0.191816	0.138847	0.094663	0.059617	0.033746	**0.019307**	0.006546
c_{2*}	0.224973	0.200737	0.166997	0.127603	0.087468	**0.058381**	0.025096
U_*	-2.5158	-2.90503	-3.39473	-4.01305	-4.80099	**-5.59369**	-7.1646

由表8-2可以看出：随着资本产出弹性系数 α 取值逐渐变大，在NW模型模拟得出的定态下的各个经济变量具体测算值中，资本劳动比 k_*、单位劳动产出 y_*、资本产出比 v_*、人均储蓄 s_*、平均工资 w_*、平均养老金 P_*、工作期人均消费 c_{1*}、退休期人均消费 c_{2*} 和个人效用 U_* 逐渐变小，只有资本回报率（利率）r_* 逐渐变大，养老金平均替代率 R_* 保持不变。

三、个人效用折现因子 θ 的敏感性分析

表8-3列出了NW模型下个人效用折现因子 θ 分别取值 0.975^{27}、0.98^{27}、0.985^{27}、0.99^{27} 和 0.995^{27} 时所得出的稳定均衡状态下各个经济变量的测算值，其中 $\theta=0.98^{27}$ 是这一参数的基准设置。

表8-3　NW模型下 θ 的敏感性分析

θ	0.975^{27}	$\mathbf{0.98^{27}}$	0.985^{27}	0.99^{27}	0.995^{27}
k_*	0.005919	**0.007221**	0.008717	0.010412	0.012304
y_*	0.062666	**0.069764**	0.077231	0.085009	0.09303
v_*	0.094461	**0.103501**	0.112866	0.122479	0.132258
s_*	0.008664	**0.010568**	0.012758	0.015239	0.018008
r_*	4.716668	**4.217317**	3.784445	3.408928	3.082934
w_*	0.027379	**0.03048**	0.033742	0.03714	0.040645
P_*	0.008816	**0.009814**	0.010865	0.011959	0.013087
R_*	0.321991	**0.321991**	0.321991	0.321991	0.321991
c_{1*}	0.018172	**0.019307**	0.020315	0.021165	0.021831
c_{2*}	0.052441	**0.058381**	0.064629	0.071138	0.077851
U_*	-5.49607	**-5.59369**	-5.7177	-5.87038	-6.05424

由表8-3可以看出：随着个人效用折现因子θ取值逐渐变大，在NW模型模拟得出的定态下的各个经济变量具体测算值中，资本劳动比k_*、单位劳动产出y_*、资本产出比v_*、人均储蓄s_*、平均工资w_*、平均养老金P_*、工作期人均消费c_{1*}和退休期人均消费c_{2*}逐渐变大，只有资本回报率（利率）r_*和个人效用U_*逐渐变小，养老金平均替代率R_*保持不变。

四、就业人口增长率n的敏感性分析

表8-4列出了NW模型下就业人口增长率n分别取值-0.1、0、0.2、0.463596、1、1.5、2和2.2时所得出的稳定均衡状态下各个经济变量的测算值，其中n=0.463596是这一参数的基准设置。

表8-4　　NW模型下n的敏感性分析

n	-0.1	0	0.2	**0.463596**	1	1.5	2	2.2
k_*	0.020781	0.016527	0.011119	**0.007221**	0.003663	0.002255	0.001517	0.001318
y_*	0.123463	0.1091	0.088079	**0.069764**	0.048355	0.037211	0.030042	0.02785
v_*	0.168316	0.151484	0.126237	**0.103501**	0.075742	0.060594	0.050495	0.047339
s_*	0.018703	0.016527	0.013343	**0.010568**	0.007325	0.005637	0.004551	0.004219
r_*	2.208252	2.564724	3.277669	**4.217317**	6.129449	7.911811	9.694173	10.40712
w_*	0.053941	0.047665	0.038481	**0.03048**	0.021126	0.016258	0.013125	0.012167
P_*	0.01068	0.010486	0.010159	**0.009814**	0.009295	0.008942	0.008663	0.008566
R_*	0.198	0.22	0.264	**0.321991**	0.44	0.55	0.66	0.704
c_{1*}	0.034169	0.030193	0.024376	**0.019307**	0.013382	0.010298	0.008314	0.007707
c_{2*}	0.063533	0.062379	0.060432	**0.058381**	0.055295	0.05319	0.05153	0.050955
U_*	-4.97385	-5.10816	-5.34056	**-5.59369**	-5.99172	-6.27616	-6.50857	-6.59083

由表8-4可以看出：随着就业人口增长率n取值逐渐变大，在NW模型模拟得出的定态下的各个经济变量具体测算值中，资本劳动比k_*、单位劳动产出y_*、资本产出比v_*、人均储蓄s_*、平均工资w_*、平均养老金P_*、工作期人均消费c_{1*}、退休期人均消费c_{2*}和个人效用U_*逐渐变小，只有资本回报率（利率）r_*和养老金平均替代率R_*逐渐变大。

以上分析的经济含义是：在企业以工资为缴费基数个人账户空账运行的情况下，随着人口增长率下降，就业人员增长率通常也会随之下降，就会导致资本劳

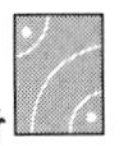

动比、单位劳动产出、资本产出比、人均储蓄、平均工资、平均养老金、工作期人均消费、退休期人均消费和个人终生效用逐渐上升，而利率和养老金平均替代率下降。

五、个人缴费率τ的敏感性分析

表8-5列出了NW模型下个人缴费率τ分别取值0.04、0.06、0.08、0.1、0.12和0.15时所得出的稳定均衡状态下各个经济变量的测算值，其中$\tau=0.06$是这一参数的基准设置，而$\tau=0.08$时可以看成是对现实生活中的名义个人缴费率的模拟。

表8-5　　NW模型下τ的敏感性分析

τ	0.04	**0.06**	0.08	0.1	0.12	0.15
k_*	0.007379	**0.007221**	0.007065	0.006912	0.006762	0.006542
y_*	0.070587	**0.069764**	0.068948	0.068139	0.067336	0.066144
v_*	0.104541	**0.103501**	0.102469	0.101443	0.100424	0.098908
s_*	0.0108	**0.010568**	0.01034	0.010117	0.009897	0.009575
r_*	4.165455	**4.217317**	4.269884	4.323169	4.377187	4.459624
w_*	0.030839	**0.03048**	0.030123	0.02977	0.029419	0.028898
P_*	0.009027	**0.009814**	0.010581	0.011328	0.012056	0.013111
R_*	0.292719	**0.321991**	0.351263	0.380535	0.409807	0.453715
c_{1*}	0.019632	**0.019307**	0.018986	0.018669	0.018355	0.01789
c_{2*}	0.058771	**0.058381**	0.057989	0.057597	0.057203	0.056609
U_*	-5.57317	**-5.59369**	-5.61434	-5.63514	-5.65608	-5.68776

由表8-5可以看出：随着个人缴费率τ取值逐渐变大，在NW模型模拟得出的定态下的各个经济变量具体测算值中，资本劳动比k_*、单位劳动产出y_*、资本产出比v_*、人均储蓄s_*、平均工资w_*、工作期人均消费c_{1*}、退休期人均消费c_{2*}和个人效用U_*逐渐变小，而资本回报率（利率）r_*、平均养老金P_*和养老金平均替代率R_*逐渐变大。

以上分析的经济含义是：在企业以工资为缴费基数个人账户空账运行的情况下，降低城镇职工养老保险个人参保缴费率，会使资本劳动比、单位劳动产出、资本产出比、人均储蓄、平均工资、工作期人均消费、退休期人均消费和个人终

生效用上升，会使利率、平均养老金和养老金平均替代率下降；而提高个人参保缴费率虽然能使利率、平均养老金和养老金平均替代率上升，但却会使资本劳动比、单位劳动产出、资本产出比、人均储蓄、平均工资、工作期人均消费、退休期人均消费和个人终生效用下降。

六、养老保险覆盖范围 p 的敏感性分析

表 8-6 列出了 NW 模型下养老保险覆盖范围 p 分别取值 0.2、0.330486、0.5、0.8 和 1 时所得出的稳定均衡状态下各个经济变量的测算值，其中 $p=0.330486$ 是这一参数的基准设置。

表 8-6　　NW 模型下 p 的敏感性分析

p	0.2	**0.330486**	0.5	0.8	1
k_*	0.007908	**0.007221**	0.006438	0.005299	0.004679
y_*	0.073274	**0.069764**	0.065573	0.059031	0.055194
v_*	0.107921	**0.103501**	0.098181	0.089772	0.084777
s_*	0.011574	**0.010568**	0.009423	0.007756	0.006849
r_*	4.003649	**4.217317**	4.500045	5.015213	5.369618
w_*	0.032661	**0.03048**	0.027929	0.024073	0.021887
P_*	0.010517	**0.009814**	0.008993	0.007751	0.007048
R_*	0.321991	**0.321991**	0.321991	0.321991	0.321991
c_{1*}	0.020695	**0.019307**	0.017669	0.015161	0.013726
c_{2*}	0.060015	**0.058381**	0.056322	0.052856	0.05067
U_*	-5.50827	**-5.59369**	-5.70318	-5.89305	-6.017

由表 8-6 可以看出：随着养老保险覆盖范围 p 取值逐渐变大，在 NW 模型模拟得出的定态下的各个经济变量具体测算值中，资本劳动比 k_*、单位劳动产出 y_*、资本产出比 v_*、人均储蓄 s_*、平均工资 w_*、平均养老金 P_*、工作期人均消费 c_{1*}、退休期人均消费 c_{2*} 和个人效用 U_* 逐渐变小，只有资本回报率（利率）r_* 逐渐变大，养老金平均替代率 R_* 却保持不变。

以上分析的经济含义是：在企业以工资为缴费基数个人账户空账运行的情况下，扩大城镇职工养老保险覆盖范围、提高参加养老保险在职人员在就业人员中的比重会降低资本劳动比、单位劳动产出、资本产出比、人均储蓄、平均工资、

平均养老金、工作期人均消费、退休期人均消费和个人终生效用，但会使资本回报率（利率）上升，而养老金平均替代率不会发生变化。

七、参加养老保险企业的产出占社会总产出的比重 q 的敏感性分析

表 8－7 列出了 NW 模型下参加养老保险企业的产出占社会总产出的比重 q 分别取值 0.2、0.4、0.607118、0.8 和 1 时所得出的稳定均衡状态下各个经济变量的测算值，其中 $q=0.607118$ 是这一参数的基准设置。

表 8－7　　NW 模型下 q 的敏感性分析

q	0.2	0.4	**0.607118**	0.8	1
k_*	0.007221	0.007221	**0.007221**	0.007221	0.007221
y_*	0.069764	0.069764	**0.069764**	0.069764	0.069764
v_*	0.103501	0.103501	**0.103501**	0.103501	0.103501
s_*	0.010568	0.010568	**0.010568**	0.010568	0.010568
r_*	4.217317	4.217317	**4.217317**	4.217317	4.217317
w_*	0.03048	0.03048	**0.03048**	0.03048	0.03048
P_*	0.009814	0.009814	**0.009814**	0.009814	0.009814
R_*	0.321991	0.321991	**0.321991**	0.321991	0.321991
c_{1*}	0.019307	0.019307	**0.019307**	0.019307	0.019307
c_{2*}	0.058381	0.058381	**0.058381**	0.058381	0.058381
U_*	-5.59369	-5.59369	**-5.59369**	-5.59369	-5.59369

由表 8－7 可以看出：在 NW 模型中，参加养老保险企业的产出占社会总产出的比重 q 不管如何取值，均衡状态下的单位劳动资本 k_*、单位劳动产出 y_*、资本产出比 v_*、人均储蓄 s_*、资本回报率（利率）r_*、平均工资 w_*、平均养老金 P_*、养老保险平均替代率 R_*、工作期人均消费 c_{1*}、退休期人均消费 c_{2*} 和个人效用 U_* 均不会发生变化。

八、企业缴费率 μ_w 的敏感性分析

表 8－8 列出了 NW 模型下企业缴费率 μ_w 分别取值 0.1、0.12、0.16、0.18、

0.2、0.22、0.25 和 0.3 时所得出的稳定均衡状态下各个经济变量的测算值，其中 μ_w =0.16 是这一参数的基准设置，μ_w =0.2 可以看成是对现实中企业名义缴费率的模拟。

表 8-8　　NW 模型下 μ_w 的敏感性分析

μ_w	0.1	0.12	**0.16**	0.18	0.2	0.22	0.25	0.3
k_*	0.00768	0.007522	**0.007221**	0.007077	0.006937	0.006801	0.006604	0.006294
y_*	0.072125	0.071322	**0.069764**	0.069009	0.068269	0.067543	0.066481	0.064777
v_*	0.106477	0.105467	**0.103501**	0.102546	0.101608	0.100687	0.099337	0.097165
s_*	0.01124	0.011009	**0.010568**	0.010357	0.010152	0.009953	0.009666	0.009212
r_*	4.071498	4.120104	**4.217317**	4.265924	4.31453	4.363136	4.436046	4.557562
w_*	0.032116	0.031557	**0.03048**	0.029962	0.029457	0.028964	0.028247	0.02711
P_*	0.007521	0.008313	**0.009814**	0.010524	0.011209	0.01187	0.012816	0.014284
R_*	0.234175	0.263447	**0.321991**	0.351263	0.380535	0.409807	0.453715	0.526895
c_{1*}	0.020239	0.019922	**0.019307**	0.01901	0.01872	0.018436	0.018022	0.01736
c_{2*}	0.059489	0.059116	**0.058381**	0.058019	0.05766	0.057305	0.056778	0.055917
U_*	-5.53565	-5.55512	**-5.59369**	-5.61279	-5.63178	-5.65065	-5.67874	-5.72498

由表 8-8 可以看出：随着企业缴费率 μ_w 取值逐渐变大，在 NW 模型模拟得出的定态下的各个经济变量具体测算值中，资本劳动比 k_*、单位劳动产出 y_*、资本产出比 v_*、人均储蓄 s_*、平均工资 w_*、工作期人均消费 c_{1*}、退休期人均消费 c_{2*} 和个人效用 U_* 逐渐变小，而资本回报率（利率）r_*、平均养老金 P_* 和养老金平均替代率 R_* 逐渐变大。

以上分析的经济含义是：在企业以工资为缴费基数个人账户空账运行的情况下，降低城镇职工养老保险企业参保缴费率，会使资本劳动比、单位劳动产出、资本产出比、人均储蓄、平均工资、工作期人均消费、退休期人均消费和个人终生效用上升，利率、平均养老金和养老金平均替代率下降；而提高企业参保缴费率虽然能使利率、平均养老金和养老金平均替代率上升，却会使资本劳动比、单位劳动产出、资本产出比、人均储蓄、平均工资、工作期人均消费、退休期人均消费和个人终生效用下降。

第二节 FW 模型下的敏感性分析

一、模型中一个时期（一代内）自然年数 T 的敏感性分析

表 8－9 列出了 FW 模型下时期跨度 T 取值 26～33 所对应的就业人员增长率以及稳定均衡状态下各个经济变量的测算值，其中 $T=27$ 是这一参数的基准设置。

表 8－9　　FW 模型下 T 的敏感性分析

T	26	**27**	28	29	30	31	32	33
n	0.421817	**0.463596**	0.506435	0.548994	0.602859	0.663645	0.705552	0.766792
θ	0.98^{26}	$\mathbf{0.98^{27}}$	0.98^{28}	0.98^{29}	0.98^{30}	0.98^{31}	0.98^{32}	0.98^{33}
k_*	0.007945	**0.007253**	0.006621	0.006055	0.005462	0.004893	0.004501	0.004048
y_*	0.073462	**0.069931**	0.066571	0.063439	0.060001	0.056541	0.054052	0.051041
v_*	0.108157	**0.103712**	0.099452	0.095452	0.091027	0.086536	0.083281	0.079311
s_*	0.010672	**0.01002**	0.009407	0.00884	0.008244	0.007659	0.007218	0.006718
r_*	3.992733	**4.206715**	4.429769	4.657303	4.932308	5.240184	5.484104	5.808598
w_*	0.031502	**0.029988**	0.028547	0.027204	0.02573	0.024246	0.023179	0.021887
P_*	0.019291	**0.019024**	0.018761	0.018505	0.018231	0.017952	0.017715	0.017449
R_*	0.612364	**0.634394**	0.657202	0.680217	0.708567	0.740413	0.764268	0.79721
c_{1*}	0.020205	**0.019373**	0.018574	0.017824	0.016975	0.016106	0.015501	0.014735
c_{2*}	0.05966	**0.058461**	0.05728	0.056128	0.054932	0.053727	0.052656	0.051508
U_*	－5.56902	**－5.58951**	－5.61031	－5.63032	－5.65881	－5.69157	－5.70914	－5.74029

由表 8－9 可以看出：在 FW 模型下，随着一期时间跨度 T 取值变大，模型模拟得出的定态下的各个经济变量具体测算值中资本劳动比 k_*、单位劳动产出 y_*、资本产出比 v_*、人均储蓄 s_*、平均工资 w_*、平均养老金 P_*、工作期人均消费 c_{1*}、退休期人均消费 c_{2*} 和个人效用 U_* 均逐渐变小，只有资本回报率（利率）r_* 和养老金平均替代率 R_* 逐渐变大。

二、资本产出弹性系数 α 的敏感性分析

表8－10列出了FW模型下资本产出弹性系数 α 分别取值0.3、0.35、0.4、0.45、0.5、0.54和0.6时所得出的稳定均衡状态下各个经济变量的测算值，其中 $\alpha=0.54$ 是这一参数的基准设置。

表8－10　　FW模型下 α 的敏感性分析

α	0.3	0.35	0.4	0.45	0.5	**0.54**	0.6
k_*	0.065705	0.048939	0.034109	0.021862	0.012554	**0.007253**	0.00249
y_*	0.441855	0.347841	0.25891	0.179002	0.112044	**0.069931**	0.027398
v_*	0.148703	0.140695	0.131742	0.122131	0.112044	**0.103712**	0.090881
s_*	0.090449	0.067448	0.047051	0.030177	0.017338	**0.01002**	0.003442
r_*	1.017441	1.487654	2.036237	2.684562	3.462551	**4.206715**	5.602022
w_*	0.288335	0.210772	0.144817	0.091778	0.052225	**0.029988**	0.010216
P_*	0.127743	0.099326	0.073012	0.049842	0.030799	**0.019024**	0.007336
R_*	0.443038	0.47125	0.504165	0.543065	0.589744	**0.634394**	0.718113
c_{1*}	0.192169	0.139144	0.094895	0.059781	0.033851	**0.019373**	0.006572
c_{2*}	0.224692	0.200613	0.166987	0.127661	0.087551	**0.058461**	0.025146
U_*	−2.51469	−2.90325	−3.39232	−4.01003	−4.79734	**−5.58951**	−7.15951

由表8－10可以看出：随着资本产出弹性系数 α 取值逐渐变大，在FW模型模拟得出的定态下的各个经济变量具体测算值中，资本劳动比 k_*、单位劳动产出 y_*、资本产出比 v_*、人均储蓄 s_*、平均工资 w_*、平均养老金 P_*、工作期人均消费 c_{1*}、退休期人均消费 c_{2*} 和个人效用 U_* 均逐渐变小，只有资本回报率（利率）r_* 和养老金平均替代率 R_* 逐渐变大。

三、个人效用折现因子 θ 的敏感性分析

表8－11列出了FW模型下个人效用折现因子 θ 分别取值 0.975^{27}、0.98^{27}、0.985^{27}、0.99^{27} 和 0.995^{27} 时所得出的稳定均衡状态下各个经济变量的测算值，其中 $\theta=0.98^{27}$ 是这一参数的基准设置。

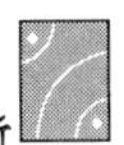

表 8-11　FW 模型下 θ 的敏感性分析

θ	0.975^{27}	**0.98^{27}**	0.985^{27}	0.99^{27}	0.995^{27}
k_*	0.005946	**0.007253**	0.008755	0.010456	0.012356
y_*	0.062818	**0.069931**	0.077412	0.085205	0.093242
v_*	0.094656	**0.103712**	0.113092	0.12272	0.132514
s_*	0.008169	**0.01002**	0.012155	0.014579	0.017291
r_*	4.704871	**4.206715**	3.774879	3.400262	3.075049
w_*	0.026938	**0.029988**	0.033196	0.036538	0.039984
P_*	0.017894	**0.019024**	0.020199	0.021411	0.022651
R_*	0.664283	**0.634394**	0.608484	0.586007	0.566494
c_{1*}	0.018235	**0.019373**	0.020383	0.021234	0.0219
c_{2*}	0.052515	**0.058461**	0.064715	0.071229	0.077948
U_*	-5.4919	**-5.58951**	-5.7135	-5.86615	-6.04998

由表 8-11 可以看出：随着个人效用折现因子 θ 取值逐渐变大，在 FW 模型模拟得出的定态下的各个经济变量具体测算值中，资本劳动比 k_*、单位劳动产出 y_*、资本产出比 v_*、人均储蓄 s_*、平均工资 w_*、平均养老金 P_*、工作期人均消费 c_{1*} 和退休期人均消费 c_{2*} 均逐渐变大，只有资本回报率（利率）r_* 和养老金平均替代率 R_*、个人效用 U_* 逐渐变小。

四、就业人口增长率 n 的敏感性分析

表 8-12 列出了 FW 模型下就业人口增长率 n 分别取值 -0.1、0、0.2、0.463596、1、1.5、2 和 2.2 时所得出的稳定均衡状态下各个经济变量的测算值，其中 $n=0.463596$ 是这一参数的基准设置。

表 8-12　FW 模型下 n 的敏感性分析

n	-0.1	0	0.2	**0.463596**	1	1.5	2	2.2
k_*	0.020873	0.0166	0.011168	**0.007253**	0.003679	0.002265	0.001524	0.001324
y_*	0.123759	0.10936	0.088289	**0.069931**	0.04847	0.0373	0.030114	0.027916
v_*	0.168659	0.151793	0.126494	**0.103712**	0.075896	0.060717	0.050598	0.047435
s_*	0.017733	0.01567	0.012651	**0.01002**	0.006945	0.005345	0.004315	0.004

续表

n	-0.1	0	0.2	**0.463596**	1	1.5	2	2.2
r_*	2.201732	2.557481	3.268977	**4.206715**	6.114961	7.893701	9.672442	10.38394
w_*	0.05307	0.046896	0.03786	**0.029988**	0.020785	0.015995	0.012913	0.011971
P_*	0.020703	0.020327	0.019693	**0.019024**	0.018019	0.017333	0.016792	0.016604
R_*	0.390104	0.433449	0.520139	**0.634394**	0.866898	1.083622	1.300346	1.387036
c_{1*}	0.034285	0.030296	0.024459	**0.019373**	0.013428	0.010333	0.008342	0.007734
c_{2*}	0.063619	0.062464	0.060515	**0.058461**	0.055371	0.053263	0.051601	0.051025
U_*	-4.96967	-5.10397	-5.33638	**-5.58951**	-5.98753	-6.27198	-6.50438	-6.58665

由表8-12可以看出：随着就业人口增长率n取值逐渐变大，在FW模型模拟得出的定态下的各个经济变量具体测算值中，资本劳动比k_*、单位劳动产出y_*、资本产出比v_*、人均储蓄s_*、平均工资w_*、平均养老金P_*、工作期人均消费c_{1*}、退休期人均消费c_{2*}和个人效用U_*均逐渐变小，只有资本回报率（利率）r_*和养老金平均替代率R_*逐渐变大。

以上分析的经济含义是：企业仍以工资为缴费基数，但通过提高企业缴费率的方式实现养老保险个人账户由空账运行转变为实账运行，随着人口增长率下降，就业人员增长率通常也会随之下降，就会导致资本劳动比、单位劳动产出、资本产出比、人均储蓄、平均工资、平均养老金、工作期人均消费、退休期人均消费和个人终生效用逐渐上升，而利率和养老金平均替代率会下降。

五、个人缴费率τ的敏感性分析

表8-13列出了FW模型下个人缴费率τ分别取值0.04、0.06、0.08、0.1、0.12和0.15时所得出的稳定均衡状态下各个经济变量的测算值，其中$\tau=0.06$是这一参数的基准设置。

表8-13　　FW模型下τ的敏感性分析

τ	0.04	**0.06**	0.08	0.1	0.12	0.15
k_*	0.007253	**0.007253**	0.007253	0.007253	0.007253	0.007253
y_*	0.069931	**0.069931**	0.069931	0.069931	0.069931	0.069931

续表

τ	0.04	**0.06**	0.08	0.1	0.12	0.15
v_*	0.103712	**0.103712**	0.103712	0.103712	0.103712	0.103712
s_*	0.010219	**0.01002**	0.009822	0.009624	0.009426	0.009128
r_*	4.206715	**4.206715**	4.206715	4.206715	4.206715	4.206715
w_*	0.029988	**0.029988**	0.029988	0.029988	0.029988	0.029988
P_*	0.015901	**0.019024**	0.022147	0.02527	0.028392	0.033077
R_*	0.53026	**0.634394**	0.738528	0.842663	0.946797	1.102998
c_{1*}	0.019373	**0.019373**	0.019373	0.019373	0.019373	0.019373
c_{2*}	0.058461	**0.058461**	0.058461	0.058461	0.058461	0.058461
U_*	-5.58951	**-5.58951**	-5.58951	-5.58951	-5.58951	-5.58951

由表8-13可以看出：在FW模型模拟得出的定态下的各个经济变量具体测算值中，单位劳动资本k_*、单位劳动产出y_*、资本产出比v_*、资本回报率（利率）r_*、平均工资w_*、工作期人均消费c_{1*}、退休期人均消费c_{2*}和个人效用U_*均不会受到养老保险个人缴费率τ变动的影响，即不管养老保险个人缴费率τ如何变动，定态下上述经济变量也不会发生改变。但在其他参数不变的情况下，提高养老保险个人缴费率τ却会导致均衡状态下人均储蓄s_*下降，并且会导致平均养老金P_*和养老保险平均替代率R_*上升。究其原因，在个人账户实账的情况下，提高养老保险个人缴费率虽然会使平均养老金和养老保险平均替代率上升，但增加的个人账户本金——相当于政府强制储蓄，对私人储蓄产生了一对一的挤出效应，因而总体储蓄（资本）水平不会发生改变，进而其他经济变量也就不会发生变化。以上分析的政策含义为：在完全做实个人账户之后，可以通过提高养老保险个人缴费率实现提高养老金水平和替代率的目标，而不会对其他经济变量产生影响。

六、养老保险覆盖范围p的敏感性分析

表8-14列出了FW模型下养老保险覆盖范围p分别取值0.2、0.330486、0.5、0.8和1时所得出的稳定均衡状态下各个经济变量的测算值，其中$p=0.330486$是这一参数的基准设置。

表 8-14　　FW 模型下 p 的敏感性分析

p	0.2	**0.330486**	0.5	0.8	1
k_*	0.007921	**0.007253**	0.006501	0.005424	0.004845
y_*	0.073341	**0.069931**	0.065918	0.059777	0.056242
v_*	0.108004	**0.103712**	0.098621	0.090737	0.086146
s_*	0.011206	**0.01002**	0.008695	0.006816	0.005819
r_*	3.999797	**4.206715**	4.475523	4.951249	5.2684
w_*	0.032315	**0.029988**	0.027317	0.023382	0.021206
P_*	0.020099	**0.019024**	0.017771	0.015878	0.014804
R_*	0.621979	**0.634394**	0.650523	0.679066	0.698095
c_{1*}	0.020722	**0.019373**	0.017803	0.015444	0.014115
c_{2*}	0.060045	**0.058461**	0.056496	0.053267	0.051279
U_*	-5.50671	**-5.58951**	-5.69384	-5.87011	-5.98213

由表 8-14 可以看出：随着养老保险覆盖范围 p 取值逐渐变大，在 FW 模型模拟得出的定态下的各个经济变量具体测算值中，资本劳动比 k_*、单位劳动产出 y_*、资本产出比 v_*、人均储蓄 s_*、平均工资 w_*、平均养老金 P_*、工作期人均消费 c_{1*}、退休期人均消费 c_{2*} 和个人效用 U_* 均逐渐变小，而资本回报率（利率）r_* 和养老金平均替代率 R_* 逐渐变大。

以上分析的经济含义是：企业仍以工资为缴费基数，但通过提高企业缴费率的方式实现养老保险个人账户由空账运行转变为实账运行的情况下，扩大城镇职工养老保险覆盖范围、提高参加养老保险在职人员在就业人员中的比重，会降低资本劳动比、单位劳动产出、资本产出比、人均储蓄、平均工资、平均养老金、工作期人均消费、退休期人均消费和个人终生效用，但会导致资本回报率（利率）和养老金平均替代率上升。

七、参加养老保险企业的产出占社会总产出的比重 q 的敏感性分析

表 8-15 列出了 FW 模型下参加养老保险企业的产出占社会总产出的比重 q 分别取值 0.2、0.4、0.607118、0.8 和 1 时所得出的稳定均衡状态下各个经济变量的测算值，其中 $q=0.607118$ 是这一参数的基准设置。

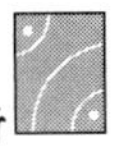

表 8-15　**FW 模型下 q 的敏感性分析**

q	0.2	0.4	**0.607118**	0.8	1
k_*	0.007253	0.007253	**0.007253**	0.007253	0.007253
y_*	0.069931	0.069931	**0.069931**	0.069931	0.069931
v_*	0.103712	0.103712	**0.103712**	0.103712	0.103712
s_*	0.01002	0.01002	**0.01002**	0.01002	0.01002
r_*	4.206715	4.206715	**4.206715**	4.206715	4.206715
w_*	0.029988	0.029988	**0.029988**	0.029988	0.029988
P_*	0.019024	0.019024	**0.019024**	0.019024	0.019024
R_*	0.634394	0.634394	**0.634394**	0.634394	0.634394
c_{1*}	0.019373	0.019373	**0.019373**	0.019373	0.019373
c_{2*}	0.058461	0.058461	**0.058461**	0.058461	0.058461
U_*	-5.58951	-5.58951	**-5.58951**	-5.58951	-5.58951

由表 8-15 可以看出：在 FW 模型中，参加养老保险企业的产出占社会总产出的比重 q 不管如何取值，均衡状态下的各经济变量值均不发生变化。

八、企业缴费率 η_w 的敏感性分析

表 8-16 列出了 FW 模型下企业缴费率 η_w 分别取值 0.1、0.12、0.16、0.18、0.2、0.22、0.25 和 0.3 时所得出的稳定均衡状态下各个经济变量的测算值，其中 $\eta_w=0.22$ 是这一参数的基准设置。

表 8-16　**FW 模型下 η_w 的敏感性分析**

η_w	0.1	0.12	0.16	0.18	0.2	**0.22**	0.25	0.3
k_*	0.0082	0.00803	0.007705	0.00755	0.007399	**0.007253**	0.007041	0.006708
y_*	0.074724	0.073883	0.072254	0.071464	0.07069	**0.069931**	0.068821	0.067041
v_*	0.109737	0.108685	0.10664	0.105646	0.10467	**0.103712**	0.102308	0.10005
s_*	0.011342	0.011104	0.010651	0.010435	0.010224	**0.01002**	0.009725	0.009261

续表

η_w	0.1	0.12	0.16	0.18	0.2	**0.22**	0.25	0.3
r_*	3.920859	3.968502	4.063787	4.11143	4.159072	**4.206715**	4.278179	4.397285
w_*	0.033273	0.03269	0.031568	0.031028	0.030501	**0.029988**	0.029242	0.028057
P_*	0.014694	0.015487	0.016983	0.01769	0.01837	**0.019024**	0.01996	0.021405
R_*	0.441611	0.473742	0.538003	0.570133	0.602264	**0.634394**	0.68259	0.762916
c_{1*}	0.021272	0.020937	0.02029	0.019978	0.019672	**0.019373**	0.018937	0.01824
c_{2*}	0.060667	0.06029	0.059548	0.059182	0.05882	**0.058461**	0.057928	0.057057
U_*	-5.47453	-5.49399	-5.53255	-5.55165	-5.57064	**-5.58951**	-5.61759	-5.66384

由表 8-16 可以看出：随着企业缴费率 η_w 取值逐渐变大，在 FW 模型模拟得出的定态下的各个经济变量具体测算值中，资本劳动比 k_*、单位劳动产出 y_*、资本产出比 v_*、人均储蓄 s_*、平均工资 w_*、工作期人均消费 c_{1*}、退休期人均消费 c_{2*} 和个人效用 U_* 均逐渐变小，而资本回报率（利率）r_*、平均养老金 P_* 和养老金平均替代率 R_* 逐渐变大。

以上分析的经济含义是：企业仍以工资为缴费基数，但通过提高企业缴费率的方式实现养老保险个人账户由空账运行转变为实账运行的情况下，降低城镇职工养老保险企业参保缴费率，会使资本劳动比、单位劳动产出、资本产出比、人均储蓄、平均工资、工作期人均消费、退休期人均消费和个人终生效用上升，会使利率、平均养老金和养老金平均替代率下降；而提高企业参保缴费率虽然能使利率、平均养老金和养老金平均替代率上升，但却会使资本劳动比、单位劳动产出、资本产出比、人均储蓄、平均工资、工作期人均消费、退休期人均消费和个人终生效用下降。

第三节 NY 模型下的敏感性分析

一、模型中一个时期（一代内）自然年数 T 的敏感性分析

表 8-17 列出了 NY 模型下时期跨度 T 取值 26~33 所对应的就业人员增长率以及稳定均衡状态下各个经济变量的测算值，其中 $T=27$ 是这一参数的基准

设置。

表 8－17 NY 模型下 T 的敏感性分析

T	26	**27**	28	29	30	31	32	33
n	0.421817	**0.463596**	0.506435	0.548994	0.602859	0.663645	0.705552	0.766792
θ	0.98^{26}	$\mathbf{0.98^{27}}$	0.98^{28}	0.98^{29}	0.98^{30}	0.98^{31}	0.98^{32}	0.98^{33}
k_*	0.008342	**0.007614**	0.00695	0.006357	0.005733	0.005136	0.004725	0.004249
y_*	0.075419	**0.071792**	0.068341	0.065124	0.061593	0.058039	0.055483	0.052391
v_*	0.110607	**0.106059**	0.1017	0.097607	0.09308	0.088486	0.085155	0.081095
s_*	0.011861	**0.011144**	0.01047	0.009846	0.009189	0.008544	0.008058	0.007506
r_*	3.763592	**3.967867**	4.180807	4.398031	4.660559	4.954465	5.187354	5.497141
w_*	0.03385	**0.032222**	0.030673	0.029229	0.027645	0.02605	0.024902	0.023514
P_*	0.010767	**0.010551**	0.010337	0.010129	0.009913	0.009695	0.009502	0.009294
R_*	0.318088	**0.327435**	0.337019	0.34654	0.35859	0.372189	0.381565	0.395266
c_{1*}	0.021319	**0.020439**	0.019595	0.018804	0.017907	0.016989	0.01635	0.015542
c_{2*}	0.060058	**0.058849**	0.05766	0.056498	0.055293	0.054079	0.052999	0.051842
U_*	−5.51145	**−5.53208**	−5.55303	−5.57318	−5.6018	−5.6347	−5.65239	−5.68367

由表 8－17 可以看出：在 NY 模型下，随着一期时间跨度 T 取值变大，模型模拟得出的定态下的各个经济变量具体测算值中，资本劳动比 k_*、单位劳动产出 y_*、资本产出比 v_*、人均储蓄 s_*、平均工资 w_*、平均养老金 P_*、工作期人均消费 c_{1*}、退休期人均消费 c_{2*} 和个人效用 U_* 均逐渐变小，只有资本回报率（利率）r_* 和养老金平均替代率 R_* 逐渐变大。

二、资本产出弹性系数 α 的敏感性分析

表 8－18 列出了 NY 模型下资本产出弹性系数 α 分别取值 0.3、0.35、0.4、0.45、0.5、0.54 和 0.6 时所得出的稳定均衡状态下各个经济变量的测算值，其中 α =0.54 是这一参数的基准设置。

表 8-18　NY 模型下 α 的敏感性分析

α	0.3	0.35	0.4	0.45	0.5	**0.54**	0.6
k_*	0.069804	0.051738	0.03594	0.022985	0.013183	**0.007614**	0.002616
y_*	0.449949	0.354677	0.26438	0.183084	0.114818	**0.071792**	0.028221
v_*	0.155137	0.145873	0.135939	0.125544	0.114818	**0.106059**	0.092692
s_*	0.102164	0.075723	0.052601	0.033641	0.019295	**0.011144**	0.003829
r_*	0.886817	1.341074	1.871041	2.497366	3.248955	**3.967867**	5.315827
w_*	0.307316	0.224942	0.154776	0.098251	0.056015	**0.032222**	0.011014
P_*	0.075378	0.057898	0.042025	0.028318	0.017267	**0.010551**	0.004002
R_*	0.24528	0.257392	0.271524	0.288224	0.308265	**0.327435**	0.363378
c_{1*}	0.199057	0.144758	0.099106	0.062662	0.035609	**0.020439**	0.006967
c_{2*}	0.217677	0.196409	0.164908	0.127013	0.08769	**0.058849**	0.025503
U_*	-2.49785	-2.87597	-3.35616	-3.96592	-4.74579	**-5.53208**	-7.09295

由表 8-18 可以看出：随着资本产出弹性系数 α 取值逐渐变大，在 NY 模型模拟得出的定态下的各个经济变量具体测算值中，资本劳动比 k_*、单位劳动产出 y_*、资本产出比 v_*、人均储蓄 s_*、平均工资 w_*、平均养老金 P_*、工作期人均消费 c_{1*}、退休期人均消费 c_{2*} 和个人效用 U_* 均逐渐变小，只有资本回报率（利率）r_* 和养老金平均替代率 R_* 逐渐变大。

三、个人效用折现因子 θ 的敏感性分析

表 8-19 列出了 NY 模型下个人效用折现因子 θ 分别取值 0.975^{27}、0.98^{27}、0.985^{27}、0.99^{27} 和 0.995^{27} 时所得出的稳定均衡状态下各个经济变量的测算值，其中 $\theta=0.98^{27}$ 是这一参数的基准设置。

表 8-19　NY 模型下 θ 的敏感性分析

θ	0.975^{27}	$\mathbf{0.98^{27}}$	0.985^{27}	0.99^{27}	0.995^{27}
k_*	0.00624	**0.007614**	0.009194	0.010985	0.012985
y_*	0.064479	**0.071792**	0.079487	0.087506	0.095778
v_*	0.096783	**0.106059**	0.115669	0.125537	0.135578
s_*	0.009133	**0.011144**	0.013457	0.016078	0.019005
r_*	4.444002	**3.967867**	3.55512	3.197062	2.886225

续表

θ	0.975^{27}	$\mathbf{0.98^{27}}$	0.985^{27}	0.99^{27}	0.995^{27}
w_*	0.02894	**0.032222**	0.035676	0.039275	0.042988
P_*	0.009476	**0.010551**	0.011682	0.01286	0.014076
R_*	0.327435	**0.327435**	0.327435	0.327435	0.327435
c_{1*}	0.019233	**0.020439**	0.021512	0.022418	0.02313
c_{2*}	0.052854	**0.058849**	0.065157	0.07173	0.078511
U_*	-5.43539	**-5.53208**	-5.65504	-5.80653	-5.98905

由表8-19可以看出：随着个人效用折现因子θ取值逐渐变大，在NY模型模拟得出的定态下的各个经济变量具体测算值中，资本劳动比k_*、单位劳动产出y_*、资本产出比v_*、人均储蓄s_*、平均工资w_*、平均养老金P_*、工作期人均消费c_{1*}和退休期人均消费c_{2*}均逐渐变大，只有资本回报率（利率）r_*和个人效用U_*逐渐变小，而养老金平均替代率R_*保持不变。

四、就业人口增长率n的敏感性分析

表8-20列出了NY模型下就业人口增长率n分别取值-0.1、0、0.2、0.463596、1、1.5、2和2.2时所得出的稳定均衡状态下各个经济变量的测算值，其中$n=0.463596$是这一参数的基准设置。

表8-20　　　　NY模型下n的敏感性分析

n	-0.1	0	0.2	**0.463596**	1	1.5	2	2.2
k_*	0.021913	0.017428	0.011725	**0.007614**	0.003862	0.002378	0.0016	0.00139
y_*	0.127052	0.112271	0.090639	**0.071792**	0.04976	0.038293	0.030915	0.028659
v_*	0.172475	0.155227	0.129356	**0.106059**	0.077614	0.062091	0.051742	0.048509
s_*	0.019722	0.017428	0.01407	**0.011144**	0.007724	0.005944	0.004799	0.004449
r_*	2.054859	2.394288	3.073146	**3.967867**	5.788576	7.48572	9.182864	9.861722
w_*	0.057025	0.05039	0.040681	**0.032222**	0.022334	0.017187	0.013876	0.012863
P_*	0.011482	0.011273	0.010921	**0.010551**	0.009993	0.009613	0.009313	0.009209
R_*	0.201347	0.223719	0.268463	**0.327435**	0.447439	0.559298	0.671158	0.715902
c_{1*}	0.036172	0.031964	0.025805	**0.020439**	0.014167	0.010902	0.008802	0.008159
c_{2*}	0.064042	0.06288	0.060917	**0.058849**	0.055739	0.053617	0.051944	0.051364
U_*	-4.91224	-5.04655	-5.27895	**-5.53208**	-5.93011	-6.21455	-6.44696	-6.52922

由表8－20可以看出：随着就业人口增长率n取值逐渐变大，在NY模型模拟得出的定态下的各个经济变量具体测算值中，资本劳动比k_*、单位劳动产出y_*、资本产出比v_*、人均储蓄s_*、平均工资w_*、平均养老金P_*、工作期人均消费c_{1*}、退休期人均消费c_{2*}和个人效用U_*均逐渐变小，只有资本回报率（利率）r_*和养老金平均替代率R_*逐渐变大。

以上分析的经济含义是：在企业以收入为缴费基数个人账户空账运行的情况下，随着人口增长率下降，就业人员增长率通常也会随之下降，就会导致资本劳动比、单位劳动产出、资本产出比、人均储蓄、平均工资、平均养老金、工作期人均消费、退休期人均消费和个人终生效用逐渐上升，而利率和养老金平均替代率会下降。

五、个人缴费率τ的敏感性分析

表8－21列出了NY模型下个人缴费率τ分别取值0.04、0.06、0.08、0.1、0.12和0.15时所得出的稳定均衡状态下各个经济变量的测算值，其中$\tau=0.06$是这一参数的基准设置。

表8－21　　NY模型下τ的敏感性分析

τ	0.04	**0.06**	0.08	0.1	0.12	0.15
k_*	0.007784	**0.007614**	0.007447	0.007284	0.007123	0.006888
y_*	0.072653	**0.071792**	0.070939	0.070092	0.069253	0.068008
v_*	0.107141	**0.106059**	0.104984	0.103916	0.102856	0.101278
s_*	0.011393	**0.011144**	0.0109	0.01066	0.010425	0.010081
r_*	3.917676	**3.967867**	4.01874	4.070308	4.122587	4.202367
w_*	0.032609	**0.032222**	0.031839	0.031459	0.031083	0.030524
P_*	0.009723	**0.010551**	0.011357	0.012143	0.012907	0.014015
R_*	0.298163	**0.327435**	0.356707	0.385979	0.41525	0.459158
c_{1*}	0.020785	**0.020439**	0.020098	0.019759	0.019425	0.01893
c_{2*}	0.05924	**0.058849**	0.058458	0.058065	0.05767	0.057076
U_*	－5.51148	**－5.53208**	－5.55281	－5.57369	－5.59471	－5.62652

由表8－21可以看出：随着个人缴费率τ取值逐渐变大，在NY模型模拟得出的定态下的各个经济变量具体测算值中，资本劳动比k_*、单位劳动产出y_*、

资本产出比 v_*、人均储蓄 s_*、平均工资 w_*、工作期人均消费 c_{1*}、退休期人均消费 c_{2*} 和个人效用 U_* 均逐渐变小，而资本回报率（利率）r_*、平均养老金 P_* 和养老金平均替代率 R_* 逐渐变大。

以上分析的经济含义是：在企业以收入为缴费基数且个人账户空账运行的情况下，降低城镇职工养老保险个人参保缴费率，会使资本劳动比、单位劳动产出、资本产出比、人均储蓄、平均工资、工作期人均消费、退休期人均消费和个人终生效用上升，会使利率、平均养老金和养老金平均替代率下降；而提高个人参保缴费率虽然能使利率、平均养老金和养老金平均替代率上升，但会使资本劳动比、单位劳动产出、资本产出比、人均储蓄、平均工资、工作期人均消费、退休期人均消费和个人终生效用下降。

六、养老保险覆盖范围 p 的敏感性分析

表 8-22 列出了 NY 模型下养老保险覆盖范围 p 分别取值 0.2、0.330486、0.5、0.8 和 1 时所得出的稳定均衡状态下各个经济变量的测算值，其中 $p=0.330486$ 是这一参数的基准设置。表中最后一列是 p 和 q 为 1 时的测算结果，反映了城镇职工养老保险实现了就业人员全覆盖和生产者全覆盖的情形。

表 8-22　NY 模型下 p 的敏感性分析

q	0.607118146					1
p	0.2	**0.330486**	0.5	0.8	1	1
k_*	0.007816	**0.007614**	0.007359	0.006925	0.006647	0.006166
y_*	0.072813	**0.071792**	0.070482	0.068205	0.066716	0.064061
v_*	0.107342	**0.106059**	0.104408	0.101527	0.099636	0.096248
s_*	0.011439	**0.011144**	0.01077	0.010135	0.009729	0.009024
r_*	3.90849	**3.967867**	4.046437	4.1896	4.288089	4.386073
w_*	0.03268	**0.032222**	0.031634	0.030612	0.029944	0.028289
P_*	0.01581	**0.010551**	0.007788	0.005718	0.005001	0.006235
R_*	0.483769	**0.327435**	0.246197	0.186804	0.167006	0.220388
c_{1*}	0.020849	**0.020439**	0.019915	0.019008	0.018418	0.017568
c_{2*}	0.059311	**0.058849**	0.058246	0.057171	0.056449	0.054839
U_*	-5.5077	**-5.53208**	-5.56404	-5.62145	-5.66033	-5.72438

由表 8－22 可以看出：在 q 取值不变的情况下，随着养老保险覆盖范围 p 取值逐渐变大，在 NY 模型模拟得出的定态下的各个经济变量具体测算值中，资本劳动比 k_*、单位劳动产出 y_*、资本产出比 v_*、人均储蓄 s_*、平均工资 w_*、平均养老金 P_*、养老金平均替代率 R_*、工作期人均消费 c_{1*}、退休期人均消费 c_{2*} 和个人效用 U_* 均逐渐变小，而资本回报率（利率）r_* 逐渐变大。

以上分析的经济含义是：在企业以收入为缴费基数且个人账户空账运行的情况下，扩大城镇职工养老保险覆盖范围、提高参加养老保险在职人员在就业人员中的比重会降低资本劳动比、单位劳动产出、资本产出比、人均储蓄、平均工资、平均养老金、养老金平均替代率、工作期人均消费、退休期人均消费和个人终生效用，但会导致资本回报率（利率）上升。

七、参加养老保险企业的产出占社会总产出的比重 q 的敏感性分析

表 8－23 列出了 NY 模型下参加养老保险企业的产出占社会总产出的比重 q 分别取值 0.2、0.4、0.607118、0.8 和 1 时所得出的稳定均衡状态下各个经济变量的测算值，其中 $q=0.607118$ 是这一参数的基准设置。

表 8－23　　NY 模型下 q 的敏感性分析（μ_Y 不变）

q	0.2	0.4	**0.607118**	0.8	1
k_*	0.008229	0.007922	**0.007614**	0.007336	0.007057
y_*	0.074865	0.073345	**0.071792**	0.070365	0.068904
v_*	0.109914	0.10801	**0.106059**	0.10426	0.102413
s_*	0.012044	0.011595	**0.011144**	0.010737	0.010328
r_*	3.873634	3.919537	**3.967867**	4.013619	4.061836
w_*	0.034162	0.033199	**0.032222**	0.031332	0.030428
P_*	0.005652	0.008112	**0.010551**	0.012723	0.014878
R_*	0.165456	0.24436	**0.327435**	0.406078	0.488959
c_{1*}	0.021441	0.020946	**0.020439**	0.019973	0.019497
c_{2*}	0.060564	0.059721	**0.058849**	0.058038	0.057196
U_*	−5.46757	−5.49907	**−5.53208**	−5.56318	−5.59581

由表 8－23 可以看出：在企业缴费率 μ_Y 保持不变的情况下，随着参加养老保险企业的产出占社会总产出的比重 q 取值逐渐变大，在 NY 模型模拟得出的定

态下的各个经济变量具体测算值中，资本劳动比 k_*、单位劳动产出 y_*、资本产出比 v_*、人均储蓄 s_*、平均工资 w_*、工作期人均消费 c_{1*}、退休期人均消费 c_{2*} 和个人效用 U_* 均逐渐变小，而资本回报率（利率）r_*、平均养老金 P_* 和养老金平均替代率 R_* 逐渐变大。

以上分析的经济含义是：在企业以收入为缴费基数且个人账户保持空账运行的情况下，扩大城镇职工养老保险在全社会生产者中的覆盖范围，提高参加养老保险企业的产出占社会总产出比重，会使资本劳动比、单位劳动产出、资本产出比、人均储蓄、平均工资、工作期人均消费、退休期人均消费和个人终生效用下降；会使利率、平均养老金和养老金平均替代率上升。

第七章参数设置部分的分析表明：由 NW 模型转变为 NY 模型，企业由以工资作为企业缴费基数转变为以收入作为缴费基数，要根据收支平衡原则确定以收入为基数的企业缴费率，这就要考虑参加养老保险企业的产出占社会总产出的比重 q 取值，而且 q 取值不同，企业缴费率 μ_Y 也会随之相应改变，因此表 8－24 列出了企业缴费率 μ_Y 随 q 取值变化而相应变化的模拟结果。

表 8－24　NY 模型下 q 的敏感性分析（μ_Y 随 q 变化使 $q\mu_Y$ 不变）

q	0.2	0.4	**0.607118**	0.8	1
μ_Y	0.12218	0.06109	**0.04**	0.030545	0.024436
$q\mu_Y$	0.024436	0.024436	**0.024436**	0.024436	0.024436
k_*	0.007614	0.007614	**0.007614**	0.007614	0.007614
y_*	0.071792	0.071792	**0.071792**	0.071792	0.071792
v_*	0.106059	0.106059	**0.106059**	0.106059	0.106059
s_*	0.011144	0.011144	**0.011144**	0.011144	0.011144
r_*	3.967867	3.967867	**3.967867**	3.967867	3.967867
w_*	0.032222	0.032222	**0.032222**	0.032222	0.032222
P_*	0.010551	0.010551	**0.010551**	0.010551	0.010551
R_*	0.327435	0.327435	**0.327435**	0.327435	0.327435
c_{1*}	0.020439	0.020439	**0.020439**	0.020439	0.020439
c_{2*}	0.058849	0.058849	**0.058849**	0.058849	0.058849
U_*	－5.53208	－5.53208	**－5.53208**	－5.53208	－5.53208

由表 8－24 可以看出：在 NY 模型中，参加养老保险企业的产出占社会总产出的比重 q 不管如何取值，企业缴费率 μ_Y 都会随之改变，但 $q\mu_Y$ 却保持不变。这

是因为要根据收支平衡原则确定以收入为基数的企业缴费率，而转变过程的基金支出一旦确定，个人缴费基数和个人缴费率保持不变的话，根据基金支出需求确定企业缴费总额也就会保持不变，即模型中 $q\mu_Y Y$ 保持不变，因此 $q\mu_Y$ 保持不变。由此模型模拟测算得出的均衡状态下的经济变量值，均不会发生变化。

八、企业缴费率 μ_Y 的敏感性分析

表8－25 列出了 NY 模型下企业缴费率 μ_Y 分别取值 0.02、0.04、0.06、0.08、0.1、0.12、0.15 和 0.2 时所得出的稳定均衡状态下各个经济变量的测算值，其中 μ_Y =0.04 是这一参数的基准设置。

表8－25　　NY 模型下 μ_Y 的敏感性分析

μ_Y	0.02	**0.04**	0.06	0.08	0.1	0.12	0.15	0.2
k_*	0.008069	**0.007614**	0.00718	0.006767	0.006373	0.005997	0.005467	0.004668
y_*	0.074076	**0.071792**	0.069554	0.067361	0.065212	0.063108	0.060033	0.055121
v_*	0.108926	**0.106059**	0.103236	0.100456	0.09772	0.095027	0.091068	0.084681
s_*	0.011809	**0.011144**	0.010509	0.009904	0.009327	0.008777	0.008002	0.006832
r_*	3.89731	**3.967867**	4.040203	4.114385	4.190485	4.268579	4.389631	4.602538
w_*	0.033661	**0.032222**	0.030829	0.029481	0.028176	0.026915	0.0251	0.022277
P_*	0.006939	**0.010551**	0.013928	0.017078	0.020008	0.022725	0.026416	0.031597
R_*	0.206153	**0.327435**	0.451773	0.579286	0.710095	0.844331	1.052408	1.418376
c_{1*}	0.021184	**0.020439**	0.019709	0.018993	0.018291	0.017604	0.016601	0.015003
c_{2*}	0.060127	**0.058849**	0.057572	0.056296	0.055023	0.053753	0.051855	0.048717
U_*	-5.48383	**-5.53208**	-5.58119	-5.63119	-5.6821	-5.73392	-5.81341	-5.95077

由表8－25 可以看出：随着企业缴费率 μ_Y 取值逐渐变大，在 NY 模型模拟得出的定态下的各个经济变量具体测算值中，资本劳动比 k_*、单位劳动产出 y_*、资本产出比 v_*、人均储蓄 s_*、平均工资 w_*、工作期人均消费 c_{1*}、退休期人均消费 c_{2*} 和个人效用 U_* 均逐渐变小，而资本回报率（利率）r_*、平均养老金 P_* 和养老金平均替代率 R_* 逐渐变大。

以上分析的经济含义是：在企业以收入为缴费基数且个人账户保持空账运行的情况下，降低城镇职工养老保险企业参保缴费率，会使资本劳动比、单位劳动产出、资本产出比、人均储蓄、平均工资、工作期人均消费、退休期人均消费和

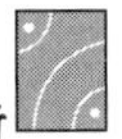

个人终生效用上升，会使利率、平均养老金和养老金平均替代率下降；而提高企业参保缴费率虽然能使利率、平均养老金和养老金平均替代率上升，但会使资本劳动比、单位劳动产出、资本产出比、人均储蓄、平均工资、工作期人均消费、退休期人均消费和个人终生效用下降。

第四节 FY 模型下的敏感性分析

一、模型中一个时期（一代内）自然年数 T 的敏感性分析

表 8－26 列出了 FY 模型下时期跨度 T 取值 26～33 所对应的就业人员增长率以及稳定均衡状态下各个经济变量的测算值，其中 $T=27$ 是这一参数的基准设置。

表 8－26　　FY 模型下 T 的敏感性分析

T	26	**27**	28	29	30	31	32	33
n	0.421817	**0.463596**	0.506435	0.548994	0.602859	0.663645	0.705552	0.766792
θ	0.98^{26}	$\mathbf{0.98^{27}}$	0.98^{28}	0.98^{29}	0.98^{30}	0.98^{31}	0.98^{32}	0.98^{33}
k_*	0.008401	**0.007668**	0.006999	0.006401	0.005772	0.005171	0.004757	0.004277
y_*	0.075709	**0.072066**	0.068599	0.065367	0.061821	0.058252	0.055685	0.052579
v_*	0.110969	**0.106403**	0.102026	0.097918	0.093374	0.088762	0.085419	0.081344
s_*	0.01128	**0.010589**	0.00994	0.00934	0.008709	0.00809	0.007623	0.007094
r_*	3.688962	**3.890185**	4.099949	4.313943	4.572548	4.862059	5.091513	5.396689
w_*	0.033558	**0.031943**	0.030406	0.028974	0.027402	0.02582	0.024682	0.023305
P_*	0.021306	**0.020998**	0.020694	0.020398	0.020084	0.019763	0.019489	0.019184
R_*	0.634906	**0.657369**	0.680607	0.704031	0.732942	0.765428	0.789617	0.823156
c_{1*}	0.021612	**0.02072**	0.019863	0.019059	0.018149	0.017218	0.016569	0.015749
c_{2*}	0.059932	**0.058724**	0.057535	0.056373	0.055169	0.053956	0.052877	0.051721
U_*	－5.49899	**－5.51969**	－5.5407	－5.56091	－5.58959	－5.62255	－5.6403	－5.67164

由表 8－26 可以看出：在 FY 模型下，随着一期时间跨度 T 取值逐渐变大，模型模拟得出的定态下的各个经济变量具体测算值中资本劳动比 k_*、单位劳动产出 y_*、资本产出比 v_*、人均储蓄 s_*、平均工资 w_*、平均养老金 P_*、工作期人均消费 c_{1*}、退休期人均消费 c_{2*} 和个人效用 U_* 均逐渐变小，只有资本回报率（利率）r_* 和养老金平均替代率 R_* 逐渐变大。

二、资本产出弹性系数 α 的敏感性分析

表 8－27 列出了 FY 模型下资本产出弹性系数 α 分别取值 0.3、0.35、0.4、0.45、0.5、0.54 和 0.6 时所得出的稳定均衡状态下各个经济变量的测算值，其中 α =0.54 是这一参数的基准设置。

表 8－27　　FY 模型下 α 的敏感性分析

α	0.3	0.35	0.4	0.45	0.5	**0.54**	0.6
k_*	0.070746	0.052335	0.0363	0.023187	0.013286	**0.007668**	0.002632
y_*	0.451764	0.356105	0.265437	0.183807	0.115264	**0.072066**	0.028324
v_*	0.1566	0.146966	0.136755	0.12615	0.115264	**0.106403**	0.092919
s_*	0.097502	0.072175	0.050085	0.032005	0.018344	**0.010589**	0.003635
r_*	0.84592	1.294754	1.818394	2.437241	3.179857	**3.890185**	5.222051
w_*	0.304715	0.223037	0.153461	0.097411	0.055533	**0.031943**	0.010917
P_*	0.106628	0.088156	0.068772	0.049742	0.032522	**0.020998**	0.008645
R_*	0.349927	0.395255	0.448138	0.510635	0.585632	**0.657369**	0.791874
c_{1*}	0.201171	0.146439	0.100333	0.063475	0.036088	**0.02072**	0.007065
c_{2*}	0.21522	0.194759	0.163888	0.126448	0.087423	**0.058724**	0.025477
U_*	-2.49387	-2.86932	-3.34745	-3.95562	-4.73421	**-5.51969**	-7.07961

由表 8－27 可以看出：随着资本产出弹性系数 α 取值逐渐变大，在 FY 模型模拟得出的定态下的各个经济变量具体测算值中，资本劳动比 k_*、单位劳动产出 y_*、资本产出比 v_*、人均储蓄 s_*、平均工资 w_*、平均养老金 P_*、工作期人均消费 c_{1*}、退休期人均消费 c_{2*} 和个人效用 U_* 均逐渐变小，只有资本回报率（利率）r_* 和养老金平均替代率 R_* 逐渐变大。

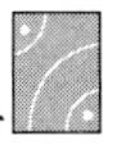

三、个人效用折现因子 θ 的敏感性分析

表 8－28 列出了 FY 模型下个人效用折现因子 θ 分别取值 0.975^{27}、0.98^{27}、0.985^{27}、0.99^{27} 和 0.995^{27} 时所得出的稳定均衡状态下各个经济变量的测算值，其中 $\theta = 0.98^{27}$ 是这一参数的基准设置。

表 8－28　　FY 模型下 θ 的敏感性分析

θ	0.975^{27}	**0.98^{27}**	0.985^{27}	0.99^{27}	0.995^{27}
k_*	0.006282	**0.007668**	0.009263	0.011073	0.013095
y_*	0.064709	**0.072066**	0.07981	0.087883	0.096216
v_*	0.097077	**0.106403**	0.116069	0.125998	0.136106
s_*	0.008625	**0.010589**	0.012856	0.015434	0.018321
r_*	4.359963	**3.890185**	3.482949	3.129671	2.822984
w_*	0.028682	**0.031943**	0.035375	0.038954	0.042647
P_*	0.019663	**0.020998**	0.02239	0.023829	0.025304
R_*	0.685555	**0.657369**	0.632935	0.611738	0.593337
c_{1*}	0.019488	**0.02072**	0.021817	0.022747	0.02348
c_{2*}	0.052729	**0.058724**	0.065034	0.071613	0.078403
U_*	－5.4234	**－5.51969**	－5.64221	－5.79322	－5.97522

由表 8－28 可以看出：随着个人效用折现因子 θ 取值逐渐变大，在 FY 模型模拟得出的定态下的各个经济变量具体测算值中，资本劳动比 k_*、单位劳动产出 y_*、资本产出比 v_*、人均储蓄 s_*、平均工资 w_*、平均养老金 P_*、工作期人均消费 c_{1*} 和退休期人均消费 c_{2*} 均逐渐变大，只有资本回报率（利率）r_* 和养老金平均替代率 R_*、个人效用 U_* 逐渐变小。

四、就业人口增长率 n 的敏感性分析

表 8－29 列出了 FY 模型下就业人口增长率 n 分别取值 －0.1、0、0.2、0.463596、1、1.5、2 和 2.2 时所得出的稳定均衡状态下各个经济变量的测算值，其中 $n = 0.463596$ 是这一参数的基准设置。

表 8 - 29　　FY 模型下 n 的敏感性分析

n	-0.1	0	0.2	**0.463596**	1	1.5	2	2.2
k_*	0.022068	0.017551	0.011808	**0.007668**	0.003889	0.002394	0.001611	0.0014
y_*	0.127536	0.112698	0.090984	**0.072066**	0.04995	0.038439	0.031033	0.028768
v_*	0.173034	0.155731	0.129776	**0.106403**	0.077865	0.062292	0.05191	0.048666
s_*	0.01874	0.01656	0.013369	**0.010589**	0.00734	0.005648	0.00456	0.004227
r_*	2.007091	2.341212	3.009454	**3.890185**	5.682424	7.35303	9.023636	9.691878
w_*	0.05653	0.049953	0.040328	**0.031943**	0.02214	0.017038	0.013755	0.012751
P_*	0.022851	0.022436	0.021736	**0.020998**	0.019888	0.019131	0.018534	0.018327
R_*	0.404232	0.449146	0.538976	**0.657369**	0.898293	1.122866	1.347439	1.437268
c_{1*}	0.036668	0.032402	0.026159	**0.02072**	0.014361	0.011052	0.008922	0.008271
c_{2*}	0.063906	0.062746	0.060787	**0.058724**	0.05562	0.053503	0.051833	0.051254
U_*	-4.89985	-5.03416	-5.26656	**-5.51969**	-5.91772	-6.20216	-6.43457	-6.51683

由表 8 - 29 可以看出：随着就业人口增长率 n 取值逐渐变大，在 FY 模型模拟得出的定态下的各个经济变量具体测算值中，资本劳动比 k_*、单位劳动产出 y_*、资本产出比 v_*、人均储蓄 s_*、平均工资 w_*、平均养老金 P_*、工作期人均消费 c_{1*}、退休期人均消费 c_{2*} 和个人效用 U_* 均逐渐变小，只有资本回报率（利率）r_* 和养老金平均替代率 R_* 逐渐变大。

以上分析的经济含义是：企业以收入为缴费基数，养老保险个人账户由空账转变为实账运行，随着人口增长率下降，就业人员增长率通常也会随之下降，就会导致资本劳动比、单位劳动产出、资本产出比、人均储蓄、平均工资、平均养老金、工作期人均消费、退休期人均消费和个人终生效用上升，而利率和养老金平均替代率会下降。

五、个人缴费率 τ 的敏感性分析

表 8 - 30 列出了 FY 模型下个人缴费率 τ 分别取值 0.04、0.06、0.08、0.1、0.12 和 0.15 时所得出的稳定均衡状态下各个经济变量的测算值，其中 $\tau = 0.06$ 是这一参数的基准设置。

表 8-30　　FY 模型下 τ 的敏感性分析

τ	0.04	**0.06**	0.08	0.1	0.12	0.15
k_*	0.007668	**0.007668**	0.007668	0.007668	0.007668	0.007668
y_*	0.072066	**0.072066**	0.072066	0.072066	0.072066	0.072066
v_*	0.106403	**0.106403**	0.106403	0.106403	0.106403	0.106403
s_*	0.010801	**0.010589**	0.010378	0.010167	0.009956	0.009639
r_*	3.890185	**3.890185**	3.890185	3.890185	3.890185	3.890185
w_*	0.031943	**0.031943**	0.031943	0.031943	0.031943	0.031943
P_*	0.017874	**0.020998**	0.024122	0.027246	0.03037	0.035057
R_*	0.559565	**0.657369**	0.755172	0.852976	0.95078	1.097485
c_{1*}	0.02072	**0.02072**	0.02072	0.02072	0.02072	0.02072
c_{2*}	0.058724	**0.058724**	0.058724	0.058724	0.058724	0.058724
U_*	-5.51969	**-5.51969**	-5.51969	-5.51969	-5.51969	-5.51969

由表 8-30 可以看出：在 FY 模型模拟得出的定态下的各个经济变量具体测算值中，单位劳动资本 k_*、单位劳动产出 y_*、资本产出比 v_*、资本回报率（利率）r_*、平均工资 w_*、工作期人均消费 c_{1*}、退休期人均消费 c_{2*} 和个人效用 U_* 均不会受到养老保险个人缴费率 τ 变动的影响，即不管养老保险个人缴费率 τ 如何变动，定态下上述经济变量也不会发生改变。但在其他参数不变的情况下，提高养老保险个人缴费率 τ 却会导致均衡状态下人均储蓄 s_* 下降，并且会导致平均养老金 P_* 和养老保险平均替代率 R_* 上升。究其原因，在个人账户实账的情况下，提高养老保险个人缴费率虽然会使平均养老金和养老保险平均替代率上升，但增加的个人账户本金——相当于政府强制储蓄，对私人储蓄产生了一对一的挤出效应，因而整体资本水平不会发生改变，进而其他经济变量也就不会发生变化。以上分析的政策含义为：在完全做实个人账户之后，可以通过提高养老保险个人缴费率实现提高养老金水平和替代率的目标，而不会对其他经济变量产生影响。

六、养老保险覆盖范围 p 的敏感性分析

表 8-31 列出了 FY 模型下养老保险覆盖范围 p 分别取值 0.2、0.330486、

0.5、0.8 和 1 时所得出的稳定均衡状态下各个经济变量的测算值，其中 $p=0.330486$ 是这一参数的基准设置。表中最后一列是 p 和 q 为 1 时的测算结果，反映了城镇职工养老保险实现了就业人员全覆盖和生产者全覆盖的情形。

表 8-31　　FY 模型下 p 的敏感性分析

q	**0.607118146**					1
p	0.2	**0.330486**	0.5	0.8	1	1
k_*	0.007668	**0.007668**	0.007668	0.007668	0.007668	0.006825
y_*	0.072066	**0.072066**	0.072066	0.072066	0.072066	0.067673
v_*	0.106403	**0.106403**	0.106403	0.106403	0.106403	0.100853
s_*	0.01084	**0.010589**	0.010265	0.00969	0.009306	0.008233
r_*	3.890185	**3.890185**	3.890185	3.890185	3.890185	4.033061
w_*	0.031943	**0.031943**	0.031943	0.031943	0.031943	0.029262
P_*	0.028583	**0.020998**	0.017057	0.014175	0.013214	0.014779
R_*	0.894825	**0.657369**	0.533977	0.443765	0.413694	0.505073
c_{1*}	0.02072	**0.02072**	0.02072	0.02072	0.02072	0.019273
c_{2*}	0.058724	**0.058724**	0.058724	0.058724	0.058724	0.056219
U_*	-5.51969	**-5.51969**	-5.51969	-5.51969	-5.51969	-5.61735

由表 8-31 可以看出：在 FY 模型模拟得出的定态下的各个经济变量具体测算值中，在 q 取值不变的情况下，资本劳动比 k_*、单位劳动产出 y_*、资本产出比 v_*、资本回报率（利率）r_*、平均工资 w_*、工作期人均消费 c_{1*}、退休期人均消费 c_{2*} 和个人效用 U_* 均不会受到养老保险覆盖范围 p 变动的影响，即不管养老保险覆盖范围 p 如何变动，定态下上述经济变量也不会发生改变。但在其他参数不变的情况下，扩大养老保险覆盖范围 p 却会导致均衡状态下人均储蓄 s_*、平均养老金 P_* 和养老保险平均替代率 R_* 下降。

七、参加养老保险企业的产出占社会总产出的比重 q 的敏感性分析

表 8-32 列出了 FY 模型下参加养老保险企业的产出占社会总产出的比重 q

分别取值0.2、0.4、0.607118、0.8和1时所得出的稳定均衡状态下各个经济变量的测算值，其中 $q=0.607118$ 是这一参数的基准设置。

表8-32　　FY模型下 q 的敏感性分析（η_Y 不变）

q	0.2	0.4	**0.607118**	0.8	1
k_*	0.008628	0.008145	**0.007668**	0.007244	0.006825
y_*	0.076805	0.074453	**0.072066**	0.069887	0.067673
v_*	0.112336	0.109398	**0.106403**	0.103657	0.100853
s_*	0.011936	0.011258	**0.010589**	0.009996	0.009409
r_*	3.749325	3.817642	**3.890185**	3.959445	4.033061
w_*	0.034907	0.033426	**0.031943**	0.030605	0.029262
P_*	0.014029	0.017575	**0.020998**	0.023963	0.026819
R_*	0.401892	0.525799	**0.657369**	0.782984	0.916501
c_{1*}	0.022279	0.021505	**0.02072**	0.020002	0.019273
c_{2*}	0.061323	0.060046	**0.058724**	0.057493	0.056219
U_*	-5.42205	-5.46957	**-5.51969**	-5.5672	-5.61735

由表8-32可以看出：在企业缴费率 η_Y 保持不变的情况下，随着参加养老保险企业的产出占社会总产出的比重 q 取值逐渐变大，在FY模型模拟得出的定态下的各个经济变量具体测算值中，资本劳动比 k_*、单位劳动产出 y_*、资本产出比 v_*、人均储蓄 s_*、平均工资 w_*、工作期人均消费 c_{1*}、退休期人均消费 c_{2*} 和个人效用 U_* 均逐渐变小，而资本回报率（利率）r_*、平均养老金 P_* 和养老金平均替代率 R_* 逐渐变大。

以上分析的经济含义是：在企业以收入为缴费基数且个人账户由空账运行转变为实账运行的情况下，扩大城镇职工养老保险在全社会生产者中的覆盖范围，提高参加养老保险企业的产出占社会总产出比重，会使资本劳动比、单位劳动产出、资本产出比、人均储蓄、平均工资、工作期人均消费、退休期人均消费和个人终生效用下降；但会使利率、平均养老金和养老金平均替代率上升。

第七章参数设置部分的分析表明：由NW模型转变为FY模型，企业由以工资作为企业缴费基数转变为以收入作为缴费基数，要根据收支平衡原则确定以收入为基数的企业缴费率，这就要考虑参加养老保险企业的产出占社会总产出的比

重 q 取值，而且 q 取值不同，企业缴费率 η_Y 也会随之相应改变，因此表 8－33 列出了企业缴费率 η_Y 随 q 取值变化而相应变化的模拟结果。

表 8－33　FY 模型下 q 的敏感性分析（η_Y 随 q 变化使 $q\eta_Y$ 不变）

q	0.2	0.4	**0.607118**	0.8	1
η_Y	0.171052	0.085526	**0.06**	0.042763	0.03421
$q\eta_Y$	0.03421	0.03421	**0.03421**	0.03421	0.03421
k_*	0.007668	0.007668	**0.007668**	0.007668	0.007668
y_*	0.072066	0.072066	**0.072066**	0.072066	0.072066
v_*	0.106403	0.106403	**0.106403**	0.106403	0.106403
s_*	0.010589	0.010589	**0.010589**	0.010589	0.010589
r_*	3.890185	3.890185	**3.890185**	3.890185	3.890185
w_*	0.031943	0.031943	**0.031943**	0.031943	0.031943
P_*	0.020998	0.020998	**0.020998**	0.020998	0.020998
R_*	0.657369	0.657369	**0.657369**	0.657369	0.657369
c_{1*}	0.02072	0.02072	**0.02072**	0.02072	0.02072
c_{2*}	0.058724	0.058724	**0.058724**	0.058724	0.058724
U_*	－5.51969	－5.51969	**－5.51969**	－5.51969	－5.51969

由表 8－33 可以看出：在 FY 模型中，参加养老保险企业的产出占社会总产出的比重 q 不管如何取值，企业缴费率 η_Y 都会随之改变，但 $q\eta_Y$ 保持不变。这是因为要根据收支平衡原则确定以收入为基数的企业缴费率，而转变过程的基金支出一旦确定，根据基金支出需求确定企业缴费总额也就保持不变，即模型中 $q\eta_Y Y$ 保持不变，因此 $q\eta_Y$ 保持不变。由此模型模拟测算得出的均衡状态下各经济变量的测算值均不会发生变化。

八、企业缴费率 η_Y 的敏感性分析

表 8－34 列出了 FY 模型下企业缴费率 η_Y 分别取值 0.02、0.04、0.06、0.08、0.1、0.12、0.15 和 0.2 时所得出的稳定均衡状态下各个经济变量的测算

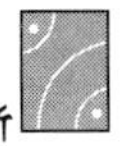

值，其中 $\eta_Y=0.06$ 是这一参数的基准设置。

表 8-34　　FY 模型下 η_Y 的敏感性分析

η_Y	0.02	0.04	**0.06**	0.08	0.1	0.12	0.15	0.2
k_*	0.008622	0.008134	**0.007668**	0.007224	0.006801	0.006398	0.00583	0.004974
y_*	0.076777	0.074397	**0.072066**	0.069781	0.067544	0.065352	0.062152	0.057042
v_*	0.112301	0.109329	**0.106403**	0.103523	0.100688	0.097899	0.0938	0.08719
s_*	0.011928	0.011242	**0.010589**	0.009967	0.009375	0.008811	0.008017	0.006822
r_*	3.750125	3.819284	**3.890185**	3.962896	4.037487	4.114032	4.232684	4.441369
w_*	0.034889	0.033392	**0.031943**	0.03054	0.029184	0.027872	0.025986	0.023053
P_*	0.014072	0.017657	**0.020998**	0.024104	0.026981	0.029638	0.033225	0.038201
R_*	0.403344	0.528776	**0.657369**	0.789244	0.924529	1.063357	1.278554	1.657043
c_{1*}	0.022269	0.021487	**0.02072**	0.019967	0.01923	0.018508	0.017454	0.015774
c_{2*}	0.061308	0.060016	**0.058724**	0.057433	0.056143	0.054856	0.052932	0.049746
U_*	-5.42261	-5.47071	**-5.51969**	-5.56956	-5.62035	-5.67206	-5.75141	-5.88856

由表 8-34 可以看出：随着企业缴费率 η_Y 取值逐渐变大，在 FY 模型模拟得出的定态下的各个经济变量具体测算值中，资本劳动比 k_*、单位劳动产出 y_*、资本产出比 v_*、人均储蓄 s_*、平均工资 w_*、工作期人均消费 c_{1*}、退休期人均消费 c_{2*} 和个人效用 U_* 均逐渐变小，而资本回报率（利率）r_*、平均养老金 P_* 和养老金平均替代率 R_* 逐渐变大。

以上分析的经济含义是：在企业以收入为缴费基数且个人账户由空账运行转变为实账运行的情况下，降低城镇职工养老保险企业参保缴费率，会使资本劳动比、单位劳动产出、资本产出比、人均储蓄、平均工资、工作期人均消费、退休期人均消费和个人终生效用上升，会使利率、平均养老金和养老金平均替代率下降；而提高企业参保缴费率虽然能使利率、平均养老金和养老金平均替代率上升，但会使资本劳动比、单位劳动产出、资本产出比、人均储蓄、平均工资、工作期人均消费、退休期人均消费和个人终生效用下降。

第五节　不同模型间比较的敏感性分析

一、模型中一个时期（一代内）自然年数 T 的敏感性分析

（一）FW 模型相对于 NW 模型变化对 T 的敏感性分析

表 8－9 中数值相对于表 8－1 数值的变化用表 8－35 列出。

表 8－35　　FW 模型相对于 NW 模型变化对 T 的敏感性分析

T	26	**27**	28	29	30	31	32	33
n	0.421817	**0.463596**	0.506435	0.548994	0.602859	0.663645	0.705552	0.766792
θ	0.98^{26}	$\mathbf{0.98^{27}}$	0.98^{28}	0.98^{29}	0.98^{30}	0.98^{31}	0.98^{32}	0.98^{33}
k_*	0.44%	**0.44%**	0.44%	0.45%	0.45%	0.45%	0.45%	0.45%
y_*	0.24%	**0.24%**	0.24%	0.24%	0.24%	0.24%	0.24%	0.24%
v_*	0.20%	**0.20%**	0.20%	0.20%	0.21%	0.21%	0.21%	0.21%
s_*	-5.11%	**-5.18%**	-5.26%	-5.33%	-5.41%	-5.49%	-5.57%	-5.65%
r_*	-0.25%	**-0.25%**	-0.25%	-0.25%	-0.25%	-0.24%	-0.24%	-0.24%
w_*	-1.61%	**-1.61%**	-1.61%	-1.61%	-1.61%	-1.61%	-1.61%	-1.61%
P_*	92.61%	**93.84%**	95.10%	96.39%	97.70%	99.04%	100.40%	101.80%
R_*	95.77%	**97.02%**	98.30%	99.61%	100.94%	102.30%	103.68%	105.10%
c_{1*}	0.34%	**0.34%**	0.34%	0.34%	0.34%	0.34%	0.35%	0.35%
c_{2*}	0.14%	**0.14%**	0.14%	0.14%	0.14%	0.14%	0.14%	0.14%
U_*	0.08%	**0.07%**	0.07%	0.07%	0.07%	0.07%	0.07%	0.07%

由表 8－35 可以看出：由基准 NW 模型转为 FW 模型，定态下人均储蓄 s_* 下降的幅度、定态下平均养老金 P_* 和养老金平均替代率 R_* 上升的幅度都随着一期时间跨度 T 取值变大明显变大；而不管一期时间跨度 T 取值如何变化，FW 模型与基准 NW 模型相比，定态下资本劳动比 k_*、单位劳动产出 y_*、资本产出比 v_*、资本回报率（利率）r_*、平均工资 w_*、工作期人均消费 c_{1*}、退休期人均消费 c_{2*} 和个人效用 U_* 的变化幅度很小或基本保持不变。

此外，不管一期时间跨度 T 如何取值，由基准 NW 模型转为 FW 模型，只有人均储蓄 s_*、资本回报率（利率）r_* 和平均工资 w_* 是下降的，而定态下其他经济变量是上升的，这与参数基准设置时的模拟结果是一致的。

（二）NY 模型相对于 NW 模型变化对 T 的敏感性分析

表 8－17 中数值相对于表 8－1 数值的变化用表 8－36 列出。

表 8－36　　NY 模型相对于 NW 模型变化对 T 的敏感性分析

T	26	**27**	28	29	30	31	32	33
n	0.421817	**0.463596**	0.506435	0.548994	0.602859	0.663645	0.705552	0.766792
θ	0.98^{26}	$\mathbf{0.98^{27}}$	0.98^{28}	0.98^{29}	0.98^{30}	0.98^{31}	0.98^{32}	0.98^{33}
k_*	5.45%	**5.45%**	5.45%	5.44%	5.44%	5.43%	5.43%	5.43%
y_*	2.91%	**2.91%**	2.90%	2.90%	2.90%	2.90%	2.90%	2.89%
v_*	2.47%	**2.47%**	2.47%	2.47%	2.47%	2.46%	2.46%	2.46%
s_*	5.45%	**5.45%**	5.45%	5.44%	5.44%	5.43%	5.43%	5.43%
r_*	-5.98%	**-5.91%**	-5.86%	-5.80%	-5.74%	-5.68%	-5.64%	-5.59%
w_*	5.72%	**5.72%**	5.71%	5.71%	5.71%	5.71%	5.71%	5.70%
P_*	7.51%	**7.50%**	7.50%	7.50%	7.50%	7.50%	7.49%	7.49%
R_*	1.69%	**1.69%**	1.69%	1.69%	1.69%	1.69%	1.69%	1.69%
c_{1*}	5.87%	**5.86%**	5.86%	5.86%	5.85%	5.85%	5.84%	5.84%
c_{2*}	0.80%	**0.80%**	0.80%	0.80%	0.80%	0.79%	0.79%	0.79%
U_*	1.11%	**1.10%**	1.09%	1.09%	1.08%	1.07%	1.07%	1.06%

由表 8－36 可以看出：基准模型 NW 转变为 NY 模型，随着一期时间跨度 T 取值变大，定态下利率 r_* 下降的幅度明显变小；养老金平均替代率 R_* 上升的幅度则保持不变；而单位劳动资本 k_*、单位劳动产出 y_*、资本产出比 v_*、人均储蓄 s_*、平均工资 w_*、平均养老金 P_*、工作期人均消费 c_{1*}、退休期人均消费 c_{2*} 和个人效用 U_* 的增幅均略微下降。

此外，不管一期时间跨度 T 如何取值，基准模型 NW 转变为 NY 模型，只有资本回报率（利率）r_* 是下降的，而定态下其他经济变量是上升的，这与参数基准设置时的模拟结果是一致的。

（三）FY 模型相对于 NW 模型变化对 T 的敏感性分析

表 8－26 中数值相对于表 8－1 数值的变化用表 8－37 列出。

表 8－37　　FY 模型相对于 NW 模型变化对 T 的敏感性分析

T	26	**27**	28	29	30	31	32	33
n	0.421817	**0.463596**	0.506435	0.548994	0.602859	0.663645	0.705552	0.766792
θ	0.98^{26}	$\mathbf{0.98^{27}}$	0.98^{28}	0.98^{29}	0.98^{30}	0.98^{31}	0.98^{32}	0.98^{33}
k_*	6.21%	**6.19%**	6.18%	6.17%	6.16%	6.15%	6.14%	6.13%
y_*	3.30%	**3.30%**	3.29%	3.29%	3.28%	3.28%	3.27%	3.26%
v_*	2.81%	**2.80%**	2.80%	2.79%	2.79%	2.78%	2.78%	2.77%
s_*	0.29%	**0.20%**	0.11%	0.02%	-0.07%	-0.17%	-0.26%	-0.36%
r_*	-7.84%	**-7.76%**	-7.68%	-7.60%	-7.52%	-7.44%	-7.38%	-7.32%
w_*	4.80%	**4.80%**	4.79%	4.79%	4.78%	4.78%	4.77%	4.76%
P_*	112.73%	**113.95%**	115.21%	116.48%	117.79%	119.12%	120.48%	121.86%
R_*	102.98%	**104.16%**	105.36%	106.59%	107.85%	109.13%	110.44%	111.77%
c_{1*}	7.33%	**7.32%**	7.30%	7.29%	7.28%	7.27%	7.26%	7.25%
c_{2*}	0.59%	**0.59%**	0.58%	0.58%	0.57%	0.56%	0.56%	0.55%
U_*	1.33%	**1.32%**	1.31%	1.31%	1.30%	1.29%	1.28%	1.27%

由表 8－37 可以看出：随着一期时间跨度 T 取值变大，定态下单位劳动资本 k_*、单位劳动产出 y_*、资本产出比 v_*、平均工资 w_*、工作期人均消费 c_{1*}、退休期人均消费 c_{2*} 和个人效用 U_* 由基准模型 NW 转变为 FY 模型的增幅均略有下降；资本回报率（利率）r_* 由基准模型 NW 转变为 FY 模型的降幅也略有下降；而平均养老金 P_* 和养老保险平均替代率 R_* 由基准模型 NW 转变为 FY 模型的增幅随着一期时间跨度 T 取值变大而明显变大。

当 T 取值 26 到 29 时，由基准模型 NW 转变为 FY 模型人均储蓄 s_* 是上升的，且增幅随 T 取值变大而变小；当 T 取值 30 到 33 时，由基准模型 NW 转变为 FY 模型人均储蓄 s_* 是下降的，且降幅随 T 取值变大而变大。

（四）不同模型间的比较

比较表 8－1、表 8－9、表 8－17 和表 8－26 的数值并结合表 8－35、表 8－36 和表 8－37 可以看出：不管一期时间跨度 T 取值如何变化，在 NW、FW、NY 和

FY 四个模型中，FY 模型定态下资本劳动比 k_*、单位劳动产出 y_*、资本产出比 v_*、平均养老金 P_*、养老金平均替代率 R_*、工作期人均消费 c_{1*} 和个人效用 U_* 最大，而资本回报率（利率）r_* 最小，且上述所有经济变量相对于基准模型 NW 的变化程度也最大。NY 模型人均储蓄 s_*、单位劳动工资（平均工资）w_* 和退休期人均消费 c_{2*} 最大，其相对于基准模型 NW 的变化程度也最大。FW 模型人均储蓄 s_* 最小，其相对于基准模型 NW 是下降的，而且除了平均养老金和养老保险平均替代率外，其他经济变量相对于基准模型 NW 的变化很小。这与第七章所得出的结论相一致。

二、资本产出弹性系数 α 的敏感性分析

（一）FW 模型相对于 NW 模型变化对 α 的敏感性分析

表 8－10 中数值相对于表 8－2 数值的变化用表 8－38 列出。

表 8－38　FW 模型相对于 NW 模型变化对 α 的敏感性分析

α	0.3	0.35	0.4	0.45	0.5	**0.54**	0.6
k_*	0.44%	0.43%	0.42%	0.42%	0.43%	**0.44%**	0.47%
y_*	0.13%	0.15%	0.17%	0.19%	0.21%	**0.24%**	0.28%
v_*	0.31%	0.28%	0.25%	0.23%	0.21%	**0.20%**	0.19%
s_*	-5.53%	-5.43%	-5.36%	-5.29%	-5.23%	**-5.18%**	-5.11%
r_*	-0.61%	-0.46%	-0.37%	-0.32%	-0.28%	**-0.25%**	-0.22%
w_*	-1.72%	-1.70%	-1.68%	-1.66%	-1.64%	**-1.61%**	-1.57%
P_*	35.23%	43.86%	53.94%	65.85%	80.16%	**93.84%**	119.52%
R_*	37.59%	46.36%	56.58%	68.66%	83.16%	**97.02%**	123.02%
c_{1*}	0.18%	0.21%	0.24%	0.28%	0.31%	**0.34%**	0.39%
c_{2*}	-0.12%	-0.06%	-0.01%	0.04%	0.10%	**0.14%**	0.20%
U_*	0.04%	0.06%	0.07%	0.08%	0.08%	**0.07%**	0.07%

由表 8－38 可以看出：由基准 NW 模型转为 FW 模型，单位劳动产出 y_*、平均养老金 P_*、养老保险平均替代率 R_* 和工作期人均消费 c_{1*} 的增幅随着资本产出弹性系数 α 取值变大而变大；而资本产出比 v_* 的增幅、人均储蓄 s_*、资本回报率（利率）r_* 和平均工资 w_* 的降幅随着资本产出弹性系数 α 取值变大而变

小；单位劳动资本 k_* 的增幅随 α 取值变大是先变小后变大，个人效用 U_* 的增幅随 α 取值变大是先变大后变小。

当 α 取值0.3、0.35和0.4时，由基准模型NW转变为FW模型时退休期人均消费 c_{2*} 是下降的，且降幅随 α 取值变大而变小；当 α 取值0.45、0.5、0.54和0.6时，由基准模型NW转变为FW模型时退休期人均消费 c_{2*} 是上升的，且增幅随 α 取值变大而变大。

（二）NY模型相对于NW模型变化对 α 的敏感性分析

表8－18中数值相对于表8－2数值的变化用表8－39列出。

表8－39　　NY模型相对于NW模型变化对 α 的敏感性分析

α	0.3	0.35	0.4	0.45	0.5	**0.54**	0.6
k_*	6.71%	6.17%	5.81%	5.58%	5.47%	**5.45%**	5.56%
y_*	1.97%	2.12%	2.28%	2.47%	2.70%	**2.91%**	3.30%
v_*	4.65%	3.97%	3.44%	3.03%	2.70%	**2.47%**	2.19%
s_*	6.71%	6.17%	5.81%	5.58%	5.47%	**5.45%**	5.56%
r_*	-13.37%	-10.27%	-8.46%	-7.27%	-6.43%	**-5.91%**	-5.32%
w_*	4.75%	4.91%	5.08%	5.27%	5.50%	**5.72%**	6.12%
P_*	-20.21%	-16.14%	-11.39%	-5.77%	1.00%	**7.50%**	19.76%
R_*	-23.82%	-20.06%	-15.67%	-10.49%	-4.26%	**1.69%**	12.85%
c_{1*}	3.77%	4.26%	4.69%	5.11%	5.52%	**5.86%**	6.43%
c_{2*}	-3.24%	-2.16%	-1.25%	-0.46%	0.25%	**0.80%**	1.62%
U_*	0.71%	1.00%	1.14%	1.17%	1.15%	**1.10%**	1.00%

由表8－39可以看出：基准模型NW转变为NY模型，单位劳动产出 y_*、平均工资 w_*、和工作期人均消费 c_{1*} 的增幅随着资本产出弹性系数 α 取值变大而变大；而资本产出比 v_* 和人均储蓄 s_* 的增幅、资本回报率（利率）r_* 的降幅随着资本产出弹性系数 α 取值变大而变小；单位劳动资本 k_* 的增幅随 α 取值变大是先变小后变大，个人效用 U_* 的增幅随 α 取值变大是先变大后变小。

当 α 取值0.3、0.35、0.4和0.45时，由基准模型NW转变为NY模型时平均养老金 P_* 和退休期人均消费 c_{2*} 是下降的，且降幅随 α 取值变大而变小；当 α 取值0.5、0.54和0.6时，由基准模型NW转变为NY模型时平均养老金 P_* 和退休期人均消费 c_{2*} 是上升的，且增幅随 α 取值变大而变大。当 α 取值0.3、0.35、

0.4、0.45 和 0.5 时，由基准模型 NW 转变为 NY 模型时养老保险平均替代率 R_* 是下降的，且降幅随 α 取值变大而变小；当 α 取值 0.54 和 0.6 时，由基准模型 NW 转变为 FW 模型时养老保险平均替代率 R_* 是上升的，且增幅随 α 取值变大而变大。

（三）FY 模型相对于 NW 模型变化对 α 的敏感性分析

表 8－27 中数值相对于表 8－2 数值的变化用表 8－40 列出。

表 8－40　FY 模型相对于 NW 模型变化对 α 的敏感性分析

α	0.3	0.35	0.4	0.45	0.5	**0.54**	0.6
k_*	8.15%	7.39%	6.87%	6.51%	6.29%	**6.19%**	6.20%
y_*	2.38%	2.53%	2.69%	2.88%	3.10%	**3.30%**	3.68%
v_*	5.64%	4.75%	4.07%	3.53%	3.10%	**2.80%**	2.44%
s_*	1.84%	1.19%	0.75%	0.45%	0.27%	**0.20%**	0.23%
r_*	-17.36%	-13.37%	-11.03%	-9.50%	-8.42%	**-7.76%**	-6.99%
w_*	3.86%	4.02%	4.18%	4.37%	4.59%	**4.80%**	5.18%
P_*	12.88%	27.68%	45.00%	65.52%	90.23%	**113.95%**	158.67%
R_*	8.68%	22.75%	39.18%	58.59%	81.88%	**104.16%**	145.93%
c_{1*}	4.88%	5.47%	5.99%	6.47%	6.94%	**7.32%**	7.92%
c_{2*}	-4.34%	-2.98%	-1.86%	-0.90%	-0.05%	**0.59%**	1.52%
U_*	0.87%	1.23%	1.39%	1.43%	1.39%	**1.32%**	1.19%

由表 8－40 可以看出：基准模型 NW 转变为 FY 模型，单位劳动产出 y_*、平均工资 w_*、平均养老金 P_*、养老保险平均替代率 R_* 和工作期人均消费 c_{1*} 的增幅随着资本产出弹性系数 α 取值变大而变大；而资本产出比 v_* 和人均储蓄 s_* 的增幅、资本回报率（利率）r_* 的降幅随着资本产出弹性系数 α 取值变大而变小；单位劳动资本 k_* 的增幅随 α 取值变大是先变小后变大，个人效用 U_* 的增幅随 α 取值变大是先变大后变小。

当 α 取值 0.3、0.35、0.4、0.45 和 0.5 时，由基准模型 NW 转变为 FY 模型时养老保险退休期人均消费 c_{2*} 是下降的，且降幅随 α 取值变大而变小；当 α 取值 0.54 和 0.6 时，由基准模型 NW 转变为 FY 模型时养老保险退休期人均消费 c_{2*} 是上升的，且增幅随 α 取值变大而变大。

（四）不同模型间的比较

比较表 8 - 2、表 8 - 10、表 8 - 18 和表 8 - 27 的数值并结合表 8 - 38、表 8 - 39 和表 8 - 40 可以看出：不管产出弹性系数 α 取值如何变化，在 NW、FW、NY 和 FY 四个模型中，FY 模型定态下资本劳动比 k_*、单位劳动产出 y_*、资本产出比 v_*、工作期人均消费 c_{1*} 和个人效用 U_* 最大，且上述所有经济变量相对于基准模型 NW 的变化程度也最大。因此与第七章分析所得出的结论相一致：即与其他模型相比较，FY 模型能够最大幅度地促进资本和产出以及消费者福利的增加。

三、个人效用折现因子 θ 的敏感性分析

（一）FW 模型相对于 NW 模型变化对 θ 的敏感性分析

表 8 - 11 中数值相对于表 8 - 3 数值的变化用表 8 - 41 列出。

表 8 - 41　FW 模型相对于 NW 模型变化对 θ 的敏感性分析

θ	0.975^{27}	$\mathbf{0.98^{27}}$	0.985^{27}	0.99^{27}	0.995^{27}
k_*	0.45%	**0.44%**	0.44%	0.43%	0.42%
y_*	0.24%	**0.24%**	0.24%	0.23%	0.23%
v_*	0.21%	**0.20%**	0.20%	0.20%	0.19%
s_*	-5.72%	**-5.18%**	-4.72%	-4.33%	-3.98%
r_*	-0.25%	**-0.25%**	-0.25%	-0.25%	-0.26%
w_*	-1.61%	**-1.61%**	-1.62%	-1.62%	-1.63%
P_*	102.98%	**93.84%**	85.92%	79.04%	73.07%
R_*	106.30%	**97.02%**	88.98%	81.99%	75.93%
c_{1*}	0.35%	**0.34%**	0.33%	0.33%	0.32%
c_{2*}	0.14%	**0.14%**	0.13%	0.13%	0.12%
U_*	0.08%	**0.07%**	0.07%	0.07%	0.07%

由表 8 - 41 可以看出：由基准 NW 模型转为 FW 模型，单位劳动资本 k_*、单位劳动产出 y_*、资本产出比 v_*、平均养老金 P_*、养老保险平均替代率 R_*、工作期人均消费 c_{1*}、退休期人均消费 c_{2*} 和个人效用 U_* 上升的幅度随个人效用折现因子 θ 取值的变大而变小；人均储蓄 s_* 下降的幅度同样也随个人效用折现因子

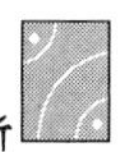

θ 取值的变大而变小；而资本回报率（利率）r_* 和平均工资 w_* 下降的幅度随个人效用折现因子 θ 取值的变大而变大。

此外，不管个人效用折现因子 θ 如何取值，由基准 NW 模型转变为 FW 模型时人均储蓄 s_*、资本回报率（利率）r_* 和平均工资 w_* 是下降的，而定态下其他经济变量是上升的，这与参数基准设置时的模拟结果是一致的。

（二）NY 模型相对于 NW 模型变化对 θ 的敏感性分析

表 8－19 中数值相对于表 8－3 数值的变化用表 8－42 列出。

表 8－42　NY 模型相对于 NW 模型变化对 θ 的敏感性分析

θ	0.975^{27}	$\mathbf{0.98^{27}}$	0.985^{27}	0.99^{27}	0.995^{27}
k_*	5.42%	**5.45%**	5.48%	5.51%	5.54%
y_*	2.89%	**2.91%**	2.92%	2.94%	2.95%
v_*	2.46%	**2.47%**	2.48%	2.50%	2.51%
s_*	5.42%	**5.45%**	5.48%	5.51%	5.54%
r_*	-5.78%	**-5.91%**	-6.06%	-6.22%	-6.38%
w_*	5.70%	**5.72%**	5.73%	5.75%	5.76%
P_*	7.49%	**7.50%**	7.52%	7.54%	7.55%
R_*	1.69%	**1.69%**	1.69%	1.69%	1.69%
c_{1*}	5.84%	**5.86%**	5.89%	5.92%	5.95%
c_{2*}	0.79%	**0.80%**	0.82%	0.83%	0.85%
U_*	1.10%	**1.10%**	1.10%	1.09%	1.08%

由表 8－42 可以看出：基准模型 NW 转变为 NY 模型，单位劳动资本 k_*、单位劳动产出 y_*、资本产出比 v_*、人均储蓄 s_*、平均工资 w_*、平均养老金 P_*、工作期人均消费 c_{1*}、退休期人均消费 c_{2*} 上升的幅度，以及资本回报率（利率）r_* 下降的幅度随个人效用折现因子 θ 取值的变大而变大；而个人效用 U_* 上升的幅度随个人效用折现因子 θ 取值的变大而变小；养老保险平均替代率 R_* 增幅保持不变，不随 θ 取值的变化而变化。

此外，不管个人效用折现因子 θ 如何取值，由基准 NW 模型转变为 FW 模型时资本回报率（利率）r_* 是下降的，而定态下其他经济变量是上升的，这与参数基准设置时的模拟结果是一致的。

（三）FY 模型相对于 NW 模型变化对 θ 的敏感性分析

表 8－28 中数值相对于表 8－3 数值的变化用表 8－43 列出。

表 8－43　FY 模型相对于 NW 模型变化对 θ 的敏感性分析

θ	0.975^{27}	**0.98^{27}**	0.985^{27}	0.99^{27}	0.995^{27}
k_*	6.12%	**6.19%**	6.27%	6.35%	6.43%
y_*	3.26%	**3.30%**	3.34%	3.38%	3.42%
v_*	2.77%	**2.80%**	2.84%	2.87%	2.91%
s_*	-0.45%	**0.20%**	0.77%	1.28%	1.74%
r_*	-7.56%	**-7.76%**	-7.97%	-8.19%	-8.43%
w_*	4.76%	**4.80%**	4.84%	4.88%	4.93%
P_*	123.04%	**113.95%**	106.08%	99.26%	93.35%
R_*	112.91%	**104.16%**	96.57%	89.99%	84.27%
c_{1*}	7.24%	**7.32%**	7.39%	7.47%	7.56%
c_{2*}	0.55%	**0.59%**	0.63%	0.67%	0.71%
U_*	1.32%	**1.32%**	1.32%	1.31%	1.31%

由表 8－43 可以看出：由基准模型 NW 转变为 FY 模型，单位劳动资本 k_*、单位劳动产出 y_*、资本产出比 v_*、平均工资 w_*、工作期人均消费 c_{1*} 和退休期人均消费 c_{2*} 上升的幅度，以及资本回报率（利率）r_* 下降的幅度随个人效用折现因子 θ 取值的变大而变大；而平均养老金 P_*、养老保险平均替代率 R_* 和个人效用 U_* 上升的幅度随个人效用折现因子 θ 取值的变大而变小。

当 θ 取值 0.975^{27} 时，由基准模型 NW 转变为 FY 模型人均储蓄 s_* 是下降的；当 θ 取值 0.98^{27}、0.985^{27}、0.99^{27} 和 0.995^{27} 时，由基准模型 NW 转变为 FY 模型人均储蓄 s_* 是上升的，且增幅随 θ 取值变大而变大。

（四）不同模型间的比较

比较表 8－3、表 8－11、表 8－19 和表 8－28 的数值并结合表 8－41、表 8－42 和表 8－43 可以看出：不管个人效用折现因子 θ 取值如何变化，在 NW、FW、NY 和 FY 四个模型中，FY 模型定态下资本劳动比 k_*、单位劳动产出 y_*、资本产出比 v_*、平均养老金 P_*、养老金平均替代率 R_*、工作期人均消费 c_{1*} 和个人效用 U_* 最大，而资本回报率（利率）r_* 最小，且上述所有经济变量相对于基准

模型 NW 的变化程度也最大。NY 模型人均储蓄 s_*、单位劳动工资（平均工资）w_* 和退休期人均消费 c_{2*} 最大，其相对于基准模型 NW 的变化程度也最大。FW 模型人均储蓄 s_* 最小，其相对于基准模型 NW 是下降的，而且除了平均养老金和养老保险平均替代率外，其他经济变量相对于基准模型 NW 的变化很小。这与第七章所得出的结论相一致。

四、就业人口增长率 n 的敏感性分析

（一）FW 模型相对于 NW 模型变化对 n 的敏感性分析

表 8－12 中数值相对于表 8－4 数值的变化用表 8－44 列出。

表 8－44　　FW 模型相对于 NW 模型变化对 n 的敏感性分析

n	－0.1	0	0.2	**0.463596**	1	1.5	2	2.2
k_*	0.44%	0.44%	0.44%	**0.44%**	0.44%	0.44%	0.44%	0.44%
y_*	0.24%	0.24%	0.24%	**0.24%**	0.24%	0.24%	0.24%	0.24%
v_*	0.20%	0.20%	0.20%	**0.20%**	0.20%	0.20%	0.20%	0.20%
s_*	－5.18%	－5.18%	－5.18%	**－5.18%**	－5.18%	－5.18%	－5.18%	－5.18%
r_*	－0.30%	－0.28%	－0.27%	**－0.25%**	－0.24%	－0.23%	－0.22%	－0.22%
w_*	－1.61%	－1.61%	－1.61%	**－1.61%**	－1.61%	－1.61%	－1.61%	－1.61%
P_*	93.84%	93.84%	93.84%	**93.84%**	93.84%	93.84%	93.84%	93.84%
R_*	97.02%	97.02%	97.02%	**97.02%**	97.02%	97.02%	97.02%	97.02%
c_{1*}	0.34%	0.34%	0.34%	**0.34%**	0.34%	0.34%	0.34%	0.34%
c_{2*}	0.14%	0.14%	0.14%	**0.14%**	0.14%	0.14%	0.14%	0.14%
U_*	0.08%	0.08%	0.08%	**0.07%**	0.07%	0.07%	0.06%	0.06%

由表 8－44 可以看出：由基准 NW 模型转为 FW 模型，资本回报率（利率）r_* 的降幅随就业人口增长率 n 取值的变大而变小；个人效用 U_* 的增幅随就业人口增长率 n 取值的变大也略微下降；而其他经济变量的变化幅度却不随 n 取值的变化而变化。

此外，不管就业人口增长率 n 如何取值，基准 NW 模型转变为 FW 模型，只

有人均储蓄 s_*、资本回报率（利率）r_* 和平均工资 w_* 是下降的，而定态下其他经济变量是上升的，这与参数基准设置时的模拟结果是一致的。

（二）NY 模型相对于 NW 模型变化对 n 的敏感性分析

表 8 - 20 中数值相对于表 8 - 4 数值的变化用表 8 - 45 列出。

表 8 - 45　　NY 模型相对于 NW 模型变化对 n 的敏感性分析

n	-0.1	0	0.2	**0.463596**	1	1.5	2	2.2
k_*	5.45%	5.45%	5.45%	**5.45%**	5.45%	5.45%	5.45%	5.45%
y_*	2.91%	2.91%	2.91%	**2.91%**	2.91%	2.91%	2.91%	2.91%
v_*	2.47%	2.47%	2.47%	**2.47%**	2.47%	2.47%	2.47%	2.47%
s_*	5.45%	5.45%	5.45%	**5.45%**	5.45%	5.45%	5.45%	5.45%
r_*	-6.95%	-6.65%	-6.24%	**-5.91%**	-5.56%	-5.39%	-5.27%	-5.24%
w_*	5.72%	5.72%	5.72%	**5.72%**	5.72%	5.72%	5.72%	5.72%
P_*	7.50%	7.50%	7.50%	**7.50%**	7.50%	7.50%	7.50%	7.50%
R_*	1.69%	1.69%	1.69%	**1.69%**	1.69%	1.69%	1.69%	1.69%
c_{1*}	5.86%	5.86%	5.86%	**5.86%**	5.86%	5.86%	5.86%	5.86%
c_{2*}	0.80%	0.80%	0.80%	**0.80%**	0.80%	0.80%	0.80%	0.80%
U_*	1.24%	1.21%	1.15%	**1.10%**	1.03%	0.98%	0.95%	0.93%

由表 8 - 45 可以看出：基准 NW 模型转变为 NY 模型，资本回报率（利率）r_* 的降幅随就业人口增长率 n 取值的变大而变小；个人效用 U_* 的增幅同样随就业人口增长率 n 取值的变大而变小；而其他经济变量的变化幅度却不随 n 取值的变化而变化。

此外，不管就业人口增长率 n 如何取值，基准 NW 模型转变为 NY 模型，只有资本回报率（利率）r_* 是下降的，而定态下其他经济变量是上升的，这与参数基准设置时的模拟结果是一致的。

（三）FY 模型相对于 NW 模型变化对 n 的敏感性分析

表 8 - 29 中数值相对于表 8 - 4 数值的变化用表 8 - 46 列出。

表 8 – 46　　FY 模型相对于 NW 模型变化对 n 的敏感性分析

n	−0.1	0	0.2	**0.463596**	1	1.5	2	2.2
k_*	6.19%	6.19%	6.19%	**6.19%**	6.19%	6.19%	6.19%	6.19%
y_*	3.30%	3.30%	3.30%	**3.30%**	3.30%	3.30%	3.30%	3.30%
v_*	2.80%	2.80%	2.80%	**2.80%**	2.80%	2.80%	2.80%	2.80%
s_*	0.20%	0.20%	0.20%	**0.20%**	0.20%	0.20%	0.20%	0.20%
r_*	−9.11%	−8.71%	−8.18%	**−7.76%**	−7.29%	−7.06%	−6.92%	−6.87%
w_*	4.80%	4.80%	4.80%	**4.80%**	4.80%	4.80%	4.80%	4.80%
P_*	113.95%	113.95%	113.95%	**113.95%**	113.95%	113.95%	113.95%	113.95%
R_*	104.16%	104.16%	104.16%	**104.16%**	104.16%	104.16%	104.16%	104.16%
c_{1*}	7.32%	7.32%	7.32%	**7.32%**	7.32%	7.32%	7.32%	7.32%
c_{2*}	0.59%	0.59%	0.59%	**0.59%**	0.59%	0.59%	0.59%	0.59%
U_*	1.49%	1.45%	1.39%	**1.32%**	1.24%	1.18%	1.14%	1.12%

由表 8 – 46 可以看出：基准 NW 模型转变为 FY 模型，资本回报率（利率）r_* 的降幅随就业人口增长率 n 取值的变大而变小；个人效用 U_* 的增幅同样随就业人口增长率 n 取值的变大而变小；而其他经济变量的变化幅度却不随 n 取值的变化而变化。

此外，不管就业人口增长率 n 如何取值，基准 NW 模型转变为 FY 模型，只有资本回报率（利率）r_* 是下降的，而定态下其他经济变量是上升的，这与参数基准设置时的模拟结果是一致的。

（四）不同模型间的比较

比较表 8 – 4、表 8 – 12、表 8 – 20 和表 8 – 29 的数值并结合表 8 – 44、表 8 – 45 和表 8 – 46 可以看出：不管就业人口增长率 n 取值如何变化，在 NW、FW、NY 和 FY 四个模型中，FY 模型定态下资本劳动比 k_*、单位劳动产出 y_*、资本产出比 v_*、平均养老金 P_*、养老金平均替代率 R_*、工作期人均消费 c_{1*} 和个人效用 U_* 最大，而资本回报率（利率）r_* 最小，且上述所有经济变量相对于基准模型 NW 的变化程度也最大。NY 模型人均储蓄 s_*、单位劳动工资（平均工资）w_* 和退休期人均消费 c_{2*} 最大，其相对于基准模型 NW 的变化程度也最大。FW 模型人均储蓄 s_* 最小，其相对于基准模型 NW 是下降的，而且除了平均养老金和养老保险平均替代率外，其他经济变量相对于基准模型 NW 的变化很小。这与第七章所得出的结论相一致。

五、个人缴费率 τ 的敏感性分析

（一）FW 模型相对于 NW 模型变化对 τ 的敏感性分析

表 8 – 13 中数值相对于表 8 – 5 数值的变化用表 8 – 47 列出。

表 8 – 47　FW 模型相对于 NW 模型变化对 τ 的敏感性分析

τ	0.04	**0.06**	0.08	0.1	0.12	0.15
k_*	-1.71%	**0.44%**	2.66%	4.93%	7.25%	10.86%
y_*	-0.93%	**0.24%**	1.43%	2.63%	3.85%	5.73%
v_*	-0.79%	**0.20%**	1.21%	2.24%	3.27%	4.86%
s_*	-5.39%	**-5.18%**	-5.01%	-4.87%	-4.76%	-4.66%
r_*	0.99%	**-0.25%**	-1.48%	-2.69%	-3.89%	-5.67%
w_*	-2.76%	**-1.61%**	-0.45%	0.73%	1.93%	3.77%
P_*	76.15%	**93.84%**	109.30%	123.07%	135.50%	152.27%
R_*	81.15%	**97.02%**	110.25%	121.44%	131.03%	143.10%
c_{1*}	-1.32%	**0.34%**	2.04%	3.77%	5.55%	8.29%
c_{2*}	-0.53%	**0.14%**	0.81%	1.50%	2.20%	3.27%
U_*	-0.29%	**0.07%**	0.44%	0.81%	1.18%	1.73%

由表 8 – 47 可以看出：由基准 NW 模型转为 FW 模型，平均养老金 P_* 和养老保险平均替代率 R_* 的增幅随个人缴费率 τ 的取值的变大而变大。当个人缴费率 τ 取值为 0.04，基准 NW 模型转变为 FW 模型时，单位劳动资本 k_*、单位劳动产出 y_*、资本产出比 v_*、人均储蓄 s_*、工作期人均消费 c_{1*}、退休期人均消费 c_{2*} 和个人效用 U_* 是下降的，资本回报率（利率）r_* 是上升的；当个人缴费率 τ 取值为 0.06、0.08、0.1、0.12 和 0.15，基准 NW 模型转变为 FW 模型时，单位劳动资本 k_*、单位劳动产出 y_*、资本产出比 v_*、工作期人均消费 c_{1*}、退休期人均消费 c_{2*} 和个人效用 U_* 是上升的，资本回报率（利率）r_* 是下降的，且变化的幅度随个人缴费率 τ 的取值的变大而变大。当个人缴费率 τ 取值为 0.04、0.06 和 0.08，基准 NW 模型转变为 FW 模型时，平均工资 w_* 是下降的；当个人缴费率 τ 取值为 0.1、0.12 和 0.15，基准 NW 模型转变为 FW 模型时，平均工资 w_* 是上升的。

（二）NY 模型相对于 NW 模型变化对 τ 的敏感性分析

表 8－21 中数值相对于表 8－5 数值的变化用表 8－48 列出。

表 8－48　　NY 模型相对于 NW 模型变化对 τ 的敏感性分析

τ	0.04	**0.06**	0.08	0.1	0.12	0.15
k_*	5.49%	**5.45%**	5.41%	5.37%	5.34%	5.28%
y_*	2.93%	**2.91%**	2.89%	2.87%	2.85%	2.82%
v_*	2.49%	**2.47%**	2.45%	2.44%	2.42%	2.40%
s_*	5.49%	**5.45%**	5.41%	5.37%	5.34%	5.28%
r_*	-5.95%	**-5.91%**	-5.88%	-5.85%	-5.82%	-5.77%
w_*	5.74%	**5.72%**	5.70%	5.68%	5.66%	5.63%
P_*	7.70%	**7.50%**	7.33%	7.19%	7.06%	6.89%
R_*	1.86%	**1.69%**	1.55%	1.43%	1.33%	1.20%
c_{1*}	5.88%	**5.86%**	5.85%	5.84%	5.83%	5.81%
c_{2*}	0.80%	**0.80%**	0.81%	0.81%	0.82%	0.83%
U_*	1.11%	**1.10%**	1.10%	1.09%	1.09%	1.08%

由表 8－48 可以看出：NY 模型与基准 NW 模型相比，单位劳动资本 k_*、单位劳动产出 y_*、资本产出比 v_*、人均储蓄 s_*、平均工资 w_*、平均养老金 P_*、养老保险平均替代率 R_*、工作期人均消费 c_{1*} 和个人效用 U_* 的增幅，以及资本回报率（利率）r_* 的降幅都随个人缴费率 τ 取值的变大而变小；而退休期人均消费 c_{2*} 的增幅随个人缴费率 τ 取值的变大而变大。

此外，不管个人缴费率 τ 如何取值，基准 NW 模型转变为 NY 模型，只有资本回报率（利率）r_* 是下降的，而定态下其他经济变量是上升的，这与参数基准设置时的模拟结果是一致的。

（三）FY 模型相对于 NW 模型变化对 τ 的敏感性分析

表 8－30 中数值相对于表 8－5 数值的变化用表 8－49 列出。

表 8－49　　FY 模型相对于 NW 模型变化对 τ 的敏感性分析

τ	0.04	**0.06**	0.08	0.1	0.12	0.15
k_*	3.91%	**6.19%**	8.53%	10.93%	13.40%	17.21%
y_*	2.09%	**3.30%**	4.52%	5.76%	7.02%	8.95%
v_*	1.78%	**2.80%**	3.84%	4.89%	5.95%	7.58%
s_*	0.00%	**0.20%**	0.37%	0.50%	0.60%	0.67%
r_*	-6.61%	**-7.76%**	-8.89%	-10.02%	-11.13%	-12.77%
w_*	3.58%	**4.80%**	6.04%	7.30%	8.58%	10.54%
P_*	98.00%	**113.95%**	127.97%	140.51%	151.91%	167.37%
R_*	91.16%	**104.16%**	114.99%	124.15%	132.01%	141.89%
c_{1*}	5.54%	**7.32%**	9.13%	10.98%	12.88%	15.81%
c_{2*}	-0.08%	**0.59%**	1.27%	1.96%	2.66%	3.74%
U_*	0.96%	**1.32%**	1.69%	2.05%	2.41%	2.96%

由表 8－49 可以看出：基准 NW 模型转变为 FY 模型，单位劳动资本 k_*、单位劳动产出 y_*、资本产出比 v_*、人均储蓄 s_*、平均工资 w_*、平均养老金 P_*、养老保险平均替代率 R_*、工作期人均消费 c_{1*} 和个人效用 U_* 的增幅均随个人缴费率 τ 取值的变大而变大；资本回报率（利率）r_* 的降幅同样随个人缴费率 τ 取值的变大而变大。

当个人缴费率 τ 取值为 0.04，基准 NW 模型转变为 FY 模型时，退休期人均消费 c_{2*} 是下降的；当个人缴费率 τ 取值为 0.06、0.08、0.1、0.12 和 0.15，基准 NW 模型转变为 FY 模型时，退休期人均消费 c_{2*} 是上升的，且上升的幅度随个人缴费率 τ 的取值的变大而变大。

（四）不同模型间的比较

比较表 8－5、表 8－13、表 8－21 和表 8－30 的数值并结合表 8－47、表 8－48 和表 8－49 可以看出：在 NW、FW、NY 和 FY 四个模型中，当个人缴费率 τ 取值不低于 0.06 时，FY 模型定态下资本劳动比 k_*、单位劳动产出 y_*、资本产出比 v_*、平均养老金 P_*、养老金平均替代率 R_*、工作期人均消费 c_{1*} 和个人效用 U_* 最大，而资本回报率（利率）r_* 最小，且上述所有经济变量相对于基准模型 NW 的变化程度也最大。当个人缴费率 τ 取值不低于 0.08 时，FY 模型下的单位劳动工资（平均工资）w_* 和退休期人均消费 c_{2*} 也最大，其相对于基准模型 NW 的变化程度也最大。

当个人缴费率 τ 基准设置为0.06，对应中国城镇职工养老保险个人名义缴费率为8%，[①] 基于中国的现实基金支出压力，不太可能降低个人缴费，因此就不会改变第七章分析所得出的结论。即与其他模型相比较，FY 模型能够最大幅度地促进资本和产出以及消费者福利的增加。

六、养老保险覆盖范围 p 的敏感性分析

（一）FW 模型相对于 NW 模型变化对 p 的敏感性分析

表8-14中数值相对于表8-6数值的变化用表8-50列出。

表8-50　FW 模型相对于 NW 模型变化对 p 的敏感性分析

p	0.2	**0.330486**	0.5	0.8	1
k_*	0.17%	**0.44%**	0.98%	2.35%	3.54%
y_*	0.09%	**0.24%**	0.53%	1.26%	1.90%
v_*	0.08%	**0.20%**	0.45%	1.07%	1.61%
s_*	-3.18%	**-5.18%**	-7.72%	-12.12%	-15.04%
r_*	-0.10%	**-0.25%**	-0.54%	-1.28%	-1.89%
w_*	-1.06%	**-1.61%**	-2.19%	-2.87%	-3.11%
P_*	91.12%	**93.84%**	97.60%	104.84%	110.06%
R_*	93.17%	**97.02%**	102.03%	110.90%	116.81%
c_{1*}	0.13%	**0.34%**	0.76%	1.86%	2.84%
c_{2*}	0.05%	**0.14%**	0.31%	0.78%	1.20%
U_*	0.03%	**0.07%**	0.16%	0.39%	0.58%

由表8-50可以看出：由基准 NW 模型转为 FW 模型，单位劳动资本 k_*、单位劳动产出 y_*、资本产出比 v_*、平均养老金 P_*、养老保险平均替代率 R_*、工作期人均消费 c_{1*}、退休期人均消费 c_{2*} 和个人效用 U_* 上升的幅度均随养老保险覆盖范围 p 取值的变大而变大；人均储蓄 s_*、资本回报率（利率）r_* 和平均工资 w_* 下降的幅度同样随养老保险覆盖范围 p 取值的变大而变大。

此外，不管养老保险覆盖范围 p 如何取值，由基准 NW 模型转变为 FW 模型

① 参见第七章第一节第七小节和第八小节。

时人均储蓄 s_*、资本回报率（利率）r_* 和平均工资 w_* 是下降的，而定态下其他经济变量是上升的，这与参数基准设置时的模拟结果是一致的。

（二）NY 模型相对于 NW 模型变化对 p 的敏感性分析

表 8－22 中数值相对于表 8－6 数值的变化用表 8－51 列出。

表 8－51　NY 模型相对于 NW 模型变化对 p 的敏感性分析

p	0.2	**0.330486**	0.5	0.8	1
k_*	-1.16%	**5.45%**	14.30%	30.67%	42.06%
y_*	-0.63%	**2.91%**	7.49%	15.54%	20.87%
v_*	-0.54%	**2.47%**	6.34%	13.09%	17.53%
s_*	-1.16%	**5.45%**	14.30%	30.67%	42.06%
r_*	-2.38%	**-5.91%**	-10.08%	-16.46%	-20.14%
w_*	0.06%	**5.72%**	13.26%	27.16%	36.81%
P_*	50.33%	**7.50%**	-13.40%	-26.23%	-29.04%
R_*	50.24%	**1.69%**	-23.54%	-41.98%	-48.13%
c_{1*}	0.74%	**5.86%**	12.71%	25.37%	34.19%
c_{2*}	-1.17%	**0.80%**	3.42%	8.16%	11.40%
U_*	0.01%	**1.10%**	2.44%	4.61%	5.93%

由表 8－51 可以看出：NY 模型与基准 NW 模型相比，资本回报率（利率）r_* 的降幅随养老保险覆盖范围 p 取值的变大而变大；平均工资 w_*、工作期人均消费 c_{1*} 和个人效用 U_* 的增幅同样随养老保险覆盖范围 p 取值的变大而变大。

当养老保险覆盖范围 p 取值为 0.2，基准 NW 模型转变为 NY 模型时，单位劳动资本 k_*、单位劳动产出 y_*、资本产出比 v_*、人均储蓄 s_* 和退休期人均消费 c_{2*} 都是下降的；当养老保险覆盖范围 p 取值为 0.330486、0.5、0.8 和 1，基准 *NW* 模型转变为 *NY* 模型时，单位劳动资本 k_*、单位劳动产出 y_*、资本产出比 v_*、人均储蓄 s_* 和退休期人均消费 c_{2*} 都是上升的，且上升的幅度随养老保险覆盖范围 p 取值的变大而变大。

当养老保险覆盖范围 p 取值为 0.2 和 0.330486，基准 NW 模型转变为 NY 模型时，平均养老金 P_* 和养老保险平均替代率 R_* 是上升的；当养老保险覆盖范围 p 取值为 0.5、0.8 和 1，基准 NW 模型转变为 NY 模型时，平均养老金 P_* 和养老保险平均替代率 R_* 是下降的，且下降的幅度随养老保险覆盖范围 p 取值的变大而变大。

（三）FY模型相对于NW模型变化对p的敏感性分析

表8－31中数值相对于表8－6数值的变化用表8－52列出。

表8－52　　FY模型相对于NW模型变化对p的敏感性分析

p	0.2	**0.330486**	0.5	0.8	1
k_*	－3.03%	**6.19%**	19.10%	44.70%	63.87%
y_*	－1.65%	**3.30%**	9.90%	22.08%	30.57%
v_*	－1.41%	**2.80%**	8.37%	18.53%	25.51%
s_*	－6.35%	**0.20%**	8.93%	24.93%	35.89%
r_*	－2.83%	**－7.76%**	－13.55%	－22.43%	－27.55%
w_*	－2.20%	**4.80%**	14.37%	32.69%	45.94%
P_*	171.79%	**113.95%**	89.66%	82.87%	87.50%
R_*	177.90%	**104.16%**	65.84%	37.82%	28.48%
c_{1*}	0.12%	**7.32%**	17.27%	36.66%	50.96%
c_{2*}	－2.15%	**0.59%**	4.26%	11.10%	15.89%
U_*	－0.21%	**1.32%**	3.22%	6.34%	8.27%

由表8－52可以看出：基准NW模型转变为FY模型时，资本回报率（利率）r_*的降幅和工作期人均消费c_{1*}的增幅随养老保险覆盖范围p取值的变大而变大；而平均养老金P_*和养老保险平均替代率R_*的增幅随养老保险覆盖范围p的取值的变大而变小。

当养老保险覆盖范围p取值为0.2，基准NW模型转变为FY模型时，单位劳动资本k_*、单位劳动产出y_*、资本产出比v_*、人均储蓄s_*、平均工资w_*、退休期人均消费c_{2*}和个人效用U_*都是下降的；当养老保险覆盖范围p取值为0.330486、0.5、0.8和1，基准NW模型转变为FW模型时，单位劳动资本k_*、单位劳动产出y_*、资本产出比v_*、人均储蓄s_*、平均工资w_*、退休期人均消费c_{2*}和个人效用U_*都是上升的，且上升的幅度随养老保险覆盖范围p取值的变大而变大。

（四）不同模型间的比较

比较表8－6、表8－14、表8－22和表8－31的数值并结合表8－50、表8－51和表8－52可以看出：在NW、FW、NY和FY四个模型中，当养老保险覆盖范

围 p 取值为 0.330486、0.5、0.8 和 1 时，FY 模型定态下资本劳动比 k_*、单位劳动产出 y_*、资本产出比 v_*、平均养老金 P_*、养老金平均替代率 R_*、工作期人均消费 c_{1*} 和个人效用 U_* 最大，而资本回报率（利率）r_* 最小，且上述所有经济变量相对于基准模型 NW 的变化程度也最大。当养老保险覆盖范围 p 取值为 0.5、0.8 和 1 时，FY 模型下的单位劳动工资（平均工资）w_* 和退休期人均消费 c_{2*} 也最大，其相对于基准模型 NW 的变化程度也最大。

养老保险覆盖范围 p 基准设置 0.330486 是根据中国 2014 年的数据计算得出的，未来养老保险覆盖范围 p 会逐渐变大，因此并不会改变第七章所得出的结论。即与其他模型相比较，FY 模型能够最大幅度地促进资本和产出以及消费者福利的增加。

七、参加养老保险企业的产出占社会总产出的比重 q 的敏感性分析

（一）FW 模型相对于 NW 模型变化对 q 的敏感性分析

表 8－15 中数值相对于表 8－7 数值的变化用表 8－53 列出。

表 8－53　FW 模型相对于 NW 模型变化对 q 的敏感性分析

q	0.2	0.4	**0.607118**	0.8	1
k_*	0.44%	0.44%	**0.44%**	0.44%	0.44%
y_*	0.24%	0.24%	**0.24%**	0.24%	0.24%
v_*	0.20%	0.20%	**0.20%**	0.20%	0.20%
s_*	-5.18%	-5.18%	**-5.18%**	-5.18%	-5.18%
r_*	-0.25%	-0.25%	**-0.25%**	-0.25%	-0.25%
w_*	-1.61%	-1.61%	**-1.61%**	-1.61%	-1.61%
P_*	93.84%	93.84%	**93.84%**	93.84%	93.84%
R_*	97.02%	97.02%	**97.02%**	97.02%	97.02%
c_{1*}	0.34%	0.34%	**0.34%**	0.34%	0.34%
c_{2*}	0.14%	0.14%	**0.14%**	0.14%	0.14%
U_*	0.07%	0.07%	**0.07%**	0.07%	0.07%

由表 8－53 可以看出：由基准 NW 模型转为 FW 模型，单位劳动资本 k_*、单位劳动产出 y_*、资本产出比 v_*、人均储蓄 s_*、资本回报率（利率）r_*、平均工

资 w_*、平均养老金 P_*、养老保险平均替代率 R_*、工作期人均消费 c_{1*}、退休期人均消费 c_{2*} 和个人效用 U_* 的变化，均不随参加养老保险企业的产出占社会总产出的比重 q 取值的变化而变化，这是因为 NW 模型与 FW 模型均不包含 q 这一参数。

(二) NY 模型相对于 NW 模型变化对 q 的敏感性分析

表 8－24 中数值相对于表 8－7 数值的变化用表 8－54 列出。

表 8－54　　NY 模型相对于 NW 模型变化对 q 的敏感性分析
(μ_Y 随 q 变化使 $q\mu_Y$ 不变)

q	0.2	0.4	**0.607118**	0.8	1
μ_Y	0.12218	0.06109	**0.04**	0.030545	0.024436
$q\mu_Y$	0.024436	0.024436	**0.024436**	0.024436	0.024436
k_*	5.45%	5.45%	**5.45%**	5.45%	5.45%
y_*	2.91%	2.91%	**2.91%**	2.91%	2.91%
v_*	2.47%	2.47%	**2.47%**	2.47%	2.47%
s_*	5.45%	5.45%	**5.45%**	5.45%	5.45%
r_*	-5.91%	-5.91%	**-5.91%**	-5.91%	-5.91%
w_*	5.72%	5.72%	**5.72%**	5.72%	5.72%
P_*	7.50%	7.50%	**7.50%**	7.50%	7.50%
R_*	1.69%	1.69%	**1.69%**	1.69%	1.69%
c_{1*}	5.86%	5.86%	**5.86%**	5.86%	5.86%
c_{2*}	0.80%	0.80%	**0.80%**	0.80%	0.80%
U_*	1.10%	1.10%	**1.10%**	1.10%	1.10%

由表 8－54 可以看出：基准 NW 模型转变为 NY 模型时，单位劳动资本 k_*、单位劳动产出 y_*、资本产出比 v_*、人均储蓄 s_*、资本回报率（利率）r_*、平均工资 w_*、平均养老金 P_*、养老保险平均替代率 R_*、工作期人均消费 c_{1*}、退休期人均消费 c_{2*} 和个人效用 U_* 的变化，均不随参加养老保险企业的产出占社会总产出的比重 q 取值的变化而变化。

(三) FY 模型相对于 NW 模型变化对 q 的敏感性分析

表 8－33 中数值相对于表 8－7 数值的变化用表 8－55 列出。

表 8-55　FY 模型相对于 NW 模型变化对 q 的敏感性分析（η_Y 随 q 变化使 $q\eta_Y$ 不变）

q	0.2	0.4	**0.607118**	0.8	1
η_Y	0.171052	0.085526	**0.06**	0.042763	0.03421
$q\eta_Y$	0.03421	0.03421	**0.03421**	0.03421	0.03421
k_*	6.19%	6.19%	**6.19%**	6.19%	6.19%
y_*	3.30%	3.30%	**3.30%**	3.30%	3.30%
v_*	2.80%	2.80%	**2.80%**	2.80%	2.80%
s_*	0.20%	0.20%	**0.20%**	0.20%	0.20%
r_*	-7.76%	-7.76%	**-7.76%**	-7.76%	-7.76%
w_*	4.80%	4.80%	**4.80%**	4.80%	4.80%
P_*	113.95%	113.95%	**113.95%**	113.95%	113.95%
R_*	104.16%	104.16%	**104.16%**	104.16%	104.16%
c_{1*}	7.32%	7.32%	**7.32%**	7.32%	7.32%
c_{2*}	0.59%	0.59%	**0.59%**	0.59%	0.59%
U_*	1.32%	1.32%	**1.32%**	1.32%	1.32%

由表 8-55 可以看出：基准 NW 模型转变为 FY 模型时，单位劳动资本 k_*、单位劳动产出 y_*、资本产出比 v_*、人均储蓄 s_*、资本回报率（利率）r_*、平均工资 w_*、平均养老金 P_*、养老保险平均替代率 R_*、工作期人均消费 c_{1*}、退休期人均消费 c_{2*} 和个人效用 U_* 的变化，均不随参加养老保险企业的产出占社会总产出的比重 q 取值的变化而变化。

（四）不同模型间的比较

比较表 8-7、表 8-15、表 8-24 和表 8-33 的数值并结合表 8-53、表 8-54 和表 8-55 可以看出：不管参加养老保险企业的产出占社会总产出的比重 q 取值如何变化，在 NW、FW、NY 和 FY 四个模型中，FY 模型定态下资本劳动比 k_*、单位劳动产出 y_*、资本产出比 v_*、平均养老金 P_*、养老金平均替代率 R_*、工作期人均消费 c_{1*} 和个人效用 U_* 最大，而资本回报率（利率）r_* 最小，且上述所有经济变量相对于基准模型 NW 的变化程度也最大。NY 模型人均储蓄 s_*、单位劳动工资（平均工资）w_* 和退休期人均消费 c_{2*} 最大，其相对于基准模型 NW 的变化程度也最大。FW 模型人均储蓄 s_* 最小，其相对于基准模型 NW 是下降的，而且除了平均养老金和养老保险平均替代率外，其他经济变量相对于基准模

型 NW 的变化很小。这与第七章所得出的结论相一致。

本节分析表明：只要个人缴费率不低于 0.06 且养老保险覆盖范围 p 不低于 0.330486，不管其他参数如何变化，都不会改变第七章分析所得出的基本结论，即与其他模型相比较，FY 模型能够最大幅度地促进资本和产出以及消费者福利的增加。因此，中国城镇职工养老保险筹资改革的目标模式应确定为：企业将参保缴费基数由“工资”改为“收入”并做实个人账户。

第九章

结论、思考与筹资改革设计初探

第一节 结论与思考

一、结论

本书运用一个两期的 OLG 模型研究中国的城镇职工养老保险，分别对个人账户空账以工资为企业缴费基数、个人账户实账以工资为企业缴费基数、个人账户空账以收入为企业缴费基数和个人账户实账以收入为企业缴费基数四种情形进行了一般均衡分析，并结合中国的现实情况设置参数进行模拟分析，分别探讨了个人账户由“空账”转变为“实账”、企业缴费基数由“工资”转变为“收入”的经济影响，最后对参数设置的敏感性进行了专门讨论，可以得出如下结论。

第一，在个人缴费保持不变的前提下，如果企业缴费基数不发生改变，单纯通过提高企业缴费率来做实城镇职工养老保险个人账户，在现实中既不可行也完全没有必要。

一方面，正如第七章第一节参数设置中所述，NW 模型中企业缴费率为16%，对应的是当前现实生活中 20% 左右的名义企业缴费率；转变为 FW 模型企业缴费率要提高到 22%，如果要对应现实生活中的名义缴费率则要更高。2019 年以前 20% 的企业名义缴费率明显过高，全社会对于降低企业名义缴费率已达成共识，并有了 2019 年《降低社会保险费率综合方案》。在这一背景下，上述转变根本不可能实现。另一方面，即使提高企业缴费率可行，但通过这种方式做实个人账户对经济的正向影响也微乎其微。正如模拟结果表明：NW 模型转变为

FW模型对除平均养老金和养老保险平均替代率外其他经济变量的影响非常有限，即便平均养老金和养老金平均替代率有大幅上升，但却对能够反映消费者福利的核心指标（工作期人均消费、退休期人均消费和个人终生效用）的促进作用微乎其微。因此在企业缴费基数不改变而又不采取其他途径弥补转制成本的情况下，单纯通过提高企业缴费的方式做实个人账户，在现实生活中既不可行也完全没有必要。

第二，在个人缴费不发生变化的前提下，相较于企业以“工资”作为缴费基数，如果改变企业缴费基数，企业参加城镇职工养老保险以“收入”作为缴费基数对经济的正向促进作用更大。

模拟结果表明：在FY模型或NY模型中，定态下资本劳动比、单位劳动产出、资本产出比、工作期人均消费、退休期人均消费和个人终生效用的模拟值均高于NW模型和FW模型下的模拟值。这表明如果企业参加养老保险不再以工资作为缴费基数，改为以收入作为参保缴费基数的话，将对资本和产出以及消费者福利产生明显的提升作用。

第三，如果企业参保缴费基数能够由“工资”改为“收入”的话，相较于个人账户“空账”运行，做实个人账户对经济的正向促进作用要更大。

模拟结果表明：FY模型下，资本劳动比、单位劳动产出、资本产出比这三个反映资本和产出水平衡量经济效率的指标要高于NY模型，因此FY模型相较于NY模型对于资本和产出的促进作用更大。虽然NY模型下退休期人均消费高于FY模型，但反映消费者福利的核心指标是个人终生效用，FY模型下个人终生效用的测算值要更大。此外本书选择的能够反映消费者福利的其他指标（平均养老金、养老金平均替代率和工作期人均消费），在FY模型下测算值均高于NY模型，因此FY模型相较于NY模型对于消费者福利的提升作用更大。

综上所述，在个人缴费基数和个人缴费率不发生改变的前提下，企业将参保缴费基数由“工资”改为“收入”并做实个人账户，相较于其他方式能够最大幅度地促进资本和产出以及消费者福利的增加。因此，中国城镇职工养老保险筹资改革的目标模式应选择FY模型，即企业不再以工资作为其参保缴费基数，而是改为以收入作为参保缴费基数，合理确定企业缴费率以满足当期基金支出需求并实现养老保险个人账户由“空账”转变为“实账”。

二、关于企业缴费（税）的思考

当今世界上绝大多数国家或地区由政府举办或强制要求的社会养老保险制度

（公共养老金计划），都要求企业以工资为基数为参保人缴费或税[①]。但企业为什么要缴纳费或税？企业缴费或税为什么要以工资为基数？通常有两种理论解释：一是工资的延期支付说；二是劳动力折旧补偿说。第一种认为企业缴费或税可以看作工资的延期支付，对于这一理论解释笔者并不认同，认为其最多可以当作理论假说。因为如果这一理论解释成立的话，一个国家或地区建立养老保险制度之初，企业就必然降低直接发给劳动者的工资，劳动者的可支配收入必然下降，然而历史统计数据并不能对此加以印证。笔者虽然倾向于第二种理论解释，但劳动力折旧不像资本折旧可以明确加以度量，此外工资与休息也可以看成劳动力折旧的补偿，因此这一理论解释同样也无法令人信服。既然没有明确的理论支撑，企业以工资为基数缴纳养老保险费或税只能看成一种惯例，从社会保险制度发展史来看，这种方式是伴随西方的工业化进程而产生、固定并延续至今的，其以传统意义上的劳动关系和稳定的就业形式为前提。在当今中国存在大量非传统意义上的、非稳定的新型“劳动关系”和就业形式，对这种方式提出了挑战，城镇职工养老保险在就业人员中覆盖范围不高以及大量中断缴费现象的存在均是例证。当然，企业以工资为基数缴费具有合理性：企业多雇佣一个劳动力就要为这个劳动力参保缴费，从表面看的确符合效率原则。但中国养老保险过高的缴费率和缴费基数不实的现实情况会产生“违法企业驱逐守法企业”[②]的逆向选择效应，使这种符合效率原则的合理性大打折扣。综上所述，企业以工资作为缴费基数并非不可改变，中国的现实情况也提出了企业缴费基数改变的内在要求，因此应摆脱传统观念与惯例的束缚，根据现实情况探索企业缴费基数的改革。

第二节　筹资改革设计初探

通过模型研究确定了筹资改革目标模式后，就需要根据结论对中国的城镇职工养老保险筹资改革进行制度设计，但需要说明的是，世界各国实践中均没有本书结论确定的筹资改革目标模式，也没有可以借鉴的直接经验，因此接下来的制度设计也只能是初步探索。

① 只有极少数国家或地区不要求企业缴费或税，只要求个人缴纳，如智利。
② 这里的“守法”与“违法”是指企业是否依法参保，是否严格依法依规缴费。

一、筹资环节改革的目标

制度设计环节首先要确定改革的目标，因此应在“公平、正义、共享”[①] 的理念下、在中国职工养老保险制度改革确定的大目标下，确定筹资环节改革的小目标。中国职工养老保险制度改革的目标，是劳资双方分担责任，努力实现制度的自我平衡与自我发展，从而达到实现免除劳动者养老的后顾之忧。[②] 根据这一目标，确定中国城镇职工养老保险下一步筹资环节改革的目标为：在统账结合的制度框架与职工个人缴费均保持不变的前提下，改变企业以“工资”作为缴费基数的现状，以“收入额”或“增值额”作为企业参加职工养老保险的缴费基数，合理确定企业缴费率以满足当期基金支出需求，从而实现养老保险个人账户由“空账”转变为“实账”，并真正实现制度的自我平衡与自我发展。

此外，有以下四点需要加以说明。

第一，改变企业参加职工养老保险缴费基数是筹资环节改革的核心。目前企业参加职工养老保险以“工资总额”或“职工个人缴费工资基数之和”为缴费基数，因此筹资环节改革的核心就是改变企业当前的缴费基数，以“收入额”或“增加值”为企业参加职工养老保险的缴费基数。

第二，筹资环节改革的前提是参保职工个人缴费保持不变，即职工个人缴费基数和缴费费率均不发生变化。这样具体实施操作环节就可以与当前做法保持一致，即由企业代扣代缴。当然因为企业缴费基数的改变，在实施中也可以实现企业参保缴费和员工个人参保缴费相分离，如果再能够降低自由职业者和灵活就业人员的参保缴费率，对于促进小微企业、非全日制用工劳动者、灵活就业人员等参保具有现实的积极作用，从而达到扩大职工养老保险覆盖面的目的。

第三，以“收入额”或“增值额”为基数的企业缴费率的确定要满足当期养老保险基金支出需求，包括目前的社会统筹养老金（基础养老金）和个人账户养老金的支出需要。这样在企业缴费基数改革之后，个人缴费就能全部进入个人账户从而形成实账积累；而改革时点之前业已存在的“空账”则无须立即做实，可以通过支付环节在长期中慢慢予以消化。

第四，虽然企业缴费基数改革的最终目的是实现养老保险制度的自我平衡与自我发展，但依然可以通过财政投入、变现（转持）部分国有资产或国有资本分

---

① 中国人民大学郑功成教授认为理念优于制度、制度优于技术，在《中国社会保障改革与发展战略（养老保险卷）》一书中提出中国社会保障改革与发展应坚守公平、正义、共享的价值理念。本书关于中国职工养老保险筹资改革的设计也坚持这一价值理念。

② 郑功成．中国社会保障改革与发展战略（养老保险卷）［M］．北京：人民出版社，2011：27－28．

红等其他途径为养老保险基金进行筹资，弥补转制成本，做实改革时点之前业已存在的个人账户“空账”等。此外，政府依然可以通过税收优惠的方式对养老保险缴费予以支持，并担任“最终担保人”的角色。

二、两种方案的设计

前文模型中企业的“收入”，可以对应现实生活中企业的“收入额”或“增值额”，因此在实际改革中就存在以“收入额”作为企业参保缴费基数和以“增值额”作为企业参保缴费基数两种不同的目标方案[①]。以下对这种方案设计分别进行初步探讨。

（一）企业以“收入额”作为参保缴费基数

企业改变参保缴费基数，不再以“工资总额”或“职工个人缴费工资基数之和”作为缴费基数，可供替代的选择方案之一就是企业的“收入额”。确定缴费基数之后方案设计的核心是要确定缴费率，由于并没有全部企业收入额的统计数据，因此只能以“规模以上工业企业[②]的营业收入[③]”作为基数估算企业缴费率。2021 年规模以上工业企业的主营业务收入为 1314557. 3 亿元，城镇职工基本养老保险基金支出为 56481. 5 亿元[④]，由此估算出能够满足基金支出需要的企业缴费率为 4. 30%[⑤]。这一费率可以作为一个地区整体的平均费率加以控制，在具体的实施中可以借鉴对于工资薪金征收个人所得税的方式，设置企业营业收入的免征额和实行超额累计的企业缴费率，从而强化收入再分配功能。当然为了不影响企业的发展，还应考虑设置企业缴费基数的上限，避免高收入企业承担过高的养老保险费。

这种方案的优点是实施简便易行，缺点是存在重复征收的问题：某一最终产品生产链条中各个企业都为其进行了缴费，为了解决这一问题可以考虑以“增值额”作为企业参保缴费基数。

---

① 再次强调对这两种方案的设计只是一种初步探索，如果要付诸实施还需要进一步深入论证与全面设计。

② 规模以上工业企业是指全部国有及年主营业务收入达到 2000 万元及以上的非国有工业法人企业。在现实生活中这部分企业参加城镇职工养老保险的比例必然较高。

③ 营业收入指企业从事销售商品、提供劳务和让渡资产使用权等生产经营活动形成的经济利益流入。营业收入包括“主营业务收入”和“其他业务收入”。

④ 数据来源于《中国统计年鉴 2022》。

⑤ 这一费率计算并不准确，因为如果以全部企业的营业收入计算，得出的企业缴费率会更低。再次强调本书的方案设计只是初步探讨，具体方案需要深入研究。

（二）企业以“增值额”作为参保缴费基数

第七章参数设置中的分析表明：模型中企业“收入”应看成企业生产和销售“最终产品”的收入更为合理，对应现实生活就是企业的“增值额”。企业以“增值额”作为参保缴费基数的方案设计完全可以借鉴增值税的操作办法：

企业应纳费额 = 当期销项费额 − 当期进项费额

当期销项费额 = 当期销售额 × 适用费率

以“增值额”作为企业参保缴费基数缴费率的确定比较复杂，不能简单套用理论模型中的参数设置。因为 2021 年国内增值税为 63519.59 亿元，而城镇职工基本养老保险基金支出为 56481.5 亿元[①]，因此在设计以“增值额”为基数的企业缴费率时也可以参考增值税税率，并需要进一步研究。

这种方案的优点是可以避免重复征收，缺点是实施操作相对复杂。

三、企业缴费基数改革的重要意义

本书提出，中国城镇职工养老保险筹资环节下一步改革的核心与重点应放在改变企业缴费基数，即企业不再以“工资”为基数而是以“收入额”或“增值额”为基数参保缴费，对于中国养老保险制度乃至整个经济社会将产生深远影响，具有重要意义。

（一）有利于促进养老保险制度的可持续发展

首先，企业缴费基数改革能够增加缴费收入，满足基金支出需求，实现养老保险制度的自我平衡与自我发展。正如前文所述，从 2014 年开始，城镇职工基本养老保险基金征缴收入均小于基金支出。2020 年受降费率和疫情双重因素的共同影响，包括征缴收入和财政补贴在内的全部基金收入总额都要小于基金支出规模，差额已达到 6925.7 亿元。如果企业以“收入额”或“增值额”为基数，相较于“工资”，能够使缴费基数在数量上有明显上升，因而能够增加缴费收入，满足即期养老保险基金支出需求，个人缴费也因此可以不再用于当期支出，而是全部进入个人账户，真正实现养老保险个人账户由“空账”转变为“实账”。

其次，企业缴费基数改革能够部分化解人口老龄化对养老保险财务收支平衡的直接冲击。“工资”作为缴费基数，与缴费人数的变化密切相关，因此养老保险制度赡养率对基金的收支平衡会产生直接影响。人口老龄化带来的人口年龄结

① 数据来源于《中国统计年鉴 2022》。

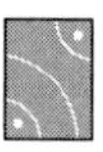

构的变动传导至养老保险制度内，引发缴费人数与领取待遇人数之比下降，就会直接冲击养老保险基金的财务平衡。相反，“收入额”或“增值额”作为企业缴费基数，与缴费人数的变化没有直接关系，人口老龄化也就不会对企业缴费形成的基金收入产生直接影响。

再其次，有利于扩大职工养老保险覆盖面，促进小微企业员工、个体工商户及其雇员、农民工和灵活就业人员以及就业困难群体等人员参保，并有利于阻止部分中断缴费事件的发生。为了降低劳动力成本，一些中小微企业一直存在着欠费、逃费和不参保的情况。此外，灵活就业人员等就业困难群体中断缴费现象严重，并且一直是扩大养老保险覆盖面的难点。企业缴费基数改革形成稳定充足的企业缴费收入之后，就能够降低灵活就业人员的参保费率①，使之与企业职工个人缴费率相同，这样就能有力调动这部分群体的参保积极性。企业缴费基数改革之后，可以通过设置企业缴费的免征额或起征点，主动有效降低小微企业和初创企业的参保缴费成本，促使小微企业和初创企业为员工参保。

最后，企业缴费基数的改革，能够为不同养老保险制度的整合打下基础。中国的基本养老保险制度由城镇职工基本养老保险制度和城乡居民基本养老保险制度组成。城乡居民基本养老保险制度主要资金来源于财政，具有一定的社会福利性质。城镇职工基本养老保险企业缴费基数改革之后，如果形成稳定充足的资金来源，就能够为未来三项制度整合打下坚实的基础。

（二）能够应对就业形式多样化的挑战，并有利于进一步促进就业

首先，企业缴费基数的改革能够应对就业形式多样化的挑战。就业形式多样化是当前中国就业宏观层面表现出来的显著特点之一，而在微观层面具体表现就是灵活就业、非全日制用工、自我雇佣、自由职业和非正规就业等就业形式的劳动者增多。上述这些就业形式的特点就是缺少稳定的用人单位主体，导致这部分的劳动者相较于企业职工而言，面临更大的参保困难。正如前文分析表明：企业缴费基数的改革，在实施中可以实现企业参保缴费和员工个人参保缴费相分离，如果再能够降低自由职业者和灵活就业人员的参保缴费率，对于促进这部分劳动者参保具有现实的促进作用。

其次，企业缴费基数的改革有利于进一步促进就业。企业不再以工资作为缴费基数，那么雇员数量就不会对企业缴纳的养老保险费数额产生直接影响。企业可以在不增加养老保险缴费成本的情况下，增加雇员数量，更多地使用劳动力，

---

① 城镇个体工商户和灵活就业人员参加基本养老保险的缴费基数为当地上年度在岗职工平均工资，缴费比例为20%，明显高于8%的企业职工个人缴费率。

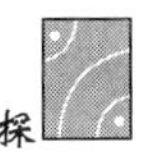

从而促进就业。此外，企业缴费基数改革之后，可以对缴费基数设置免征额点或起征点，降低小微企业和初创企业参保缴费成本，促进初创企业和小微企业的发展，而小微企业和初创企业的发展反过来又会拉动就业。

（三）企业缴费基数的改革更能体现“公平、正义、共享”的价值理念

如果企业参加职工养老保险不再以“工资”为基数，而是改为以“收入额”或“增值额”为缴费基数，那么企业缴费数额的多少就与以营收为核心指标的企业经营状况的好坏密切相关。这意味着高收入、高增长的企业缴费更多，而低收入、低增长的企业缴费相对较少。从而在经营状况不同的企业之间形成养老保险缴费的“互助共济”，能够使老年人更多地直接分享高收入、高增长新型企业的发展成果。此外，在宏观层面，企业缴费基数的改革还能起到调节“资本”与“劳动”两种生产要素分配关系的作用，提高劳动生产要素的分配份额。因此企业缴费基数的改革更能体现“公平、正义、共享”的社会保障价值理念。

参考文献

[1] 边恕，穆怀中. 对我国养老金名义个人账户制及其财务可持续性的分析[J]. 经济与管理研究，2005 (5)：36-39.

[2] 柏杰. 养老保险制度安排对经济增长和帕累托有效性的影响 [J]. 经济科学，2000 (1)：78-88.

[3] 封进. 人口结构变动的福利效应——一个包含社会保险的模型及解释[J]. 经济科学，2004 (1)：35-44，64.

[4] 封进. 中国养老保险体系改革的福利经济学分析 [J]. 经济研究，2004 (2)：55-63.

[5] 封进. 中国城镇职工社会保险制度的参与激励 [J]. 经济研究，2013 (7)：104-117.

[6] 封进，何立新. 中国养老保险制度改革的政策选择——老龄化、城市化、全球化的视角 [J]. 社会保障研究，2012 (3)：29-41.

[7] 封进，宋铮. 中国人口年龄结构与养老保险制度的福利效应 [J]. 南方经济，2006 (11)：22-33.

[8] 高奥，龚六堂. 国有资本收入划拨养老保险、人力资本积累与经济增长[J]. 金融研究，2015 (1)：16-31.

[9] 高奥，龚六堂. 国有资本收入划拨养老保险下的经济转型研究 [J]. 浙江社会科学，2015 (10)：4-18，155.

[10] 郭林，丁建定. 中国企业职工基本养老保险名义账户制度研究 [J]. 保险研究，2010 (8)：79-87.

[11] 何立新，封进，佐藤宏. 养老保险改革对家庭储蓄率的影响：中国的经验证据 [J]. 经济研究，2008 (10)：117-130.

[12] 何樟勇，袁志刚. 基于经济动态效率考察的养老保险筹资模式研究[J]. 世界经济，2004 (5)：3-12，80.

[13] 金刚. 国有资产充实养老保险基金研究 [J]. 经济体制改革，2009 (6)：147-152.

[14] 金刚. 国有资产充实养老保险基金方式的选择 [J]. 南方经济，2010

(4): 26-36.

[15] 黎民，马立军．“双基数”征缴：统筹养老金筹措的新思路［J］．中国软科学，2004（3）：1-4，10.

[16] 黎民，马立军．统筹养老金双基数征缴方案设计［J］．中国人口科学，2005（3）：44-50，95.

[17] 李绍光．养老金制度与资本市场［M］．北京：中国发展出版社，1998：40-60.

[18] 李绍光．养老金：现收现付制和基金制的比较［J］．经济研究，1998（1）：59-45.

[19] 李绍光．划拨国有资产和偿还养老金隐性债务［J］．经济学动态，2004（10）：57-60.

[20] 李时宇．从现收现付制转轨为基金积累制的收益研究——隐性债务下世代交叠一般均衡模型的理论分析及模拟［J］．财经研究，2010（8）：111-121.

[21] 龙朝阳，申曙光．中国城镇养老保险制度改革方向：基金积累制抑或名义账户制［J］．学术月刊，2011（6）：86-93.

[22] 庞凤喜，潘孝珍．名义账户制：我国养老保险模式的合理选择——基于现收现付制与完全积累制之异同比较［J］．现代财经（天津财经大学学报），2012（4）：49-56.

[23] 彭浩然，申曙光．现收现付制养老保险与经济增长：理论模型与中国经验［J］．世界经济，2007（10）：67-75.

[24] 彭浩然，申曙光．改革前后我国养老保险制度的收入再分配效应比较研究［J］．统计研究，2007（2）：33-37.

[25] 彭浩然，申曙光，宋世斌．中国养老保险隐性债务问题研究——基于封闭与开放系统的测算［J］．统计研究，2009（3）：44-50.

[26] 彭浩然，陈斌开．鱼和熊掌能否兼得：养老金危机的代际冲突研究［J］．世界经济，2012（2）：84-97.

[27] 石美遐．中外养老保险基金来源及缴费比例比较研究［J］．财政研究，2007（3）：18-21.

[28] 孙祁祥．“空账”与转轨成本——中国养老保险体制改革的效应分析［J］．经济研究，2001（5）：20-27.

[29] 万春，许莉．养老保险缴费率变动的经济增长效应分析——基于资本视角［J］．财经理论与实践，2006（6）：28-33.

[30] 万春．我国混合制养老金制度缴费率的经济效应分析［J］．数量经济

技术经济研究，2008（5）：93－103，113.

［31］王燕，徐滇庆，王直，翟凡．中国养老金隐性债务、转轨成本、改革方式及其影响——可计算一般均衡分析［J］．经济研究，2001（5）：3－12，94.

［32］杨俊，龚六堂．国有资本收入对养老保险的划拨率研究［J］．金融研究，2008（11）：46－55.

［33］杨俊．中国公共养老保险制度的宏观经济分析［M］．北京：中国劳动社会保障出版社，2009：81－101.

［34］杨再贵．部分积累制公共年金、双向利他与内生增长［J］．南方经济，2006（1）：31－38.

［35］杨再贵．中国养老保险新制度与社会统筹养老金和个人账户本金［J］．中国人口科学，2007（4）：74－79，96.

［36］杨再贵．企业职工基本养老保险、养老金替代率和人口增长率［J］．统计研究，2008（5）：38－42.

［37］杨再贵．城镇社会养老保险、人口出生率与内生增长［J］．统计研究，2009（5）：77－81.

［38］杨再贵．公共养老金的OLG模型分析：原理和应用［M］．北京：光明日报出版社，2010：57－145.

［39］杨再贵．不定寿命条件下城镇公共养老金最优替代率的理论与实证研究［J］．管理评论，2011（2）：28－32，44.

［40］袁志刚．中国养老保险体系选择的经济学分析［J］．经济研究，2001（5）：13－19.

［41］袁志刚，葛劲峰．由现收现付制向基金制转轨的经济学分析［J］．复旦学报（社会科学版），2003（4）：45－51.

［42］袁志刚，何樟勇．20世纪90年代以来中国经济的动态效率［J］．经济研究，2003（7）：18－26.

［43］袁志刚，李珍珍，封进．城市化进程中基本养老保险制度的保障水平研究［J］．南开经济研究，2009（4）：3－14.

［44］袁志刚，宋铮．人口年龄结构、养老保险制度与最优储蓄率［J］．经济研究，2000（11）：24－32，79.

［45］赵志耘，刘晓路，吕冰洋．中国要素产出弹性估计［J］．经济理论与经济管理，2006（6）：5－11.

［46］郑秉文．养老保险“名义账户”制的制度渊源与理论基础［J］．经济研究，2003（4）：63－71，93.

［47］郑秉文．“名义账户”制：我国养老保障制度的一个理性选择［J］．

管理世界，2003 (8)：33 -45.

[48] 郑秉文. 中国养老金发展报告 [M]. 北京：经济管理出版社，2014：1 -183.

[49] 郑功成. 中国社会保障改革与发展战略 (养老保险卷) [M]. 北京：人民出版社，2011.

[50] 郑伟. 养老保险制度选择的经济福利比较分析 [J]. 经济科学，2002 (3)：74 -83.

[51] 郑伟. 中国社会养老保险制度变迁与经济效应 [M]. 北京：北京大学出版社，2005：15 -86.

[52] 郑伟，孙祁祥. 中国养老保险制度变迁的经济效应 [J]. 经济研究，2003 (10)：75 -85，93.

[53] 郑伟，袁新钊. 名义账户制与中国养老保险改革：路径选择和挑战 [J]. 经济社会体制比较，2010 (2)：96 -107.

[54] Aaron，Henry. The Social Insurance Paradox [J]. Canadian Journal of Economics and Political Science，1966，32 (3)：371 -374.

[55] Auerbach，Alan，Laurence Kotlikoff. Dynamic Fiscal Policy [M]. New York：Cambridge University Press，1987：145 -178.

[56] Bai，Chong -En，Chang -Tai Hsieh，Yingyi Qian. The Return to Capital in China [J]. Brookings Papers on Economic Activity，2006，74 (2)：61 -102.

[57] Boersch -Supan，Axel，Anette Reil -Held，Daniel Schunk. Saving incentives，old-age provision and displacement effects：Evidence from the recent German pension reform [J]. Journal of Pension Economics & Finance，2008，7 (3)：295 -319.

[58] Breyer，Friedrich. On the intergenerational Pareto efficiency of pay-as-you-go financed pension systems [J]. Journal of Institutional and Theoretical Economics，1989，145 (4)：643 -658.

[59] Breyer，Friedrich，Stefan Hupfeld. Fairness of Public Pensions and Old -Age Poverty [J]. Finanzarchiv Public Finance Analysis，2009，65 (3)：358 -380.

[60] Barr，Nicholas. Economics of the Welfare State [M]. London：Oxford University Press，2012：160 -297.

[61] Barr，Nicholas，Peter Diamond. The Economics of Pensions [J]. Oxford Review of Economics Policy，2006，22 (1)：15 -39.

[62] Barr，Nicholas，Peter Diamond. Reforming Pensions：Principles，Analytical Errors and Policy Directions [J]. International Social Security Review，2009，562

(2): 5 -29.

[63] Barr, Nicholas, Peter Diamond. Reforming pensions: Lessons from economic theory and some policy directions [J]. Economia, 2010, 11 (1): 1 -23.

[64] Cerda, Rodrigo A. The Chilean pension reform: A model to follow? [J]. Journal of Policy Modeling, 2008, 30 (3): 541 -558.

[65] Davis, E. Philip, Yu-wei Hu. Does funding of pensions stimulate economic growth? [J]. Journal of Pension Economics & Finance, 2008, 7 (2): 221 -249.

[66] Diamond, Peter. National Debt in a Neoclassical Growth Model [J]. The American Economic Review, 1965, 55 (5): 1126 -1150.

[67] Diamond, Peter. Social Security [J]. American Economic Review, 2004, 94 (1): 1 -24.

[68] Diamond, Peter. The Public Pension Reform Debate in the U. S. and International Experience [J]. Risk Management and Insurance Review, 2006, 9 (1): 1 -27.

[69] Diamond, Peter. Taxes and Pensions [J]. Southern Economic Journal, 2009, 76 (1): 2 -15.

[70] Diamond, Peter. Economic Theory and Tax and Pension Policies [J]. Economic Record, 2011, 87 (s1): 1 -21.

[71] Fanti, Luciano, Luca Gori. Fertility and PAYG pensions in the overlapping generations model [J]. Journal of Population Economics, 2012, 25 (3): 955 -961.

[72] Feldstein, Martin. Social Security, Induced Retirement, and Aggregate Capital Accumulation [J]. Journal of Political Economy, 1974, 82 (5): 905 -926.

[73] Feldstein, Martin. Social Security and the Distribution of Wealth [J]. Journal of the American Statistical Association, 1976, 71 (356): 800 -807.

[74] Feldstein, Martin. Social Security and Saving: The Extended Life Cycle Theory [J]. The American Economic Review, 1976, 66 (2): 77 -86.

[75] Feldstein, Martin. Social Security and Saving: Perceived Wealth in Bonds and Social Security: A Comment [J]. Journal of Political Economy, 1976, 84 (2): 331 -336.

[76] Feldstein, Martin. Social Security and Private Saving: Reply [J]. Journal of Political Economy, 1982, 90 (3): 630 -642.

[77] Feldstein, Martin. The Optimal Level of Social Security Benefits [J]. Quaterly Journal of Economics, 1985, 100 (2): 303 -306.

[78] Feldstein, Martin. Should Social Security be Means Tested? [J]. Journal of

Political Economy, 1987, 95 (3): 468 -484.

[79] Feldstein, Martin. Imperfect Annuity Markets, Unintended Bequests, and the Optimal Age Structure of Social Security Benefits [J]. Journal of Public Economics, 1989, 41 (1): 31 -43.

[80] Feldstein, Martin. The Missing Piece in Policy Analysis: Social Security Reform [J]. American Economic Review, 1996, 86 (2): 1 -14.

[81] Feldstein, Martin. Social Security and Saving: New Time Series Evidence [J]. National Tax Journal, 1996, 49 (2): 151 -164.

[82] Feldstein, Martin. Public Policy and Financial Markets: Privatizing Social Security [J]. Journal of Finance, 1997, 52 (3): 1182 -1184.

[83] Feldstein, Martin. A New Era of Social Security [J]. Public Interest, 1998, 18 (130): 102 -125.

[84] Feldstein, Martin. Social security pension reform in China [J]. China Economic Review, 1999, 10 (99): 99 -107.

[85] Feldstein, Martin. Individual Risk in an Investment - Based Social Security System [J]. American Economic Review, 2001, 91 (4): 1116 -1125.

[86] Feldstein, Martin. The future of social security pensions in Europe [J]. Journal of Financial Transformation, 2002, 5 (2): 8 -12.

[87] Feldstein, Martin. Structural Reform of Social Security [J]. Journal of Economic Perspectives, 2005, 19 (2): 33 -55.

[88] Feldstein, Martin. Rethinking Social Insurance [J]. American Economic Review, 2005, 95 (1): 1 -24.

[89] Feldstein, Martin, Andrew Samwick. The Transition Path in Privatizing Social Security [R]. NBER Working Paper 5761, 1996.

[90] Feldstein, Martin, Andrew Samwick. The Economics of Prefunding Social Security and Medicare Benefits [J]. NBER Macroeconomics Annual, 1997, 12 (1997): 115 -148.

[91] Gokhale, Jagadeesh, Laurence J. Kotlikoff, John Sabelhaus, Barry Bosworth, Robert Haveman. Understanding the Post - War Decline in US Saving: A Cohort Analysis [J]. Brookings Papers on Economic Activity, 1996, 1996 (1): 315 -407.

[92] Homburg, Stefan. The efficiency of Unfunded Pension schemes [J]. Journal of Institutional and Theoretical Economics, 1990, 146 (4): 640 -647.

[93] Kaganovich, Michael, Itzhak Zilcha. Pay-as-you-go or funded social security? A general equilibrium comparison [J]. Journal of Economic Dynamics & Control,

2012, 36 (4): 455 -467.

[94] Kotlikoff, Laurence. Privatization of Social Security: How It Works and Why It Matters [J]. Tax Policy and the Economy, 1996, 10 (1996): 1 -32.

[95] Kotlikoff, Laurence. Simulating the Privatization of Social Security in General Equilibrium [R]. NBER Working Paper 5776, 1996.

[96] Kotlikoff, Laurence. Privatizing Social Security at Home and Abroad [J]. American Economic Review, 1996, 86 (2): 368 -372.

[97] Kotlikoff, Laurence, Kent Smetters, Jan Walliser. Privatizing US Social Security——A Simulation Study [R]. World Bank Economic Development Institute's conference, Pension Systems: From Crisis to Reform, 1996.

[98] Kotlikoff, Laurence, Kent Smetters, Jan Walliser. The Economic Impact of Transiting to a Privatized Social Security [R]. Kiel Week Conference, 1997.

[99] Kotlikoff, Laurence, Kent Smetters, Jan Walliser. Social Security: Privatization and Progressivity [J]. American Economic Review, 1998, 88 (88): 137 -141.

[100] Kotlikoff, Laurence, Kent Smetters, Jan Walliser. Privatizing Social Security in the US: Comparing the Options [J]. Review of Economic Dynamics, 1999, 2 (3): 532 -574.

[101] Kotlikoff, Laurence, Kent Smetters, Jan Walliser. Distributional Effects in a General Equilibrium Analysis of Social Security [C]. Martin Feldstein. The Distributional Effects of Social Security Reform. Chicago: University of Chicago Press, 2000.

[102] Kunze, Lars. Funded social security and economic growth [J]. Economics Letters, 2012, 115 (2): 180 -183.

[103] Mesa -Lago, Carmelo. Re-reform of Latin American Private Pensions Systems: Argentinian and Chilean Models and Lessons [J]. Geneva Papers on Risk and Insurance-issues and Practice, 2009, 34 (4): 602 -617.

[104] Modigliani, Franco, Arun Muralidhar. Rethinking Pension Reform [M]. New York: Cambridge University Press, 2005: 16 -128.

[105] Pecchenino, Rowena A. , Patricia S. Pollard. Dependent children and aged parents: Funding education and social security in an aging economy [J]. Journal of Macroeconomics, 2002, 24 (2): 145 -169.

[106] Robalino, David A, Andras Bodor. On the Financial Sustainability of Earnings -Related Pension Schemes with Pay -As -You -Go Financing and the Role of Government Indexed Bonds [J]. Social Science Electronic Publishing, 2006, 8

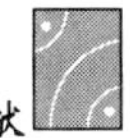

(2): 153 - 187.

[107] Samuelson, Paul. An Exact Consumption - Loan Model of Interest with or without the Social Contrivance of Money [J]. Journal of Political Economy, 1958, 66 (6): 467 - 482.

[108] Samuelson, Paul. Optimum Social Security in a Life - Cycle Growth Model [J]. International Economic Review, 1975, 16 (3): 539 - 544.

[109] Song, Zheng, Kjetil Storesletten, Yikai Wang, Fabrizio Zilibotti. Sharing High Growth Across Generations: Pensions and Demographic Transition in China [J]. American Economic Journal - Macroeconomics, 2015, 7 (2): 1 - 39.

[110] Stauvermann, Peter, Ronald Kumar. Sustainability of A pay-as-you-go pension system in a small open economy with ageing, human capital and endogenous fertility [J]. Metroeconomica, 2016, 67 (1): 2 - 20.